Joachim Kahlert, Gabriele Lieber,
Sigrid Binder (Hrsg.)

Ästhetisch bilden

Begegnungsintensives Lernen
in der Grundschule

westermann

© 2006 Bildungshaus Schulbuchverlage
Westermann Schroedel Diesterweg Schöningh Winklers GmbH,
Braunschweig
www.westermann.de

Auf verschiedenen Seiten dieses Buches befinden sich Verweise (Links) auf Internet-Adressen. Haftungshinweis: Trotz sorgfältiger inhaltlicher Kontrolle wird die Haftung für die Inhalte der externen Seiten ausgeschlossen. Für den Inhalt dieser externen Seiten sind ausschließlich deren Betreiber verantwortlich. Sollten Sie dabei auf kostenpflichtige, illegale oder anstößige Inhalte treffen, so bedauern wir dies ausdrücklich und bitten Sie, uns umgehend per E-Mail davon in Kenntnis zu setzen, damit beim Nachdruck der Verweis gelöscht wird.

Druck A[1] Jahr 2006
Alle Drucke der Serie A sind im Unterricht parallel verwendbar.

Redaktion: Inge Meyer-Öhlmann, Hamm
Umschlaggestaltung: Klaus Müller, Berlin
Satz: PER Medien+Marketing GmbH, Braunschweig
Druck und Bindung: westermann druck GmbH, Braunschweig

ISBN 978-3-14-**162075**-7
    alt: 3-14-**162075**-X

Inhalt

Vorwort   5

Joachim Kahlert & Gabriele Lieber
1 Was dieses Buch möchte,
    und wie dies erreicht werden soll   6

Grundlagen

Joachim Kahlert, Gabriele Lieber & Sigrid Binder
2 Ästhetische Bildung – auf dem Weg
    zu einer Ästhetik des Lehrens und Lernens 12

Ingo Rentschler
3 In Bildern denken, mit Bildern lernen 36

Liisa Piironen & Inari Grönholm
4 Ästhetische Bildung
    in der finnischen Grundschule 54

**Fachliches Lernen
und fächerübergreifende Anliegen**

Regina Dorothea Möller & Aloys Wesseling
5 Ästhetische Bildung
    im Mathematikunterricht der Grundschule 69

Mechthild Dehn
6 Thematisieren und Formulieren –
    Ästhetische Bildung im Lernbereich Deutsch. 82

Friederike Klippel
7 Fremdsprachliche Bildung durch Geschichten 103

Walter Köhnlein
8 Ansatzpunkte und Spielräume des Denkens 122
Wahrnehmen und Erkunden in der naturwissenschaftlichen
Dimension des Sachunterrichts

Constanze Kirchner
9 Ästhetische Bildung im Fach Kunst 149

Gunter Kreutz & Ulrike Wingenbach
10 Lernbereich Musik 169

Reiner Hildebrandt-Stramann & Andrea Probst
11 Ästhetische Erziehung
    im Sportunterricht der Grundschule 183

Albert Mühldorfer
12 Soziales Lernen und szenisches Spiel 200

Angelika Speck-Hamdan
13 Interkulturelles Lernen – Erzählen als ästhetischer Beitrag
    zur interkulturellen Bildung 221

Bildnachweis 232

Vorwort

Schülerinnen und Schüler sollen „Lernen lernen". Dieser heute beliebte Slogan provoziert die Frage, wie Kinder und Jugendliche eigentlich alles das gelernt haben, was sie bereits in die Schule mitbringen. Schließlich können Kinder schon einiges, noch ehe Schule sich um ihr Lernen kümmert. Sie haben eine Sprache gelernt, manchmal auch zwei, beachten viele Regeln und Gewohnheiten des Zusammenlebens, gehen sachgerecht mit allerlei technischen Geräten um und wissen über einige natürliche und soziale Sachverhalte recht gut Bescheid. Nichts davon liegt fertig in ihren Genen. Alles, was sie nach einigen Lebensjahren können und wissen, haben sie gelernt, zumeist gern, zum Teil freiwillig, vieles nebenbei.

Allerdings reicht das Lernen vom Leben nicht hin, um mit den Anforderungen des Lebens gut zurechtzukommen. Darum ist es eine wichtige, vielleicht sogar die wichtigste Aufgabe der Schule, systematisch ausgewählte und aufeinander abgestimmte Lernangebote zu machen.

Jede Systematisierung, auch die des Lernens in der Schule, birgt jedoch die Gefahr, dass wichtige Spielräume für Individualität eingeschränkt werden. Dabei kann leicht verloren gehen, was Lernen als Erlebnis und Erfahrung attraktiv macht: Nützliches erfahren, Freude am Gelingen erleben, Lust am Verstehen spüren, den Reiz einer Herausforderung genießen. Erleben, Gefallen empfinden, Freude, Neugier und Genuss verweisen auf ästhetische Dimensionen des Lernens, die in der Schule stärker genutzt werden könnten. Mit dem vorliegenden Buch möchten wir Argumente und praktische Anregungen dafür bieten.

Beiträge von Erziehungswissenschaftlern und -wissenschaftlerinnen und eines Hirnforschers arbeiten die ästhetischen Dimensionen des Lehrens und Lernens heraus. Fachdidaktikerinnen und Fachdidaktiker konkretisieren diese jeweils für einen spezifischen Lernbereich der Schule und geben praktische Anregungen. Aus zwei Gründen tun sie dies vor allem mit Blick auf die Grundschule: Zum einen beginnt dort die Systematisierung des Lernens, was besondere Anforderungen an die pädagogische Gestaltung der Lernangebote mit sich bringt; zum anderen gehören Grundschullehrerinnen und -lehrer zu den Lehrkräften, die sich den pädagogischen Herausforderungen schulischen Lernens besonders engagiert widmen.

Die Herausgeber, München und Gießen, im Oktober 2006

1

Joachim Kahlert & Gabriele Lieber

Was dieses Buch möchte, und wie dies erreicht werden soll

Das Anliegen

„Stoff" wird vergessen

Für Lehrerinnen und Lehrer und für ihre Schülerinnen und Schüler gibt es mit Blick auf Schule und Unterricht wohl kaum etwas Enttäuschenderes als die Erfahrung, dass die Anstrengungen des Lehrens und Lernens nicht erfolgreich sind. Jede Lehrkraft kennt das: Ein (immer zu großer) Teil der Klasse scheint das, was im Unterricht behandelt wurde und später noch einmal aufgegriffen wird, wieder vergessen zu haben. Viel zu selten gelingt es, mit dem Gelernten neue Aufgaben zu lösen. Die Unterrichtsinhalte werden als „Stoff" behandelt, tragen jedoch nicht im erhofften Maße dazu bei, Einsichten und Können der Kinder erkennbar zu erweitern. So entsteht der Eindruck, es werde zwar viel gelehrt und gelernt, aber zu wenig davon tatsächlich verstanden.

Woran liegt das? Gibt es heute nicht genügend Erkenntnisse der Lehr-Lernforschung und anderer Disziplinen darüber, wie erfolgreich gelehrt und gelernt werden kann? Den meisten Lehrerinnen und Lehrern dürften die Begriffe vertraut sein, mit denen in der Erziehungswissenschaft, in der Psychologie und in den Fachdidaktiken Lernsituationen beschrieben werden, die nachhaltig wirken und Kompetenzzuwachs bringen sollen. An realen Problemen der Kinder müsse der Unterricht ansetzen, klar nachvollziehbar und gut strukturiert sein; er müsse Erkenntnis- und Könnenzuwachs erfahrbar machen, vielfältig Sinne stimulieren, Raum für eigenständiges Problemlösen geben, Vorwissen und Vorstellungen der Lernenden herausfordern, Anwendungssituationen für das Gelernte schaffen und anderes mehr.

Subjektivität als Schlüssel

Diese und andere Erkenntnisse spezialisierter Fachdisziplinen geben Auskunft über Rahmenbedingungen erfolgreichen Lehrens und Lernens. Sie zu kennen und zu berücksichtigen, ist notwendige, aber noch keine hinreichende Voraussetzung für die Gestaltung wirksamer Lernsituationen. Befunde der Forschung bestätigen, dass subjektive Erfahrungen angesprochen, Vorstellungen aktiviert und Emotionen berücksichtigt werden müssen. Aber damit hat man noch keine Lernsituation gestaltet, in der tatsächlich subjektive Erfahrungen angesprochen, Vorstellungen aktiviert und Emotionen beachtet werden. Auf dem Weg vom Wissen über wirksame Lernsituationen zur Gestaltung von wirksamen Lernsituationen kommt Subjektivität ins Spiel, und zwar sowohl die der Lehrerinnen und Lehrer, die mit ihrer Kompetenz und Kreativität Lernsituationen konkret gestalten, als auch die der Schülerinnen und Schüler mit ihren Wahrnehmungen, ihrem Vorwissen und ihren Assoziationen.

Angesichts einer um sich greifenden Vermessung und Normierung von Schule und Unterricht besteht die Gefahr, dass Spielräume für die Subjektivität pädagogischen Handelns zunehmend verloren gehen. Wo standardisiert, gemessen und kontrolliert wird, wirken Individualität und Eigensinn störend.

Das vorliegende Buch möchte begründen und zeigen, dass eine Orientierung an Prinzipien und Grundsätzen der Ästhetischen Bildung dabei helfen kann, der drohenden Entpädagogisierung von Schule und Unterricht entgegenzuwirken. Dabei geht es nicht darum, Ästhetische Bildung gegen wissenschaftlich begründbare Standards für die inhaltliche und methodische Gestaltung von Schule und Unterricht auszuspielen. Vielmehr kommt es darauf an, beides zu nutzen, damit es in Schule und Unterricht gelingt, sowohl allgemein akzeptierbaren Bildungsstandards als auch der Individualität von Schülerinnen und Schülern gerecht zu werden. Eigensinn ohne Beliebigkeit – Standardisierung ohne Gängelung, so ließe sich eine pädagogische Haltung zusammenfassen, die die Entwicklung von Schule und Unterricht zu Orten wahrnehmungs- und lernintensiver Begegnungen trägt und begleitet.

Bildungsstandards und Individualität verbinden

Von jeher war es ein besonderes Anliegen der Ästhetischen Bildung, Ausdrucks- und Wahrnehmungsfähigkeit zu fördern. Noch immer wird dieses Anliegen vor allem den einschlägigen Fächern wie Kunst und Musik zugedacht. Untersucht man jedoch die Grundideen der Ästhetischen Bildung in Bezug auf die Gestaltung von Schule und Unterricht, dann sieht man, dass eine Orientierung an Einsichten und Zielen der Ästhetischen Bildung helfen kann, Prinzipien für die Gestaltung einer modernen Grundschule mit Leben zu füllen:

- Lernen mit intensiven Wahrnehmungen und Begegnungen verbinden
- das Gelernte zum Ausdruck bringen
- den Lernprozess rhythmisieren
- offene Lernsituationen gestalten
- Schule ein Profil geben

Gestaltungsprinzipien

7

Grundlagen und Machbarkeit

Ästhetisieren schulischen Lernens

In dem Basisbeitrag „Ästhetische Bildung" gehen *Joachim Kahlert* und *Gabriele Lieber* der Frage nach, inwieweit sich die Grundsätze Ästhetischer Bildung für das Lernen und Lehren in allen schulischen Fächern und Lernbereichen nutzen lassen. Joachim Kahlert und Gabriele Lieber vergleichen zunächst das Lernen in und außerhalb der Schule, stellen einige Erkenntnisse der Lehr-Lernforschung über förderliche Lernarrangements zusammen und arbeiten heraus, dass Lernen selbst ästhetische Dimensionen hat. Dabei geht es um Wahrnehmungen, die Lernen auslösen, um die Einbindung von Faktenwissen in Vorstellungen und um Emotionen. Auf dieser Grundlage werden vier in die Schulpraxis umsetzbare Ansatzpunkte für die Ästhetisierung von Schule und Unterricht dargelegt. Der Beitrag schließt mit dem begründeten Vorschlag, die Ästhetisierung des Lehrens und Lernens zu einer Aufgabe von Schulentwicklung zu machen.

Auch die beiden folgenden Beiträge beschäftigen sich mit dem Potenzial der Ästhetischen Bildung für die Entwicklung von Schule und Unterricht.

Unterstützung von der Hirnforschung

Ingo Rentschler vertieft mit Bezug auf Erkenntnisse der Hirnforschung die oben angesprochenen Überlegungen zum zentralen Stellenwert der Wahrnehmung für das Lernen. Dabei geht er besonders der Frage nach, wie Bilder von der Welt entstehen, und welche Rolle dabei die handelnde Auseinandersetzung mit der Welt und die Sprache spielen. Die Konsequenzen, die er aus Forschungsbefunden zur Entstehung von Vorstellungen über unsere Umwelt für die Schule zieht, unterstreichen die Bedeutung sinnstiftender Wahrnehmung.

In der Praxis Finnlands bewährt

Liisa Piironen und *Inari Grönholm* informieren über den Stellenwert der Ästhetischen Bildung an finnischen Schulen. In diesem zum PISA-Sieger hochstilisierten Land wird die Orientierung an ästhetischen Dimensionen des Lernens längst nicht mehr als luxuriöses Beiwerk gesehen, sondern als eine Bedingung für erfolgreiches Lernen und Lehren. Eingebunden in eine Ästhetisierung des Schulalltags verlieren auch Bildungsstandards und Leistungsvergleiche den in Deutschland zunehmend spürbaren Normierungs- und Kontrolldruck und werden zu dem, was sie eigentlich sein sollten: Unterstützungs- und Orientierungshilfen für die pädagogische Alltagsarbeit. Auch im Umgang mit Instrumenten der Selbstevaluierung, wie Portfolio und Lerntagebuch, zeigt sich, dass die finnische Schulkultur die gegenseitige Wertschätzung aller am Schulleben Beteiligten pflegt – auch ein Ausdruck gelungener Ästhetisierung.

8

Die besten grundlegenden Argumente für eine Ästhetisierung des Lernen und Lehrens nützen wenig, wenn sie nicht von Anregungen für die praktische Gestaltung des Schulalltags begleitet werden. Diese werden in den neun folgenden Beiträgen, bezogen auf einzelne Unterrichtsfächer und auf fächerübergreifende Aufgaben, angeboten.

Fachliches Lernen mit intensiven Wahrnehmungen und Begegnungen verbinden

Die Beiträge zum Mathematikunterricht (*Regina Dorothea Möller, Aloys Wesseling*), zum Deutschunterricht (*Mechthild Dehn*), zum Fremdsprachenunterricht in Englisch *(Friederike Klippel)* sowie zum Sachunterricht *(Walter Köhnlein)* stellen dar, wie sich ästhetische Gestaltungsprinzipien im Fachunterricht nutzen lassen. Es wird gezeigt, welcher Stellenwert dabei jeweils der intensiven Wahrnehmung als Ausgangspunkt des Lernens und dem Ausdruck des Gelernten für die Sicherung von Lernergebnissen zukommt. Jeder Beitrag bietet neben den fachdidaktisch eingebundenen grundlegenden Überlegungen eine Reihe praktischer Anregungen und Veranschaulichungen.

Regina Dorothea Möller und *Aloys Wesseling* dokumentieren anhand von Beispielen aus der Geometrie und aus der Algebra die ästhetische Komponente der Mathematik. An praktischen Beispielen zeigen sie, dass ästhetische Zugänge und Gestaltungsprinzipien im Mathematikunterricht besonders gut in fächerübergreifenden Lernarrangements realisierbar und für das Lernen in Sinnzusammenhängen nutzbar sind. **Mathematikunterricht**

Wie *Mechthild Dehn* herausarbeitet, sind gerade im Hinblick auf die für das Lernen zentrale Sprachentwicklung ästhetische Erfahrungen unverzichtbar. Das Gehörte oder Gelesene muss Erinnerungen wachrufen und Empfindungen wecken. Beispiele aus dem Bereich des Schriftspracherwerbs und der Sprachaneignung bringen anschaulich zum Ausdruck, wie dies im Unterricht gelingen kann. **Deutschunterricht**

Walter Köhnlein zeigt mit der Analyse eines Unterrichtsbeispiels zunächst, wie die Qualität der Wahrnehmung eines Phänomens oder eines Sachverhalts die Qualität des Verstehens beeinflusst. Er stellt dar, wie Phänomene zu Ausgangspunkten des Denkens werden, und wie es gelingen kann, einen erkundenden Umgang mit ihnen zu kultivieren. So bilden sich Vorstellungen, die sich nicht aus begrifflich gefassten Belehrungen herleiten, sondern aus Wahrnehmungen und Fragen, aus **Sachunterricht**

Intuition und Konstruktion. Diese Aktivierung der Subjektivität trägt dazu bei, authentisches Wissen grundzulegen. Abschließend erläutert Köhnlein den didaktischen Stellenwert einer Ästhetik des Erkennens und illustriert diese mit Unterrichtsbeispielen.

Wahrnehmung schulen und Wahrnehmungen ausdrücken als fächerübergreifende Aufgaben

Die Beiträge zum Kunst-, Musik- und Sportunterricht sowie zum szenischen Spiel widmen sich als klassische Lernbereiche der Ästhetischen Bildung nicht nur der Sinnesschulung, sondern gezielt auch der Förderung vielfältiger Ausdrucksmöglichkeiten. Die dort vorgestellten zahlreichen praktischen Übungen sind geeignet, Unterricht zu rhythmisieren, und bieten darüber hinaus einen fächerübergreifenden Gewinn. Kinder lernen, Gefühle und Gedanken auf verschiedene Weise zum Ausdruck zu bringen und dabei sachliche Botschaften angemessen mit emotionalen Signalen zu verbinden. Damit erwerben sie wichtige Voraussetzungen, um etwas aus ihrem Wissen zu machen. Wissen zu nutzen, heißt auch, es im Umgang mit anderen zur Sprache, zum Ausdruck bringen zu können – es zu kommunizieren.

Kunstunterricht *Constanze Kirchner* nutzt das „Prinzip Werkstatt", um Lernsituationen zu schaffen, die selbstverantwortliches und erfahrungsoffenes Lernen im Umgang mit Material und Technik ermöglichen. Sie stellt ein interdisziplinär angelegtes Praxisbeispiel zur Wahrnehmungssensibilisierung und Kreativitätsförderung vor und geht auf Möglichkeiten der Präsentation sowie auf die Problematik der Leistungsbewertung ein.

Musikunterricht *Gunter Kreutz* und *Ulrike Wingenbach* arbeiten den Stellenwert des Musikunterrichts auch im Hinblick auf außermusikalische Wirkungen des Musikunterrichts heraus. Mehrere Praxisbeispiele konkretisieren unterrichtliche Gestaltungsprinzipien wie Handlungsorientierung, kulturelle Offenheit und multisensorische Wahrnehmungsmöglichkeiten.

Sportunterricht *Reiner Hildebrandt-Stramann* und *Andrea Probst* erinnern zunächst daran, dass neben Sprechen und Denken das Sich-Bewegen eine grundlegende Weise nicht nur des Kindes ist, sich Erfahrungen und Deutungen über die Umwelt anzueignen. Ihre Darlegungen des Stellenwertes von Bewegung für Lernen und Entwicklung sind nicht nur für den Sportunterricht bedeutsam. Die „bewegte Schule" ist heute ein Leitbild, das der Leibgebundenheit von Wahrnehmung und Lernen bei der Gestaltung des Unterrichts Rechnung zu tragen versucht. Der Beitrag bietet dafür sowohl Grundsatzüberlegungen als auch praktische Beispiele.

Ebenfalls fächerübergreifend orientiert sind die Ausführungen *Albert Mühldorfers*, der das szenische Spiel als Methode für wirksames soziales Lernen in der Schule vorstellt. Er arbeitet am Modell des „Armen Kreativen Theaters" heraus, wie Fantasie und Fiktion dabei helfen können, alltagsrelevante Situationen in und außerhalb der Schule zu erkunden und Verhalten zu erproben. Die Kinder lernen, eigene Rollen bewusster zu erleben und zu gestalten und ihr Erleben mit verschiedenen Mitteln zum Ausdruck zu bringen (Körper, Sprache, Mimik, Gestik, Bewegung). Schule wird als Bühne erfahrbar und nutzbar. Damit erfahren die Kinder in der Schule etwas Nützliches auch für außerhalb: die soziale Einbindung kann bewusst erlebt und gestaltet werden.

Szenisches Spiel

Einen weiteren fächerübergreifenden Auftrag der Schule greift *Angelika Speck-Hamdan* auf. Sie verdeutlicht den Stellenwert ästhetischer Bildung für die interkulturelle Bildung mit Bezug auf die Methode des Erzählens. Dazu arbeitet die Autorin die kommunikative Struktur und die erzieherische Funktion des Erzählens heraus und analysiert Unterricht als Erzählsituation. Auf dieser Basis legt sie dar, wie sich Erzählen nutzen lässt, um in der Schule einen produktiven Umgang mit der Vielfalt und der Unterschiedlichkeit von Kulturen grundzulegen.

Interkulturelles Lernen

Bereits im Beitrag von *Joachim Kahlert, Gabriele Lieber* und *Sigrid Binder* (Seite 12 ff.) wird der Vorschlag begründet, ästhetisches Lernen zu einem Gestaltungsprinzip von Schule und Unterricht zu machen. Die fächerbezogenen und die eher fächerübergreifend orientierten Beiträge zeigen, wie Lehrerinnen und Lehrer aller Fächer und Lernbereiche daran mitwirken können. Damit ist eine entscheidende Voraussetzung gegeben, die Ästhetisierung von Schule und Unterricht als eine lohnende Aufgabe von Schulentwicklung zu erkennen und umzusetzen.

Schule entwickeln

Kinder finden Schule manchmal „schön". Ohne sich dessen bewusst zu sein, machen sie dabei von ihrer ästhetischen Urteilskraft Gebrauch und bringen zum Ausdruck, dass Ziele und Mittel zusammengepasst haben. Herausgeber und Herausgeberinnen und Autorinnen und Autoren würden sich freuen, wenn dieses Buches mit dazu beiträgt, dass mehr Kinder häufiger gute Gründe dafür haben, Schule so zu beurteilen.

2

Joachim Kahlert, Gabriele Lieber & Sigrid Binder

„Die Gegner der Ästhetik sind weder
die Praktiker noch die Intellektuellen.
Es sind die Langweiler …"
(John Dewey 1934/1989, 53)

Ästhetische Bildung – auf dem Weg zu einer Ästhetik des Lehrens und Lernens

Große Erwartungen

Seitdem der Philosoph *Alexander Gottlieb Baumgarten* Mitte des 18. Jahrhunderts seine Auffassung von Ästhetik als „Wissenschaft der sinnlichen Erkenntnis" begründet und ausgearbeitet hat, wird ihr ein spezifischer Bildungswert zugesprochen. Die Erwartungen stützen sich auf Gewährsleute aus Klassik, Romantik, Neuhumanismus und Philosophie, aber auch aus der Bildungstheorie, der Reformpädagogik, der Kunsterzieherbewegung und der modernen Kunstpädagogik. Es heißt, Ästhetische Bildung schule die Wahrnehmung, wirke sensibilisierend und geschmacksbildend und trage zu einem umsichtigen Verhältnis des Einzelnen zu seiner Umwelt bei. Sie fördere Kreativität, Moral und Ich-Identität sowie die Fähigkeit, sich in zunehmend komplexer werdenden Lebenswelten zu orientieren.[1]

Die Erwartungen sind groß, deren Einlösung schwer zu prüfen. Dies mag mit dazu führen, dass Ästhetische Bildung von der Schul- und Bildungspolitik eher wie ein Luxusgut behandelt wird.

Einerseits gehört das „ästhetisch-expressive" Lernfeld neben dem sprachlichen, dem historisch-gesellschaftlichen und dem mathematisch-naturwissenschaftlichen Lernbereich seit gut 200 Jahren anerkanntermaßen zum Bildungskanon (Baumert 2002, 107). Ausführungen über Ästhetische Bildung und Erziehung schmücken pädagogische Feierstunden und Festreden. Andererseits wird es Ästhetischer Bildung schwer gemacht, sich in der Schulpraxis zu behaupten. Zum einen gilt sie vornehmlich als eine Aufgabe spezieller Fächer, wie Kunst-, Musik-

und Sportunterricht oder auch des Darstellenden Spiels. Deren Anteile an der Stundentafel sind vergleichsweise gering und weniger gesichert als die Anteile von Deutsch, Mathematik und anderen Sachfächern. Zum anderen verträgt sich Ästhetische Bildung nicht mit den Test- und Normierungseingriffen, mit denen die pädagogische Praxis an Schulen heute standardisiert werden soll. Wenn Ästhetische Bildung tatsächlich die Wahrnehmung sensibilisiert, dann fördert sie auch den Eigensinn von Kindern und Jugendlichen (vgl. z.B. Mollenhauer 1990; Schulz 1997). Dieser Bildungsgewinn auf dem langen Weg der Kinder und Jugendlichen zu eigenständigen, unverwechselbaren Persönlichkeiten lässt sich jedoch nicht operationalisieren und schon gar nicht messen. Er entzieht sich dem anschwellenden bildungstechnokratischen Steuerungsmythos, der den Wert von Bildung faktisch auf „Outcomes" reduziert, auf das, was sich normieren und messen lässt.

Doch ohne Freiraum für Eigensinn funktioniert Lernen nicht. Daher hat Ästhetische Bildung für Schule und Unterricht mehr zu bieten als spezifische Angebote in einzelnen Schulfächern und Lernbereichen. Lernen selbst hat ästhetische Dimensionen. Werden diese zu wenig berücksichtigt und angesprochen, dann bleiben auch die Erkenntnisse der Lehr-Lernforschung und andere wissenschaftliche Errungenschaften über Lehren und Lernen kaltes Wissen: gut und nützlich für die wissenschaftliche und sonstige Kommunikation über Lernen, aber nicht hinreichend für die Anstiftung zum Lernen.

Freiräume verteidigen

Um die These zu untermauern, geht der vorliegende Beitrag in drei Schritten vor:

- Zunächst wird Lernen außerhalb der Schule mit dem Lernen in der Schule verglichen. Dies geschieht nicht, um jenes gegen dieses auszuspielen. Schließlich gibt es gute Gründe dafür, dass man in der Schule nicht genauso lernt wie sonst im Leben. Aber der Vergleich erhellt, warum es in der Schule so schwer ist, dauerhaft interessante, ansprechende und herausfordernde Lernangebote zu gestalten.
- Der zweite Teil des Beitrages analysiert ästhetische Dimensionen des Lernens.
- Der dritte Teil zieht Konsequenzen und wirbt für eine Ästhetisierung von Schule und Unterricht.

Lernen in und außerhalb der Schule

Wenn Kinder in die Schule kommen, haben sie bereits mehrere Jahre erfolgreich gelernt. Sie machen hinreichend verständlichen Gebrauch von einer Sprache, mitunter auch von einer zweiten, kennen einige Zahlen, haben sich manche Regeln des Zusammenlebens angeeignet, zumeist Radfahren, zum Teil auch Schwimmen gelernt und können technische Geräte zweckmäßig bedienen. Außerdem sind sie in der Lage, sich topologische Strukturen, wie vorher – nachher, oben – unten, vorne – hinten, näher – ferner, einigermaßen zuverlässig vorzustellen. Erzählen ihre Großeltern oder andere ältere Menschen von früher, dann können sich Kinder im frühen Grundschulalter den Zeitabstand zwar noch nicht relational, also zum Beispiel im Verhältnis zu Jahr und Tag, vorstellen. Aber sie realisieren deutliche Unterschiede zu ihrem Leben heute. Außerdem wissen sie zumeist etwas über Bewohner ferner Welten – Indianer, Ritter, Dinosaurier. Sie sind über manche Unterschiede zwischen Mädchen und Jungen im Bilde und unterscheiden Freunde von anderen Kindern.

Die Fragen, die Kinder in diesem Alter stellen, markieren einerseits die engen Grenzen ihres Wissens, andererseits entstehen die Fragen nur deshalb, weil die Kinder bereits viel gelernt haben. Warum regnet es? Woher kommen Blitz und Donner? Warum gibt es noch Kriege? Wie funktioniert das Handy? Diese und viele andere Fragen, an denen Kinder manchmal flüchtig und manchmal hartnäckig interessiert sind, weisen ihre Bemühungen aus, zuverlässige Vorstellungen über ihre Umwelt zu erwerben. Auch wenn sie es noch nicht in Worte fassen, ist ihnen mittlerweile vertraut, dass sie noch viel lernen müssen, um in der Welt gut und ohne fremde Hilfe zurechtzukommen.

Geringe Regelungsdichte Gelernt haben die Kinder dies alles und noch viel mehr zumeist ohne gelenkte, geregelte und kontrollierte Angebote und ohne regelmäßige Überprüfung ihres Wissens- und Könnensstandes. Zwar gab es hin und wieder Rückmeldungen wie Lob und Tadel. Manchmal wurden sie angeleitet und mitunter hatten sie, wie beim Erlernen des Radfahrens oder der Fähigkeit, den eigenen Namen schreiben zu können, auch eine klare Vorstellung vom Ziel ihrer Anstrengungen. Aber ihre lernende Auseinandersetzung mit der Umwelt ist noch nicht durch eine Systematik gelenkt, die andere vorgeben und durchsetzen (müssen). Die Regelungsdichte des Lernens ist vergleichsweise gering. Der Wunsch, etwas zu können oder zu bewältigen, sich zu erproben, am beobachteten Geschehen teilzunehmen, Neugierde, Faszination und Erstaunen begleiten die vor- und außerschulischen Lernwege und Aneignungsformen der Kinder. In der Schule wird das anders – und zwar nicht, weil Schule etwas falsch macht, sondern gerade weil Schule versucht, ihren Zweck zu erfüllen.

Systematisch lernen – der Grundanspruch von Schule

Das, was die Kinder außerhalb der Schule lernen, steht unter einem Geltungsvorbehalt. Es kann manchmal brauchbar, solide, langfristig belastbar und ausbaufähig sein, aber auch unsinnig, von flüchtiger Gültigkeit und ohne Entwicklungsperspektive. Zudem ist das, was Kinder in den ersten Jahren ihres Lebens lernen können, in hohem Maße von den mikrosozialen Beziehungen abhängig, in die sie hineingeboren wurden, wie zum Beispiel

- vom Engagement der Eltern und von deren Kenntnissen über Natur, Technik, soziale Systeme,
- von den im häuslichen Umfeld vorhandenen Erfahrungen im Umgang mit sozialen Herausforderungen,
- von Kontakten, die das soziale Umfeld den Kindern zu anderen Kindern, Familien, Erwachsenen ermöglicht,
- und heute zunehmend von der Art und Weise, wie Medien im häuslichen Umfeld konsumiert werden.

Dies mag vielen Kindern durchaus befriedigende Entwicklungsmöglichkeiten bieten. Doch das, was Kinder vor und neben der Schule von der Welt kennen lernen, wie ihr Wissen und ihre Fähigkeiten gefördert werden, unterliegt letztlich der Verantwortung, dem Weitblick und dem Interesse, aber damit auch der Willkür derjenigen, die für das einzelne Kind sorgen.

In ständischen und vergleichsweise homogenen Gesellschaften, die sich langsam, über Generationen hinweg, entwickelten, mag dieses unsystematische, zufällige „Lernen vom Leben" als ausreichend gegolten haben. Es mochte genügen, um sich hinreichend in den sozialen Schichten und in den Regionen zurechtzufinden, in die man hineingeboren wurde und die man – aller Wahrscheinlichkeit nach – sein Leben lang nicht verlassen würde. Aber in modernen, differenzierten und demokratischen Gesellschaften stellen sich andere Bildungsanforderungen.

Über den Sinn einer Systematisierung von Lernmöglichkeiten

Zum einen besteht der Anspruch, Kindern Bildungs- und Entwicklungsmöglichkeiten zu öffnen, die ihre Persönlichkeit nicht nach den

Zufällen von Geburt und Stand, sondern nach Maßgabe von Anlagen, Fähigkeiten und Interessen fördern. Zum anderen kann man sich nicht darauf verlassen, dass Kenntnisse, Fertigkeiten und Fähigkeiten, die für das gedeihliche Zusammenleben in kommunikationsintensiven, komplexen und dynamischen Gesellschaften wünschenswert sind, sich mehr oder weniger urwüchsig, aus dem Zusammenleben heraus, entwickeln. Vielmehr bedarf es Fähigkeiten, Kenntnisse und Fertigkeiten, die man nicht nebenbei erwerben kann und bei denen es nicht gleichgültig ist, ob der Einzelne Gelegenheit hat, sie zu erlernen oder nicht.

Daher ist es die pädagogisch wichtigste Aufgabe der öffentlichen Schule, allen Kindern angemessene Lernchancen zu bieten. Unabhängig von den Besonderheiten ihrer Lebenswelt sollen sie diejenigen Fähigkeiten, Kenntnisse und Fertigkeiten erwerben können, die nach bestem psychologischen und pädagogischen Wissen und Gewissen ihrer persönlichen Entwicklung und dem Zusammenleben mit anderen dienen. Und weil dies durch Schule nicht für ein ganzes Leben lang, gleichsam auf Vorrat, gesichert werden kann, muss Schule auch zur „Kultivierung der Lernfähigkeit" (Tenorth 1994, 166) beitragen.

Organisation des Lernangebots Dies bringt unvermeidbare Zwänge für die Organisation des Lernangebots und damit auch des Lernens mit sich:

- Schulische Lernangebote sollen hinreichend zuverlässig aufeinander aufbauen und angemessen die jeweils vorhandenen Lernvoraussetzungen berücksichtigen. Sie unterliegen daher zwangsläufig einer stofflichen Systematik. Um diese einhalten zu können, wird in der Schule vom Kind erwartet, auch dann zu lernen, wenn es keine Lust hat.
- Die Lernentwicklung in der Schule soll curricular kalkulierbar sein. Daher ist der Zeitrahmen für die jeweiligen Lerninhalte nicht beliebig dehnbar. Ein Unterrichtsinhalt mag noch so interessant sein und sogar Spaß machen. Doch wenn die weiteren inhaltlichen Anforderungen es erfordern – und wann wäre dies in der Schule mit ihren vielfältigen Aufgaben nicht der Fall? –, dann muss man ihn verlassen und bereit sein, sich auch mit weniger attraktiven Lerninhalten zu beschäftigen.
- Schulisches Lernen ist Lernen in Gruppen. Die Gruppen mögen groß oder klein, eher homogen oder eher heterogen sein – die für Schule typische Organisationsform des Lernens bringt weitere Reglementierungen mit sich. Dazu gehört zum einen die Anforderung, sich in der Gruppe angemessen zu verhalten. Dies können zwar längst noch nicht alle Kinder, wenn sie in die Schule kommen. Aber sie sind

zumindest auf entsprechende Erwartungen eingestellt: nicht durch-einanderreden; andere nicht stören; nicht jeder kann machen, was er will – alles schwer einzuhalten, aber schon „irgendwie" einsehbar. Einen ungleich tieferen Einschnitt in die vor- und außerschulischen Lernerfahrungen der Kinder bringt jedoch der neue schulische Lern-rhythmus mit. Er begrenzt die Möglichkeiten, auf die individuellen Interessen und Lernstile der Kinder einzugehen. Das Differenzierungs-geschick von Lehrerinnen und Lehrern mag dafür mehr oder weniger große Spielräume schaffen. Aber wenn möglichst vielen Kindern gute Lernbedingungen geboten werden sollen, dann können Lehrkräfte im Unterricht nicht jedes spontane Interesse und jede Idee aufgreifen und nicht auf jede Inanspruchnahme von pädagogischen Ressourcen wie Zeit, Engagement und Zuwendung eingehen.

• Ohne regelmäßige Leistungsermittlung ist nicht zu beurteilen, welche weiteren Lernangebote sinnvoll, nötig, verfrüht oder auch überflüssig sind.

Die Freude am Lernen scheint unter diesen Reglementierungen zu lei-den. Sie nimmt im Laufe der Schulzeit ab (vgl. Helmke 1993). Unter-liegt das systematische Lernen in der Schule zwangsläufig dem Schick-sal, Einsicht und Fantasie der Lernenden zu blockieren (vgl. schon Wagenschein 1968, 8 ff.) und an Intensität zu verlieren (Rumpf 1993, 21 f.)? Schließlich weiß man heute doch einiges darüber, wie Lern-situationen gestaltet sein müssen, damit Lernende sich neues Wissen und neue Fähigkeiten erfolgreich, langfristig wirksam und motiviert aneignen.

Was Lernen fördern kann – ausgewählte Erträge der Lehr-Lernforschung

Orientiert man sich an den Erträgen der Lehr-Lernforschung, dann erhält man einige empirisch gesicherte Hinweise darauf, wie Lehre-rinnen und Lehrer das Lernen ihrer Schülerinnen und Schüler unter-stützen können. Um nur einige Bedingungen zu nennen:

• mit attraktiven Zielen die Lernanstrengung motivieren (vgl. Aebli 1987, 21)
• vorhandenes Wissen und vorhandene Vorstellungen stimulieren (vgl. Hasselhorn & Mähler 1998, 86 f.)
• Interessen nutzen bzw. stimulieren (vgl. Schiefele, Krapp & Schreyer 1993)

- den Lernprozess so gestalten, dass die Lernenden sich als selbstbestimmt beim Lernen erfahren können (vgl. Deci & Ryan 1993)
- dafür Sorge tragen, dass die Lernenden das neue Wissen und Können als einen sinnvollen Zuwachs an Einsicht, Erklärungs- oder Handlungsmöglichkeit erfahren und Erfolgsmotivation entstehen kann (vgl. Atkinson 1975; Heckhausen 1989)
- sich um Klarheit und Verständlichkeit bemühen, den Unterricht gut strukturieren und für einen angemessenen Schwierigkeitsgrad sorgen (vgl. Helmke 2004, 60 ff.)

Subjektivität ansprechen

Diese und weitere Informationen können als Orientierung bei der Gestaltung von Lernumgebungen und Lernsituationen dienen. Sie helfen, die Wahrscheinlichkeit zu erhöhen, dass die Lernangebote wirken, aber sie garantieren in keinem einzigen Fall, dass die Schülerinnen und Schüler tatsächlich lernen. Lehrerinnen und Lehrer arrangieren Lernumgebungen, indem sie Impulse setzen, Fragen stellen, Material einbringen, auf Einhaltung von Gesprächs- und Interaktionsregeln achten, Hilfen anbieten, loben und kommentieren, Inhalte strukturieren, Lernmaterialien zur Verfügung stellen usw. Sie gestalten ein Angebot. Aber einen lückenlos planbaren Ursache-Wirkungs-Effekt vom Angebot zum Lernen, wie es Vorstellungen vom Lehren als Unterweisen oder als Vermittlung von Stoff nahelegen, gibt es nicht.

Lernumgebungen mögen nach allen oben beschriebenen Regeln des „State-of-the-Art", also einschlägiger Bezugsdisziplinen und Fachdidaktiken, gestaltet sein. Aber letztlich entscheiden die subjektiven Wahrnehmungen, die subjektiv verfügbaren Assoziationen und damit auch die im Augenblick wirksamen individuellen kognitiven Konstruktionen darüber, was Schülerinnen und Schüler aus dem Lernangebot machen. Finden sie einen für sich interessanten Zugang? Können sie Bezüge zu ihren persönlichen Erfahrungen herstellen? Finden sie ihren Weg für die Bearbeitung von Aufgaben und Problemen? Schließlich motiviert auch der für schulisches Lernen als förderlich angesehene Kompetenzzuwachs nur dann dauerhaft, wenn er erlebt wird (vgl. Baumert 2002, 102).

Aufmerksamkeit, Gefühle, Erleben, Vorstellungen, Erinnerungen – das was ein Mensch zum Lernen braucht – entwickelt, ja generiert er aus dem Angebot, das ihm die Lernumwelt bietet, selbst.[2] Damit kommen ästhetische Dimensionen des Lernens ins Spiel.

Ästhetische Dimensionen des Lernens

Lernen kann als „Erfahrungsbildung" (Edelmann 1996, 5) verstanden werden, die die Handlungs- und Erkenntnismöglichkeiten erweitert und nicht ausschließlich auf rein biologische Reifungsprozesse zurückzuführen ist. Gelernt wird nebenbei und unbewusst oder begleitet von dem Vorsatz oder wenigstens dem Bewusstsein, etwas zu lernen. Ein Beispiel für unbewusstes Lernen ist die Entwicklung moralischer Einstellungen, die man in langjährigen Erziehungs- und Sozialisationsprozessen erwirbt. Vergleichsweise bewusst lernt man Radfahren, Gedichte oder Vokabeln. Bewusst heißt nicht, dass man alles, was das Lernen beeinflusst, bewusst wahrnimmt oder gar steuern könnte. Aber man kennt zumindest das Ziel, das man erreichen will.

Was bedeutet Lernen?

Unabhängig davon, ob Lernen bewusst oder unbewusst erfolgt, muss es durch irgendetwas ausgelöst werden. Neugierde und Weltoffenheit mögen dem Menschen angeboren sein, aber kein Mensch ist fortwährend gierig auf Neues. So richtig es ist, dass Organismen nur lebensfähig sind und vor allem Menschen nur dann entwicklungsfähig sind, wenn sie lernen, so richtig ist es auch, dass niemand überleben könnte, wenn er nur lernen würde, ohne das Gelernte auch zu nutzen. Lernen konkurriert mit anderen, durchaus auch interessanten Seinsweisen. Und weil man nicht ständig lernt, fängt Lernen immer irgendwie an. Was löst es aus?

Eine erschöpfende Antwort wollen wir uns lieber nicht vornehmen. Hier genügt es, sich eine Mindestvoraussetzung dafür klarzumachen, dass ein Organismus in seiner beständigen Interaktion mit der Umwelt von eher routinierten, anwendenden Seinsweisen auf die Seinsweise Lernen umschaltet.

Lernanstiftende Wahrnehmung und sinngebende Ziele

Auslöser für Lernen muss eine Wahrnehmung sein, die in Konkurrenz zu den zahllosen anderen Reizen, die dauernd auf den Organismus einströmen, signalisiert, hier lohnt sich eine besondere Aufmerksamkeit und Aktivität. Wahrnehmung selbst ist nicht bloßes Registrieren von Sinnesdaten, vielmehr wird den Sinnesdaten eine Realität zugedacht (vgl. Riedl 2000, 166). Eine starke Wahrnehmung, die Lernen auslöst, ist die Erfahrung einer Diskrepanz zwischen dem, was man will, und dem, was man (noch nicht) kann: sich anderen sprachlich verständlich machen, gehen, Radfahren, den Vokabeltest am nächsten Tag anständig bewältigen. Auch eine erwartungswidrige Beobachtung, die man sich nicht erklären kann, gehört dazu. Man möchte dahinter-

Auslöser des Lernens

kommen. Warum schwimmt das schwere Schiff, aber nicht der winzige Stein?

So lange das Könnensziel präsent ist, gibt es dem Lernen Sinn. Sprechen, laufen und Radfahren können möchte das Kind quasi in dem Moment, in dem es sich darin versucht. Eine irritierende Wahrnehmung auflösen, möchte man möglichst sofort. Das Ziel ist für die Zukunft, aber auch für den Augenblick bedeutsam. Lernende probieren, kombinieren, vergleichen den Soll- und den Ist-Zustand, akzeptieren oder verwerfen Lösungsversuche und erfahren in der unmittelbaren Interaktion mit der Umwelt, ob sie erfolgreich sind oder nicht. Beispiele für diese Art zu lernen, lassen sich an dem von Lehrenden für Lernende ersehnten „Flow" (Csikszentmihalyi 1985) beim Lernen erkennen, wie zum Beispiel die bei Kindern beobachtbare konzentrierte Hingabe beim Ausprobieren, das hartnäckige Ringen mit der Widerständigkeit der Realität, das Vertiefen in eine schwierige Aufgabe. Bei all dem steht die Lerntätigkeit in unmittelbarer Beziehung zu einem Könnensziel, das man selbst für wichtig hält. Man ringt mit der Diskrepanz zwischen Wunsch und Können – und lernt dabei. Sinn ist präsent.

Ein Sinnkredit des Lernens Diese enge Steuerung des Lernens durch einen konkreten Könnenswunsch ist gerade beim schulischen Lernen nicht immer gegeben. Schülerinnen und Schüler wissen schon von der ersten Klasse an, dass sie in die Schule gehen, um etwas zu lernen. Von ihnen wird erwartet, dass sie lernen, um etwas zu können, ohne dass man ihnen immer schon klarmachen kann, warum sie das können sollten. Schulisches Lernen ist daher in großen Teilen ein Lernen auf Vertrauen. Es nimmt Sinn auf Kredit in Anspruch und ist von der Hoffnung begleitet, nach und nach möge die Einsicht der Lernenden zur Tilgung der Sinnesschuld beitragen.[3]

Angesichts der Vielzahl schulischer Lerninhalte geht das kaum anders. Kinder sollen Sachrechnen, Lesen, Schreiben, Addieren und etwas über geometrische Formen lernen, Regeln sozialen Handelns und den Stromkreis kennen lernen, etwas über Hase und Igel und über vieles mehr erfahren – und dies jeweils unter Bedingungen knapp bemessener Zeit. Wohl niemand wird ernsthaft annehmen, dies sei immer oder wenigstens in den meisten Situationen einsichtig zu machen oder gar durch „Flow" zu versüßen.

Aber wie bei jedem Kredit, so gilt auch beim Sinnkredit schulischen Lernens, dass man ihn nicht beliebig überziehen darf, wenn man glaubwürdig bleiben will. Anderenfalls besteht die Gefahr, dass sich die Gleichgültigkeitsspirale dreht. Die Schülerinnen und Schüler lernen nicht aus Interesse, sondern aus Sorge vor Versagen und Sanktionen, freuen sich, wenn sie nicht lernen müssen, verlieren Interesse, lernen zunehmend, weil sie müssen … Irgendwann ist der Vertrauensvorschuss verspielt. Die Angebote, die Schule und Unterricht machen, werden für die Schülerinnen und Schüler immer weniger bedeutsam. Sie sind froh, wenn der Unterricht vorbei und die Schule zu Ende ist.

Lehrerinnen und Lehrer können durchaus auf die Einsicht setzen, in der Schule werde gelernt, um zukünftige Anforderungen zu bewältigen. Auch das sich entwickelnde Interesse an einzelnen Schulfächern mag über langweilige Schulstunden hinweghelfen. Doch weder Einsicht und Interesse noch wachsende Kompetenz sind pädagogische Perpetuum mobiles. Sie können auf Dauer nicht allein aus sich heraus die Motivation zum Lernen in der Schule erzeugen. Wenigstens hin und wieder sollten Schule und Unterricht den Schülerinnen und Schülern daher den Sinn des Lernens nicht nur einsichtig, sondern durch sinnstiftende Erfahrungen auch erlebbar machen.

John Dewey spricht von Erfahrungen im „vitalen Sinne" und meint Situationen und Episoden, die in der Erinnerung als Erlebnis auftauchen (Dewey 1934/1980, 48). Sie können ausgelöst werden durch Ereignisse und Szenen, „die das aufmerksame Auge und Ohr des Menschen auf sich lenken, sein Interesse wecken und, während er schaut und hört, sein Gefallen hervorrufen" (Dewey 1934/1980, 11). Solche Erfahrungen verbinden sich mit Überraschendem, Widerständigem und Unerwartetem (vgl. Bollnow 1968). Als „ästhetische Erfahrungen" könnten sie Lernbedürfnis und Erkenntnisabsicht stiften, wo „reizhaltige Umgebungen gestaltet und gewählt werden, wo sich Staunen und Faszination ausbreitet, wo Schönes und Erhabenes aufgesucht und in Wiederholungen durchlebt wird, wo Situationen ins Extreme gesteigert und Grenzerfahrungen provoziert werden" (Duncker 1999, 9; vgl. auch Kraemer & Spinner 2002; Maurer 1993).

Sinnstiftende Erfahrungen

Solche Erfahrungen, die die Wahrnehmungsroutinen unterbrechen und die Vorstellungskraft mobilisieren, mögen schon aus Funktionslust an der Sinnestätigkeit (vgl. Henckmann & Lotter 1992, 254) einen Eigenwert haben,[4] aber sie besitzen auch einen pädagogischen Mehrwert.

Anlass und Beginn (Impuls) jeder ästhetischen Erfahrung ist eine Auseinandersetzung mit Erfahrungswiderständen. Wahrnehmungen verknüpfen sich mit Erinnerungen, werden verglichen, mit Vorstellungen assoziiert und typisiert (vgl. Lieber 2004, 433 f.). Die daraus entstehenden Assoziationen sind subjektiv. Oftmals lassen sich jedoch abgesunkene Erinnerungsfragmente und Wissenselemente nicht zur Deckung bringen. Irritationen entstehen, die im Subjekt etwas bewegen, anstoßen, verändern können (vgl. Seel 1985, 85).

Nach *Gunter Otto* ist die ästhetische Erfahrung „ein immer wieder durchzuhaltender Balanceakt zwischen Anschauung und Begriff, Wahrnehmung und Reflexion" (Otto 1993, 17). Aus den individuellen, zunächst nur subjektiv bedeutsamen Eindrücken und Empfindungen erwachsen Organisationsformen der Wahrnehmung wie Assoziieren, Deuten, Sinnsuche (vgl. ebd.). Ästhetische Erfahrung ist nicht nur registrierend und konsumierend, sondern lässt etwas offen. Man empfindet das Wahrgenommene als bedeutsam, sucht aber noch nach Bedeutung. Hinter der Wahrnehmung drängen Akte des Verstehens. So entsteht ein Verständigungswunsch mit der Umwelt, der die Suche nach zuverlässigem Wissen antreibt, nach Wissen, auf das man sich verlassen kann. Und das ist genau das, was Schule und Unterricht besser und intensiver bieten können als alle anderen Instanzen, die um die Aufmerksamkeit von Kindern und Jugendlichen ringen, einschließlich der verschiedenen Medien: Wissen, nach dem man sucht und um das man sich bemüht, weil man seine Bedeutung spüren konnte – anstatt sie bloß erklärt zu bekommen.[5]

Wie Fakten und Vorstellungen zusammenkommen – eingebundenes Wissen

Nicht nur Schulen, auch anderen Bildungseinrichtungen wie Universitäten wird vorgehalten, sie würden zu viel träges, ja totes Wissen vermitteln. Dieses lasse sich auswendig lernen und in Prüfungssituationen reproduzieren, aber nicht flexibel zur Lösung neuer Probleme und Aufgaben anwenden: viel gelernt, aber nichts gekonnt; Sach- und Faktenwissen ohne Nutzwert.

Verschiedene Wissensformen

Sach- und Faktenwissen wird auch als begriffliches, explizites oder als deklaratives Wissen bezeichnet. Man kann es abfragen, katalogisieren, in Bücher schreiben, auf andere Träger speichern. Dies gelingt deshalb, weil und sofern dieses Wissen eher „Ich-fern" ist (Pöppel 2000, 28). Paris ist die Hauptstadt von Frankreich; Prozentrechnung folgt einem festgelegten Schema – ob mir das gefällt oder nicht.

Können entspricht eher dem, was man als prozedurales Wissen, Know-how, Handlungswissen oder implizites Wissen bezeichnet (vgl. auch Reinmann-Rothmeier & Mandl 2000, 276; Pöppel 2000, 25). Dazu gehören zum Beispiel Bewegungsabläufe, das Lösen von Sachaufgaben, das Schreiben eines Aufsatzes. Zwar werden dabei auch Detailkenntnisse und einzelne Fertigkeiten genutzt; aber Können ist mehr als eine Summe aus deklarativem Wissen und geübten Fertigkeiten. Können ist „Ich-nah" (ebd., 29). Es lässt sich durch Retrospektion teilweise erschließen, aber nur begrenzt kommunizieren und einem anderen mitteilen. Entsprechend lässt es sich durch Lesen, Anschauen, Zuhören allein nicht erwerben, sondern nur durch eigene Aktivität. Weder Bewegungsabläufe, noch das Lösen von Sachaufgaben oder das Schreiben eines Aufsatzes lernen Schülerinnen und Schüler allein dadurch, dass sie erklärt bekommen, wie man geschickt springt, rechnet oder einen guten Aufsatz schreibt. Man kann ihnen dafür mehr oder weniger nützliche Informationen und Hilfestellungen geben. Aber ihr Können entfaltet sich erst als jeweils individuelle Kombination aus deklarativem und prozeduralem Wissen im Zusammenspiel mit einer dritten Wissensform, dem bildlichen Wissen. Dieses lässt sich in Anschauungswissen, Erinnerungswissen und Vorstellungswissen unterteilen (vgl. ebd., 27 ff.):

- Anschauungswissen benötigt man, um Objekte bereits mit der Wahrnehmung als etwas Bestimmtes zu erkennen. So weiß man oft schon im Vollzug des Hörens und Sehens, um was es sich handelt, also was das Geräusch oder den optischen Eindruck verursacht. Ohne zu überlegen, identifiziert man zum Beispiel das geräuschvoll herannahende Objekt als ein Auto. Man ist sich dieses Objektes gewiss, weil das Reizsignal mit einer Anschauung verbunden werden kann.
- Voraussetzung für die erkennende Wirkung des Anschauungswissens ist wiederum das Erinnerungswissen. Objekte der als Auto identifizierten Art kommen einem nicht als abstraktes Muster oder als Oberbegriff in den Sinn, sondern eingelagert in Ereignisse, Szenen, Abläufe.
- Vorstellungswissen schließlich bezieht sich auf die topologischen Strukturen, mit denen man Objekte der Anschauung in Beziehung zueinandersetzt: vorher – nachher, oben – unten, vorne – hinten, nah – fern und Ähnliches.

Die Anwendung von Wissen außerhalb rein schematisch zu lösender Aufgaben erfordert eine Kombination aus allen Wissensformen. Ob es um die Lösung von Sachaufgaben, das Schreiben eines Textes oder das Vertreten eines Standpunktes geht, immer müssen sowohl explizites,

Wissen anwenden

also Sach- und Faktenwissen, als auch bildliches Wissen kombiniert werden. Dabei kommen, nach Auffassung des Mediziners und Hirnforschers *Pöppel*, die ästhetischen Prinzipien Stimmigkeit, Klarheit und Harmonie ins Spiel (vgl. ebd., 30 f.).

Mit einigen Beispielen soll das verdeutlicht werden:

- Wer im Mathematikunterricht eine Sachaufgabe löst, muss neben den dafür nötigen deklarativen Sach- und Faktenkenntnissen auch Vorstellungs-, Erinnerungs- und Anschauungswissen aktivieren. Das zu lösende Problem erschließt sich nicht allein mit den mathematischen Prozeduren. Man benötigt auch geeignete Vorstellungen von der Sachlage. Alles zusammen muss klar sein und stimmig zueinander passen (vgl. Seite 25; siehe auch Winter 1992, 7 ff.).

- Wenn Kinder versuchen, sich natürliche Abläufe und Vorgänge zu erklären, dann wenden sie zunächst Alltagskonzepte an, in denen Einzelbeobachtungen, Analogieschlüsse und Übertragungen aus anderen Erfahrungsbereichen zu scheinbar schlüssigen und bildhaften „Erklärungen" integriert werden: Die Sonne geht schlafen; es regnet, weil Pflanzen Wasser brauchen; Wolken wollen abregnen und anderes mehr (vgl. dazu Kahlert 2002, 61 ff.). Solche bildhaften Konzepte wirken erklärungsmächtig, weil sie einzelne Beobachtungen und Alltagserfahrungen scheinbar stimmig miteinander verbinden. Sie lassen sich nicht einfach durch Sachwissen, durch Wissen, wie „es richtig ist", verdrängen. Vielmehr muss das fachliche Wissen ebenfalls mit starken Vorstellungen verknüpft werden. Gelingt dies nicht, bleibt es aufgesetzt. Man kann es vielleicht dahersagen, aber nichts damit anfangen.

- Im Deutschunterricht eine Geschichte oder später einen Besinnungsaufsatz zu schreiben, setzt nicht nur das sichere Beherrschen eines angemessenen Wortschatzes sowie grammatischer und stilistischer Regeln voraus, sondern neben Vorstellungs- und Erinnerungsvermögen auch ein Gefühl für die Gewichtung und Komposition der einzelnen Sachverhalte und Informationen.

- Das soziale Handeln eines Menschen erscheint als akzeptabel, wenn es anerkannten Regeln des Zusammenlebens nicht zu sehr widerspricht. Dazu müssen Wissen (um Regeln), Einfühlungsvermögen, Umsicht, die Berücksichtigung unterschiedlicher Interessen und anderes mehr angemessen harmonisieren. Wer stur Regeln anwendet, belastet als Prinzipienreiter das Zusammenleben ebenso wie jemand, der sich zu wenig an Regeln orientiert und alles spontan entscheidet. Ähnliches gilt für Werturteile. Moralische Rigoristen übertreiben die Normengültigkeit, doch wer keine Orientierung an moralischen Prinzipien erkennen lässt, erscheint, je nach Durchsetzungskraft, opportunistisch oder egoistisch. Beides wirkt unangenehm, was ja wiederum eine ästhetische Kategorie ist.[6]

Sich ein stimmiges Bild von der Aufgabe machen

Wie wichtig es für das Lösen von Sachaufgaben ist, die verschiedenen Wissensformen zu einem stimmigen Bild zu kombinieren, soll an einer Beispielaufgabe aus IGLU veranschaulicht werden. Die an der internationalen Vergleichsuntersuchung teilnehmenden Schülerinnen und Schüler sollten unter anderem Aufgaben folgender Art lösen:

10 Liter Kakao werden in Flaschen von je einem Viertel Liter Inhalt gefüllt. Wie viele Flaschen werden voll? (vgl. Bos u. a. 2003, 200)

Um diese Aufgabe zu lösen, müssen die Schülerinnen und Schüler deklaratives Wissen aktivieren. Was besagt „10 Liter"? Was bedeutet die Information „ein Viertel Liter"? In welcher Beziehung steht die eine Zahlenangabe zu der anderen? Dieses Wissen müssen sie in ein Bild von der Situation einbinden. Die Bilder, die sich die einzelnen Kindern machen, können sehr verschieden ausfallen, aber vorkommen müssten wohl zumindest ein großer Behälter mit Kakao, ausreichend viele kleinere Flaschen und eine Maschine oder eine Person, die den Kakao umfüllt, ohne etwas daneben zu schütten. Dies setzt entsprechendes Erinnerungswissen, Anschauungswissen und Vorstellungswissen voraus. Allerdings reicht es nicht, dass dieses Wissen zur Verfügung steht und abgerufen wird. Das Bild muss dem Zweck gemäß kombiniert und konkretisiert werden: deutlich genug, um den Sachverhalt vorstellbar zu machen, aber nicht so detailliert, dass es von der mathematischen Modellierung ablenken würde. Wo füllt man 10 Liter Kakao um? In einer Kakaofabrik oder auf einem Fest? Wird das maschinell oder per Hand erledigt? Wie der Kakao wohl schmeckt? Wie sehen wohl die Flaschen aus? Mit solchen und anderen möglichen Assoziationen dürfen sich die Kinder nur kurz beschäftigen, gerade ausreichend genug, um sich den Vorgang vorzustellen, aber ohne sich in den Details zu verlieren. Das Bild muss stimmig konstruiert und sachangemessen dekonstruiert werden. Erst dann können die Kinder sinnvolle mathematische Operationen anschließen, also ihr prozedurales Wissen nutzen (z. B. 4 kleinere Flaschen benötigt man für 1 Liter; insgesamt gibt es 10-mal einen Liter Kakao; daher benötigt man 10 mal 4 Flaschen).

Angesichts der Bedeutung ästhetischer Kategorien wie Stimmigkeit, Harmonie, Passung, Intuition für die Verfügbarkeit von Wissen birgt der Vorschlag, an einer Entschlüsselung der Grammatik bildhafter Vorstellungen zu arbeiten (Duncker 1999, 13), ein vielversprechendes Programm gegen die Anhäufung toten Wissens.

Gefühle sind immer dabei – gerade beim Lernen

Eine der Hauptaufgaben von Schule ist es, die Vielfalt von Phänomenen, Ereignissen, Vorgängen und Beziehungen, die uns begegnen und in die wir verstrickt sind, auf der Basis belastbaren Wissens erfassbar und – möglichst – gestaltbar zu machen. Belastbares Wissen ist Wissen, das aus guten Gründen gilt, ausbaufähig ist und anschlussfähig für weiteres Wissen. Daher eröffnet Schule „einen primär reflexiven Zugang zu unterschiedlichen Lebensbereichen" (Baumert 2002, 105), aber sie kann ihn nicht reflexiv eröffnen, das heißt, sie schafft das nicht allein mit reflexiven Mitteln. Einige der oben genannten günstigen Bedingungen für die Stimulierung von Lernsituationen, wie attraktive Ziele erkennbar machen, Interessen wecken, Selbstbestimmung und Kompetenzzuwachs erlebbar machen, weisen auf die emotionale Einbettung des Lernens hin.

Kognitionen, um die es beim Lernen in der Schule gehen soll, können verstanden werden als „komplexe, für den Organismus bedeutungsvolle, d. h. für Leben und Überleben, besonders auch für das psychosoziale Überleben, relevante und deshalb meist erfahrungsabhängige Wahrnehmungs- und Erkenntnisleistungen" (Roth 1997, 31). Auch Gefühle und Empfindungen sind demnach Kognitionen (Damasio 1997, 218). „Dennoch kann die Unterscheidung der Kategorien Denken und Fühlen nicht einfach beiseite geschoben werden, da sie offenbar eine empirische Basis in der Alltagserfahrung des Menschen hat" (Simon 1988, 83).

Gefühle und Verstand Die reflexiv-rationale Komponente unseres Umgangs mit der Umwelt verlangt, nicht sofort auf einen Reiz zu reagieren, sondern ihn zunächst zu verstehen und umsichtig mögliche Reaktionen auf den Reiz zu prüfen. Dabei soll man akzeptiertes Wissen einbeziehen, sich darum bemühen, klar zu analysieren, sinnvoll zu vermuten und logisch zu kombinieren. Angesichts der Reizfülle, die unsere Umwelt bietet, benötigt der Verstand jedoch die Vorarbeit des Gefühls. Ohne Gefühle ist Rationalität nicht möglich (vgl. Damasio 1997, 86 ff., 233 ff.).

26

Während der Verstand die enge Kopplung zwischen wahrgenommenem Reiz und naheliegender Reaktion auflösen und somit Abstand für überlegtes Handeln schaffen kann, sind Gefühle auf das „Hier und Jetzt bezogen" (Simon 1988, 88). Im Zusammenspiel von Denken und Fühlen kommt Gefühlen die Aufgabe zu, Umweltereignisse rasch zu bewerten. Gefühle übernehmen für das Denken die Rolle einer vorsortierenden Instanz. Sie geben der Wahrnehmung in der Fülle auf uns einströmender Reize eine Art Richtungsentscheidung, heben hervor, was wichtig, und sortieren aus, was weniger wichtig ist (vgl. Goleman 1997, 48 f.). Erst dann kann der ansonsten heillos überforderte Verstand seine Feinarbeit sinnvoll verrichten.

Ein anschauliches Beispiel für dieses Zusammenspiel rasch vorsortierender Gefühle und darauf aufbauender Verstandesleistungen ist die Reaktion auf eine plötzlich eintretende lebensbedrohliche Situation. Müssten die diversen Umweltreize, wichtige und weniger wichtige, erst durch eine präzise, aber aufwändige gedankliche Prüfung evaluiert werden, würde eine erfolgreiche Reaktion auf die Bedrohung möglicherweise zu spät einsetzen. Das Gefühl Angst „diktiert" quasi die Groborientierung „Flucht". Der sich dann einschaltende Verstand verarbeitet die bedeutsamen Details in der Umwelt und erbringt Leistungen, die den Erfolg des Vorhabens, sich zu retten, wahrscheinlicher machen. Oder um ein eher angenehmes Gefühl auszuwählen: Plötzlich empfundene Zuneigung sorgt dafür, dass man sich mit einer Person beschäftigt. Der Verstand mag dann erfolgreiche und weniger erfolgreiche Strategien der Annäherung prüfen (statt sich mit ganz anderem, auch Interessantem, wie zum Beispiel Aktienkursen oder PISA-Studien, zu beschäftigen).

Beispiele

Auch weniger dramatische Umweltereignisse lassen sich mit der Vorstellung vom zunächst grob, aber rasch selektierenden Gefühl und vom detailliert, dafür vergleichsweise langsamer arbeitenden Verstand gut interpretieren. Neugierde, Entdeckerlust richten die Aufmerksamkeit auf etwas aus, mit dem sich der Verstand dann konzentriert beschäftigt. Langeweile signalisiert, dass es sich nicht lohnt, die hochwertigen, aber aufwändigen Ressourcen des Denkens, Analysierens, Vergleichens etc. zu mobilisieren. Müsste man jedes Umweltereignis sofort analysieren und verstandesmäßig prüfen, würde es einem ergehen wie dem berüchtigten Esel, der schon von zwei Heuhaufen zur Handlungsunfähigkeit verdammt wurde.

Die unverzichtbare Rolle der Emotionen für die erfolgreiche Bewältigung von Umweltereignissen heißt jedoch noch nicht, die Betonung von Gefühlen an sich sei bereits wertvoll. Unterricht heute leidet gewiss nicht daran, dass Gefühle nicht angesprochen würden. Beim reinen Buchunterricht, beim monotonen Lehrervortrag, beim Abschreiben oder Ausfüllen von Lückentexten bleiben die Gefühle ja gerade nicht außen vor. Die Situation ist viel schlimmer, denn Gefühle sind immer dabei und seien es Langeweile, Abneigung, Frustration. *Wolfgang Welsch* hat dies mit Bezug auf das Alltagsleben als Anästhetisierung bezeichnet. Er meint damit die Abstumpfung der Wahrnehmung durch belanglose Routinen. Nichts ist mehr bedeutsam, weil nichts mehr als bedeutungsvoll erfahren wird (vgl. Welsch 1993, 9 f.). Geschieht das in der Schule zu häufig, werden aus Kindern, die lernbegierig ihre Schulkarriere begannen, gelangweilte Jugendliche, die Lernen in der Schule als notwendiges Übel empfinden.

Um dieser Sinnentleerung entgegenzuwirken, helfen weder Motivationsfeuerwerke noch Lernevents, die eher den Unterhaltungs- als den Sinnbedarf ansprechen. Hier wird vorgeschlagen, sich um eine Ästhetisierung des Lernens in der Schule zu kümmern.

Zur Ästhetisierung von Schule und Unterricht

Die Orientierung an empirisch gesicherten Erkenntnissen über förderliche Lernbedingungen mag die Wahrscheinlichkeit erhöhen, dass ein Lernarrangement tatsächlich auch Lernen bewirkt. Aber die für Lernen wichtigen Assoziationen und Emotionen sowie die individuellen Kompositionen von Wissensformen lassen sich nicht zielgenau planen. Man kann sich darum bemühen, Staunen, Neugierde und Interesse auszulösen, aber man kann es nicht herstellen oder gar regulieren. Wäre dies doch der Fall, würde Unterricht Individualität zerstören und zu einer technischen Informationsübertragungs-Veranstaltung verkommen. Dafür bräuchte man keine pädagogisch denkenden Lehrerinnen und Lehrer mehr.

Etwas zugespitzt könnte man sagen, das empirisch gesicherte Wissen über wirksame Lernumgebungen stellt die Instrumente und Werkzeuge Lehrender dar. Doch wie beim Gebrauch von jedem Instrument und Werkzeug so gilt auch für dieses pädagogische Wissen, dass man es auf sehr verschiedene Weise anwenden kann. Die Qualität des Wissens über gute Lernumgebungen garantiert noch nicht die Qualität der Anwendung dieses Wissens. Auch für pädagogisches Handeln gilt, dass wissenschaftlich geltendes Wissen nur begrenzt zur Lösung praktischer Probleme beitragen kann.[7]

Dennoch sind empirisch gesicherte Erkenntnisse über die Schaffung qualitativ hochwertiger Lernsituationen gerade auch dann unverzichtbar, wenn man den ästhetischen Dimensionen des Lernens angemessen Rechnung tragen möchte. So weiß man zum Beispiel aus der Motivationsforschung, dass Staunen und Überraschtsein an sich noch nicht lernwirksam sind. Vielmehr muss die Diskrepanz zwischen Erwartung und tatsächlicher Gegebenheit „dosiert" sein. Wenn der kognitive Konflikt zu groß ist, dann führt die anfängliche Überraschung nicht zu weiterem Interesse. Daher kommt es auf eine „optimale Inkongruenz (Nicht-Übereinstimmung) zwischen der neuen Information und bisherigem Wissen" (Edelmann 2003, 30) an. Die Situation muss etwas relativ Neues bieten, ohne zu neuartig zu sein (ebd., 30 f.).

Ästhetisierung des Lehrerhandelns

Der Respekt vor den ästhetischen Dimensionen des Lernens und vor den empirisch gewonnenen Einsichten über Bedingungen erfolgreichen Lernens macht eine Haltung wünschenswert, die zwar um die Grenzen der Erzeugbarkeit von Lernen weiß, sich aber dennoch um Lernarrangements nach bestem pädagogischen Wissen und Gewissen bemüht. Zu dieser Haltung gehören:

Eine förderorientierte Haltung

- durchaus erfüllt und angetrieben sein von dem Willen, zu gestalten, aber umsichtig die eigenen Wirkungen beobachten
- nach bestem Wissen und Gewissen die Schülerinnen und Schüler fördern, aber Diskrepanzen zwischen Absicht und Effekt mit Fassung und Zuversicht tragen
- die wahrgenommenen Diskrepanzen nicht gleichgültig hinnehmen, sondern sich um Konsequenzen bemühen, die sowohl für die eigene Person als auch für die Schülerinnen und Schüler angemessen sind
- versuchen, im Umgang mit bildungstechnokratischen Zumutungen und scientistischen Verheißungen die Spielräume zur Entfaltung der eigenen Professionalität zu wahren
- sich darum bemühen, Sinn in dem erfahrbar zu machen, was man tut und wie man sich arrangiert – Sinn für die Lernenden und auch für sich selbst

Mit dieser Haltung wird eine ästhetische Positionierung eingeleitet und gefördert, die hilft, mit Diskrepanzen zwischen guten Absichten, begrenzten Möglichkeiten und sperriger Wirklichkeit würdevoll umzugehen. Sie könnte den Kern einer Ästhetik des Lehrerhandelns markieren, eines „richtigen" Maßes zwischen Distanz und Engagement,

Ein gutes Maß finden

zwischen Routine, die wissens- und erfahrungsbasiert ist, und Offenheit für Neues, die Risikobereitschaft erfordert. Um mit den vielfältigen Anforderungen des Lehrerberufs und den begrenzten Wirkungsmöglichkeiten pädagogischen Handelns gut zurechtzukommen, sind subjektive Spielräume nötig. Diese entstehen nicht durch beharrliches Anwenden einmal gewonnener Einsichten und Erkenntnisse, sondern durch die inspirierende Suche nach neuen Möglichkeiten.

In Bezug auf die Gestaltung von Unterricht ergeben sich vier praktische Ansatzpunkte, um die ästhetischen Dimensionen des Lernens stärker zu berücksichtigen:

Atmosphäre für das Lernen gestalten –
dem Unterricht eine stimmige Dramaturgie geben
Eingebunden in einen sozialen Kontext, besitzt Unterricht immer eine Atmosphäre. Sie kann sich mehr oder weniger naturwüchsig ergeben, aus Gewohnheit hingenommen oder aber als Gestaltungsaufgabe wahrgenommen werden. Ob sie gut oder schlecht ist, lässt sich nicht allein anhand einzelner Indikatoren beurteilen. Entscheidend ist das stimmige Zusammenwirken inhaltlicher Anforderungen, sozialer Regeln, räumlicher Bedingungen sowie der Handlungen von Lehrerinnen und Lehrern und Schülerinnen und Schülern. Dabei hilft die Orientierung an den ästhetischen Kategorien Klarheit, Ordnung und Harmonie:

- Klarheit bei allem, was zur Sprache kommt und behandelt wird; das betrifft nicht nur die Unterrichtsinhalte, sondern auch die Aufstellung, Einhaltung und Durchsetzung sozialer Regeln
- Ordnung durch Methoden, die der Sache und den Lernvoraussetzungen angemessen sind
- Harmonie in der Passung von Inhalt und Atmosphäre, in der gelernt werden soll

Die letzte Anforderung schließt räumliche und soziale Bedingungen gleichermaßen ein. Auch Kindern und Jugendlichen dürfte es auf Dauer schwerfallen, daran zu glauben, Schule biete ihnen Wichtiges, wenn die Umgebung, in der gelernt werden soll, Unaufmerksamkeit und Lieblosigkeit ausdrückt. Ein schlampiger Klassenraum, ein unwirtliches Schulgebäude, Hektik, Nachlässigkeiten im Umgang untereinander – wenn die Atmosphäre nicht stimmt, hat es auch der Inhalt schwer.[8]

Vorstellungen wecken – dem Denken Spielräume verschaffen
Damit beim Lernen Bilder entstehen, muss das Vorwissen der Lernenden aktiviert werden und zur Sprache kommen können. Statt durch

vorgegebene Bahnen fachlicher Systematik und sachgegebener Lernabfolgen gedanklich eng und kleinschrittig geführt zu werden, nähern sich die Schülerinnen und Schüler dem Inhalt auf verschiedenen Wegen mit eigenen Assoziationen. Die Gefahr, dass dabei überbordende Phantasie die Sachlichkeit bedroht, ist angesichts des Realitätssinns und des Wissensdrangs der Kinder gering. Dieser leidet nicht, wenn zu viel, sondern wenn zu wenig geistige Aktivität angeregt wird.

Lernen beflügeln – für Leitmotive sorgen
Weil Lernprozesse in der Schule kumulativ angelegt sind, besteht die Gefahr, dass in der Vielzahl aufeinander aufbauender Schritte der Blick für das Ziel der Anstrengung verloren geht. Darum sollte jeweils ein zentrales Leitmotiv möglichst einsichtig gemacht werden, das der abverlangten Anstrengung Sinn gibt. Solche Leitmotive sind erkennbare und attraktive Könnensziele, interessante Produkte, neue Umgangsweisen mit Problemen. Ob diese ausgelöst werden durch anfängliche Irritationen, Staunen oder durch ein Bewusstmachen eines schwerwiegenden Problems, ist letztlich sekundär. Staunen selbst kann den Lernprozess nicht lange tragen. Es geht nicht nur darum, eine intensive Wahrnehmung zu schaffen, sondern vor allem darum, sie für das weitere Lernen nutzbar zu machen. Entscheidend ist, dass das erste Begegnen zu einem Wissen- oder Könnenwollen führt, das die weiteren Lernanstrengungen trägt.

Gelerntes stark anwenden – es darstellen
In der Regel erschöpft sich die Anwendung schulischen Wissens in der Bearbeitung von Aufgaben und abschließenden Lernkontrollen. Sinnvoller ist es, wenn Schülerinnen und Schüler ihr Wissen anderen darlegen, denn dies führt zu einer starken Beschäftigung mit den neuen Inhalten. Einen Sachverhalt für einen anderen aufzubereiten, ist ein Härtetest für das eigene Wissen, denn man muss sich systematisch in die Rollen „Wissender" und „Nicht-Wissender" hineinversetzen. Dazu gehört, sich klarzumachen, wie die vielen Einzelheiten miteinander zusammenhängen und was für das Verstehen wichtig, was weniger wichtig ist. Welche sinnvolle Reihung wählt man? Wie lässt sich Überraschendes einbauen? Was ist die zentrale Botschaft, und wie transportiert man sie so, dass sie auch ankommt? Die Fragen zeigen die gedankliche Intensität, in die man hineingerät, wenn man sein erworbenes Wissen für andere aufbereitet. Das neu erworbene Wissen wird dabei in ein Netzwerk eigener Ideen, Vorstellungen und Denkgewohnheiten eingewoben, und dies ist ein guter Weg, es nachhaltig zu speichern. Zudem fördert die Aufbereitung des eigenen Wissens die Fähigkeit zur sprachlichen Darstellung und Gestaltung. Dies betrifft nicht nur den richtigen

Gebrauch von Wörtern und grammatischen Regeln, sondern auch den Ausdruck von Gefühlen. *Wolf Singer*, Neurophysiologe und Direktor des Frankfurter Max-Planck-Instituts für Hirnforschung, fordert mit Blick auf die Bildungsentwicklung von Kindern mehr in die Ausdrucksfähigkeit der Schülerinnen und Schüler zu investieren, und zwar nicht nur in die verbale, sondern auch in die mimische und gestische (Singer 2002, 97 f.). Wer sich darin übt, anderen Wichtiges mitzuteilen, erweitert auch diese Möglichkeiten.

Ästhetisierung des Lehrens und Lernens – auch eine Aufgabe für die Schulentwicklung

Die oben genannten Konsequenzen sind keine zusätzlichen, von außen herangetragenen Aufgaben an Unterricht und Schule und sie eröffnen auch keine Luxusspielräume. Unterricht und Schule sind soziale Ereignisse, bei denen es um Wahrnehmung, Emotionen, Gestaltung, Umgang mit Zielen, Wünschen, Unzulänglichkeiten geht. Mit einer Ästhetisierung des Unterrichts wird versucht, das daraus resultierende Spannungsverhältnis zwischen Lenkbarkeit und Offenheit produktiv zu handhaben.

Wer sich als Lehrerin und Lehrer dazu entschließt, diese Haltung einzunehmen, macht einen ersten wichtigen Schritt, doch auf Dauer wird die Ästhetisierung des Unterrichts besser gelingen, wenn man diesen Weg nicht alleine geht, sondern zusammen mit den Kolleginnen und Kollegen an der Schule. Konkret sprechen folgende Gründe dafür, die Ästhetisierung des Lehrens und Lernens zu einer Aufgabe von Schulentwicklung zu machen:

- Ästhetisierung des Lernens und Lehrens bietet eine Basis, auf der sich Vertreterinnen und Vertreter aller Fächer über das Hauptanliegen von Schule, nämlich Gestaltung von Unterricht, verständigen können.
- Sie richtet die Aufmerksamkeit im Schulbetrieb auch auf die Atmosphäre, in der gelernt und gelehrt wird.
- Sie ist anschlussfähig für die Frage, wie mit den verschiedenen und zum Teil auch disparaten Aufgaben in der Schule gut, nämlich würdig, umgegangen werden kann.

Spielräume für das Lernen schaffen In dem Maße, wie diese Möglichkeiten genutzt werden, lässt sich der für Lernen notwendige Spielraum für Subjektivität wahren und ausbauen. Die soziale Organisation Schule erfordert von allen Beteiligten, im Spannungsfeld zwischen „Systemzwang und Selbstbestimmung" (so von Hentig bereits 1974) zurechtzukommen. Auch der Schulentwicklung droht die Gefahr, dass die ursprünglich gute Idee, den Lern- und Arbeitsort Schule gemeinsam zu gestalten und zu entwickeln, in organisatorischen Sachzwängen schleichend stirbt. Profilbildungen, lernende Organisationen, Steuergruppen und andere Modernisierungsmaßnahmen mögen nützliche Werkzeuge sein, um Schule zu entwickeln. Aber diese Instrumente, denen man – nebenbei bemerkt – ihre Herkunft aus der Werkzeugkammer von Unternehmensberatern anhört, verdinglichen zu Ritualen, wenn sich Stil und Atmosphäre an einer Schule nicht auch spürbar verbessern.

Lernen ist nach wie vor der Schlüssel zu einem besseren, menschenwürdigen Leben. Wäre es nicht eine schöne Aufgabe, eine Schule zu gestalten, in der Schülerinnen und Schüler den Sinn dieses Satz nicht nur einsehen, sondern hin und wieder auch erleben können – gleichsam als Vorgeschmack? Im Spannungsfeld von Systematik und Ästhetik könnten Kinder und Jugendliche somit wieder mehr von dem erfahren, was Schule als einzigartige soziale Errungenschaft auszeichnet: einen Raum bieten zu können, der allen, die dort hinkommen, lern- und bildungsintensive Begegnungen mit Wissen und Personen möglich macht.

Anmerkungen

[1] Vgl. als Überblick z. B. Aissen-Crewett 1998; Ehrenspeck 2001.

[2] Wir schreiben hier bewusst nicht „erzeugt er selbst". Erzeugen ist eher ein bewusster und geplanter Vorgang. Doch die für das Lernen bedeutsamen und sich einstellenden Erinnerungen, Assoziationen und Gefühle unterliegen ja gerade nicht vollständig der bewussten Steuerung.

[3] Wohl jeder kennt die Erfahrung, dass man diese und jene Lernzumutung im Nachhinein als sinnvoller ansieht, als man damals glaubte. Leider kennt man aber auch das Gegenteil. Im Nachhinein trauert man der mit sinnlosem Lernen verbrachten Zeit nach.

[4] Vgl. dazu auch bereits Kants Vorstellungen eines funktionslosen Gefallens, das man an Farben, Tönen, Wörtern oder auch Tastempfindungen finden känn (Kant 1787/2002, 92 f.).

[5] Anschauliche Beispiele dafür, wie lernintensive Situationen vom Ringen mit herausfordernden Wahrnehmungen getragen werden, liefern zum Beispiel die Beschreibung einer Mathematikstunde von Birgit Engel (2004, 84 ff.), Mikroanalysen naturwissenschaftlichen Lernens von Wagenschein, Bannholzer und Thiel (1973),

Michael Soostmeyer (z. B. 2001) oder Kornelia Möller (z. B. 2004) sowie Rekonstruktionen philosophischen Denkens von Kindern (vgl. z. B. Martens 1999).

[6] Der Soziologe Hans Joas weist darauf hin, dass Wertbindungen nicht aus rationaler Einsicht heraus entstehen, sondern aus Erfahrung, die dem einzelnen Subjekt evident und „affektiv intensiv als ‚gut' erscheint (vgl. Joas 2002, 68).

[7] Siehe dazu Luhmann 2002, 133 f.; 148 f.; Küppers 2004. Man muss sich nur daran erinnern, wie die Erkenntnisse über den Nutzen klarer Lernziele, der Ganzwortmethode oder auch offenerer Unterrichtsformen zum Teil zu Überreglementierungen des Unterrichts geführt haben. Dies sind anschauliche Beispiele für die pädagogische Variante der „Dialektik der Aufklärung". Sinnvolles Wissen über die möglichen Wirkungen einer Unterrichtsform wurde zu unsinnigen Anleitungen für die Gestaltung von Unterricht.

[8] Rainer Goetz spricht von „Atmosphärischer Kompetenz" (Goetz 2002) und meint damit die Fähigkeit, die Atmosphäre, in der Menschen miteinander umgehen, der Situation angemessen zu gestalten.

Literatur

Aebli, H. (1987): Grundlagen des Lehrens. Eine allgemeine Didaktik auf psychologischer Grundlage. Stuttgart.

Aissen-Crewett, M. (1998): Grundriss der ästhetisch-aisthetischen Erziehung. Potsdam.

Atkinson, J. W. (1975): Einführung in die Motivationstheorie. Stuttgart.

Baumert, J. (2002): Deutschland im internationalen Bildungsvergleich. In: Killius u. a., a. a. O., 100–150.

Baumgarten, A. G. (1750): Aesthetica. Frankfurt a. O.

Bollnow, O. F. (1968): Der Erfahrungsbegriff in der Pädagogik. In: Zeitschrift für Pädagogik, 221–252.

Csikszentmihalyi, M. (1985): Das Flow-Erleben. Stuttgart.

Damasio, A. R. (1997): Descartes' Irrtum. Fühlen, Denken und das menschliche Gehirn, 2. Auflage. München.

Deci, E. L. & Ryan, R. M. (1993): Die Selbstbestimmungstheorie der Motivation und ihre Bedeutung für die Pädagogik. In: Zeitschrift für Pädagogik, 39, 223–238.

Dewey, J. (1934/1980): Kunst als Erfahrung. Frankfurt a. M.

Duncker, L. (1999): Begriff und Struktur ästhetischer Erfahrung. Zum Verständnis unterschiedlicher Formen ästhetischer Praxis. In: Neuß, N. (Hrsg.): Ästhetik der Kinder. Interdisziplinäre Beiträge zur ästhetischen Erfahrung von Kindern. Frankfurt a. M., 9–19.

Edelmann, W. (1996): Lernpsychologie, 5. vollst. überarb. Auflage. Weinheim.

Edelmann, W. (2003): Intrinsische und extrinsische Motivation. In: Grundschule, 5, 2003, 30–32.

Ehrenspeck, Y. (2001): Stichwort: Ästhetik und Bildung. In: Zeitschrift für Erziehungswissenschaft, H. 1, 5–21.

Engel, B. (2004): Spürbare Bildung. Über den Sinn des Ästhetischen im Unterricht. Münster u. a.

Goleman, D. (1997): Emotionale Intelligenz, 3. Auflage. München.

Goetz, R. (Hrsg.) (2002): Atmosphären entdecken, erleben, entwerfen. Tagungsdokumentation des „Symposium Atmosphäre", 11.–13.07. 2002. Universität Würzburg.

Hasselhorn, M. & Mähler, C. (1998): Wissen, das auf Wissen baut: Entwicklungspsychologische Erkenntnisse zum Wissenserwerb und zum Erschließen von Wirklichkeit im Grundschulalter. In: Kahlert, J. (1998) (Hrsg.): Wissenserwerb in der Grundschule. Perspektiven erfahren, vergleichen, gestalten. Bad Heilbrunn, 73–89.

Heckhausen, H. (1989): Motivation und Handeln. Berlin.

Helmke, A. (1993): Die Entwicklung der Lernfreude vom Kindergarten bis zur 5. Klassenstufe. Zeitschrift für Pädagogische Psychologie, 7, 77–86.

Helmke, A. (2004): Unterrichtsqualität – erfassen, bewerten, verbessern, Seelze.

Henckmann, W. & Lotter, K. (1992): Lexikon der Ästhetik. München.

Hentig, H. v. (1974): Systemzwang und Selbstbestimmung. Stuttgart.

Joas, H. (2002): Wertevermittlung in einer fragmentierten Gesellschaft. In: Killius u. a., a. a. O., 58–77.

Kahlert, J. (2002): Der Sachunterricht und seine Didaktik. Bad Heilbrunn.

Kant, I. (1787/2002): Kritik der reinen Vernunft. Hier nach der Ausgabe Stuttgart 2002.

Killius, N.; Kluge, J. & Reisch, L. (Hrsg.) (2002): Die Zukunft der Bildung. Frankfurt a. M.

Kraemer, R.-D. & Spinner, K. H. (2002): SynÄsthetische Bildung in der Grundschule. In: Spinner, K. H. (Hrsg.): SynÄsthetische Bildung in der Grundschule. Eine Handreichung für den Unterricht. Donauwörth, 9–15.

Küppers, G. (2004): Wissen und Nicht-Wissen. In: Mutius, B. v. (Hrsg.): Die andere Intelligenz. Wie wir morgen denken werden. Stuttgart, 44–56.

Lieber, G. (2004): Kunstpädagogik als Menschenbildung. Dissertation. Königswinter.

Luhmann, N. (2002): Das Erziehungssystem der Gesellschaft. Frankfurt a. M.

Martens, E. (1999): Philosophieren mit Kindern. Eine Einführung in die Philosophie. Stuttgart.

Maurer, F. (1993): Die Wahrheit der Phänomene. Über ästhetische Wahrnehmung als Welthingabe. In: Duncker, L.; Maurer, F. & Schäfer, G. E. (Hrsg.): Kindliche Phantasie und ästhetische Erfahrung. Wirklichkeiten zwischen Ich und Welt. Ulm, 17–32.

Mollenhauer, K. (1990): Ästhetische Bildung zwischen Kritik und Selbstgewissheit. In: Zeitschrift für Pädagogik, H. 4, 481–439.

Möller, K. (2004): Verstehen durch Handeln beim Lernen naturwissenschaftlicher und technikbezogener Sachverhalte. In: Köhnlein, W. & Lauterbach, R. (Hrsg.): Verstehen und begründetes Handeln. Bad Heilbrunn, 147–165.

Otto, G. (1993): Über Wahrnehmung und Erfahrung, Didaktik, Ästhetik, Kunst. In: Kunst und Unterricht, H. 171, 16–18.

Pöppel, E. (2000): Die Welt des Wissens – Koordinaten einer Wissenswelt. In: Maar, Ch.; Obrist, H. U. & Pöppel, E. (Hrsg.): Weltwissen, Wissenswelt. Köln, 21–39.

Reinmann-Rothmeier, G. & Mandl, H. (2000): Wissensmanagement im Unternehmen. Eine Herausforderung für die Repräsentation,

Kommunikation und Nutzung von Wissen.
In: Maar, Ch.; Obrist, H. U. & Pöppel, E. (Hrsg.):
Weltwissen, Wissenswelt. Köln, 271–282.

Riedl, R. (2000): Strukturen der Komplexität.
Eine Morphologie des Erkennens und Erklärens.
Berlin u. a.

Roth, G. (1997): Das Gehirn und seine Wirklichkeit. Kognitive Neurobiologie und ihre philosophischen Konsequenzen. Frankfurt a. M.

Rumpf, H. (1993): Spielarten der Kulturaneignung.
In: Staudte, A. (Hrsg.): Ästhetisches Lernen auf
neuen Wegen. Weinheim und Basel, 19–30.

Schiefele, U.; Krapp, A. & Schreyer, I. (1993):
Metaanalyse des Zusammenhangs von Interesse
und schulischer Leistung. Zeitschrift für Entwicklungspsychologie und Pädagogische Psychologie, 25, 120–148.

Schulz, W. (1997): Ästhetische Bildung. Beschreibung einer Aufgabe. Weinheim und Basel.

Seel, M. (1985): Die Kunst der Entzweiung. Zum
Begriff der ästhetischen Rationalität, Frankfurt
a. M.

Simon, F. B. (1988): Unterschiede, die Unterschiede
machen. Klinische Epistemologie: Grundlage
einer systematischen Psychiatrie und Psycho-
somatik. Berlin, Heidelberg.

Singer, W. (2002): Was kann ein Mensch wann
lernen? In: Killius u. a., a. a. O., 78–99.

Soostmeyer, M. (2001): Lernen durch Erfahren,
Experimentieren und Sprechen. In: Cech, D.
u. a. (Hrsg.): Die Aktualität der Pädagogik
Martin Wagenscheins für den Sachunterricht.
Bad Heilbrunn, 111–134.

Tenorth, H.-E. (1994): „Alle Alles Zu Lehren."
Möglichkeiten und Perspektiven allgemeiner
Bildung. Darmstadt.

Wagenschein, M. (1968): Verstehen lehren.
Weinheim und Basel.

Wagenschein, M.; Banholzer, A. & Thiel, S. (1973):
Kinder auf dem Weg zur Physik. Stuttgart.

Welsch, W. (1993): Ästhetisches Denken. Stuttgart.

Winter, H. (1992): Sachrechnen in der Grundschule. Frankfurt a. M.

Ingo Rentschler

In Bildern denken,
mit Bildern lernen[1]

Die synthetische Einheit der Wahrnehmung

Bildung ist das Vermögen, sich oder anderen ein Bild, und zwar ein Bild
der Welt zu machen. Der Begriff des Bildes hat dabei den Doppelsinn,
den der frühe *Wittgenstein* seiner „Bildtheorie" zu Grunde legt. Er bezeichnet einmal das Bild im herkömmlichen Sinn als ein gezeichnetes,
dann aber auch als eine Vorstellung davon, wie die Welt beschaffen ist.

Geistige
Sehstoffe
Der Ursprung gezeichneter Bilder ist der Hintergrund des Auges. Dort
entsteht, wie *Johannes Kepler* sagt, das Bild „der gesamten Halbkugel
der Welt … auf der hohlen Oberfläche der Netzhaut." Diesen Vorgang
einer optischen Abbildung hat der große Astronom physikalisch zutref-
fend beschrieben, nachdem sich vor ihm die klügsten Köpfe über Jahrhunderte hinweg vergeblich um seine Aufklärung bemüht hatten.
Durch seinen Erfolg sah sich Kepler jedoch vor die noch viel schwie-
rigere Frage gestellt, warum die Sehwelt nicht „auf dem Kopf steht",
obwohl im Netzhautbild oben und unten sowie rechts und links ver-
tauscht sind. Er schloss daraus, dass „geistige Sehstoffe" das Bild der
Welt aus dem Netzhautbild hervorbringen. Klugerweise stellte er aber
keine Mutmaßungen darüber an, worum es sich bei diesen Sehstoffen
handeln könnte. Kepler überließ die Beantwortung dieser Frage ausdrücklich den Philosophen.

Fast zwei Jahrhunderte später erklärte *Immanuel Kant* die Eigenart
„geistiger Sehstoffe" folgendermaßen:

> „Wenn ich also z. B. die empirische Anschauung eines Hauses
> durch Apprehension des Mannigfaltigen derselben zur Wahr-
> nehmung mache, so liegt mir die notwendige Einheit des
> Raumes und der äußeren sinnlichen Anschauung überhaupt
> zum Grunde, und ich zeichne gleichsam seine Gestalt, dieser
> synthetischen Einheit des Mannigfaltigen im Raume gemäß.
> Eben dieselbe synthetische Einheit aber, wenn ich von der
> Form des Raumes abstrahiere, hat im Verstande ihren Sitz …"[2]

Nochmals zwei Jahrhunderte später hat die Hirnforschung bei der Beschreibung des „Mannigfaltigen der empirischen Anschauung" Großes geleistet. Ihr Gegenstand ist das etwa 1,5 kg schwere Organ, das, dem Schädel entnommen, zwei deutlich getrennte Hälften, die Großhirnhemisphären erkennen lässt. Beide Hemisphären durchziehen tiefe Furchen, zwischen denen sich die Hirnwindungen vorwölben. Der eigentliche Ort der Hirnfunktion ist die Rinde des Großhirns, die nur vier bis fünf Millimeter dick, aber mit etwa einhundert Milliarden Nervenzellen und deren Verschaltungen extrem komplex aufgebaut ist. Unter dieser Rinde befinden sich unzählige, dicht liegende Fasern, die ihre einzelnen Bereiche verbinden. Insgesamt ist dieses unscheinbare Gebilde aus Hirngewebe das höchstorganisierte Stück Materie im Universum und das körperliche Substrat der Wahrnehmung, des Denkens und Fühlens sowie des Verhaltens des Menschen.

Um die hinteren Pole der Hirnhemisphären herum ist das primäre Sehzentrum angeordnet, in dem die Sinnesdaten durch eine Vielzahl hoch spezialisierter Nervenzellen in ihre raum-, bewegungs-, und farbspezifischen Anteile zerlegt werden. Einige dieser Zellen reagieren nur auf fließende, eckige oder runde Umrisslinien, andere nur auf Bewegungen, die auf das Zentrum des Gesichtsfeldes oder entgegengesetzt gerichtet sind; wieder andere Nervenzellen unterscheiden feinste Farbnuancen. Im Verlauf von Operationen am Gehirn, die der Patient wach und ohne Schmerzempfindung miterleben kann, lässt sich das primäre Sehzentrum elektrisch reizen. Dabei erscheinen leuchtende Punkte, Kreise, Linien, Zackenbänder in grellen Farben und Flammenzungen vor den Augen des Operierten. Auch Drogen können, ähnlich wie Migräneanfälle, durch Veränderung des Hirnstoffwechsels Seheindrücke hervorrufen, die an die neuesten Schöpfungen der nicht gegenständlichen Kunst erinnern.

Die über 30 Hirnrindenareale, die mit der Verarbeitung der Information aus dem primären Sehzentrum befasst sind, erstrecken sich einmal in den Scheitellappen des Großhirns hinein. Dort wird die visuelle Information zur Steuerung von Bewegungsvorgängen genutzt. Wenn wir etwa nach einem Gegenstand greifen, so bildet sich bereits vor der eigentlichen Berührung die Stellung der Finger zur Handfläche der Form des Sehobjekts entsprechend aus. Ein anderer Zweig der Sehbahn führt zum Schläfenlappen. Er ermöglicht das Erkennen von Objekten an Merkmalen, die als charakteristische Verbindungen von Attributen der Form, des Kontrastes, der Farbe und der Bewegung vorkommen. So ist zum Beispiel der Fliegenpilz vor anderen Pilzen durch die rote Farbe seiner flachen Kappe und deren kleine weiße Punkte ausgezeichnet. Reizt man den Schläfenlappen elektrisch, so sieht der Patient komplexe Muster und zuweilen Bilder vor sich. Die sekundären Sehzentren bilden also den Teil des Gehirns, in dem die Sinnesdaten zu den verschiedenen Qualitäten der Sehdinge zusammengeführt und zur Steuerung des Verhaltens herangezogen werden. Auffallend ist, dass die funktionellen Folgen von Verletzungen dieser Hirnrindenareale den betroffenen Patienten in aller Regel verborgen bleiben. Sie lassen also nicht nur gezeichnete Bilder aus den Sinnesdaten entstehen; sie sind zugleich der Ort des Wissens um die Bilder der Welt, also von Gedächtnisinhalten.

Das Bindungsproblem

Diese kurze Darstellung des Sehvorgangs lässt erkennen, dass die optisch bedingte Umkehrung des Netzhautbildes keineswegs durch eine erneute Seitenverkehrung im Gehirn rückgängig gemacht wird. Die verschiedenen Aspekte des Netzhautbildes werden dort an verteilten Orten verarbeitet, sodass das „Mannigfaltige der empirischen Anschauung" eine physiologische Realität ist. Im Hinblick auf die „synthetische Einheit" der Wahrnehmung könnte man daher meinen, es gäbe im Gehirn eine Art „Projektionsleinwand", auf der das „Bild der Welt" durch die Überlagerung der Information aus den verschiedenen Sehzentren entworfen wird. Ein solches Hirnrindenareal gibt es aber nicht. Wenn sich deshalb die räumliche Ordnung der Sehdinge nicht aus dem Zusammenhang der Aktivität örtlich benachbarter Nervenzellen ergibt, so könnte die Lösung des Problems im Zeitbereich liegen. Heute wird deshalb oft angenommen, das „Bindungsproblem" (binding problem) der Formwahrnehmung werde durch die zeitliche Bündelung der örtlich verteilten Hirnaktivität gelöst. Diese Schlussfolgerung ist logisch durchaus zwingend. Sie lässt aber die Frage offen, wie aus der Einheit neuronaler Prozesse in der Zeit die Einheit der Wahrnehmung im Raum wird.

Die räumliche Form der bildlichen Erscheinung

An Münchhausens Zopf aus dem Sumpf der Sinnesdaten?

Die Ergebnisse der Hirnforschung lassen also keinen Zweifel daran, dass die Einheit der Wahrnehmung das Ergebnis aktiver Prozesse im Gehirn ist. Wir müssen, wie von Kant postuliert, für die Wahrnehmung von Gestalten etwas tun. Es ist allerdings noch reichlich unklar, welcher Art dieses Tun ist. Wir kommen daher auf Kants Gedanken zurück, dass der Verstand Gestalten entsprechend der „Form des Raumes" zeichnet. Im Hinblick auf die Frage, wie das geschehen könnte, ist ein Gedankenexperiment des Philosophen *Ludwig Wittgenstein* aufschlussreich:

„Denken wir uns eine weiße Fläche, auf der unregelmäßige
schwarze Flecken wären. Wir sagen nun: Was für ein Bild
immer hierdurch entsteht, immer kann ich seiner Beschreibung
beliebig nahe kommen, indem ich die Fläche mit einem entsprechend feinen quadratischen Netzwerk bedecke und nun
von jedem Quadrat sage, dass es weiß oder schwarz ist. Ich
werde auf diese Weise die Beschreibung der Fläche auf eine
einheitliche Form gebracht haben. Diese Form ist beliebig,
denn ich hätte mit dem gleichen Erfolg ein Netz aus drei-
eckigen oder sechseckigen Maschen verwenden können …“[3]

Anhand der Abbildung 1 vollzo-
gen, machen diese Überlegungen
klar, dass die wahrgenommenen
Helligkeitswerte als solche die
Form der Darstellung des Bildes
unbestimmt lassen. Um dessen
Gestalt zu erkennen, muss bekannt sein, an welchen Stellen
des Raumes es hell und an welchen es dunkel ist. Ein Bild kann
also nur dann die Dinge der Welt
darstellen, wenn es mit ihr ein
räumliches Bezugssystem gemeinsam hat. Im Hinblick auf die

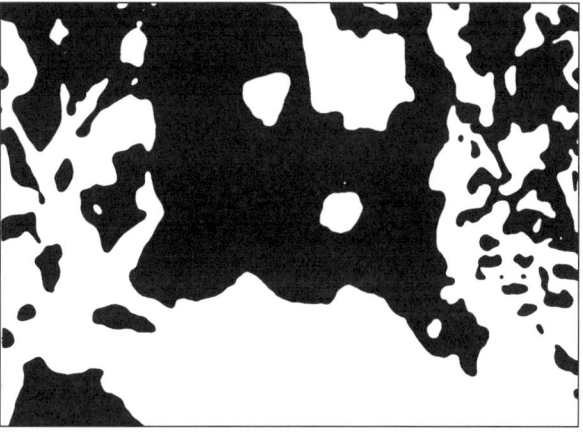

Abb. 1:
Nach P. B. Porter.
American Journal
of Psychology 67,
550–551

Frage, wie ein solches Bezugssystem in das Gehirn kommen könnte,
sind neue Befunde der Neurophysiologie von Interesse. Sie zeigen,
dass die groben Details des Netzhautbildes viel schneller als die feinen
im Gehirn weitergemeldet werden. Die Information zu den groben Details kann daher aus sekundären Sehzentren über neuronale Rück-
kopplungsschleifen bereits zu dem Zeitpunkt wieder in das primäre
Sehzentrum gelangen, in dem die feinen Details auf dem Weg von der
Netzhaut dort gerade eintreffen. Das Gerüst der groben Bilddetails
könnte deshalb einen Rahmen abgeben, in dem die feinen Bilddetails
zu einer Gestalt geordnet werden (Abbildung 2). Für sich genommen
erinnert diese Erklärung für die Einheit der Wahrnehmung allerdings
an die Abenteuer des Barons von Münchhausen, der sich an seinem
eigenen Zopf aus dem Sumpf gezogen hat.

Mit der bloßen Trennung und anschließenden Wiedervereinigung grober und feiner Bildanteile wäre für die Gestaltwahrnehmung tatsächlich noch nichts gewonnen. Das Problem mit Münchhausens Zopf
ließe sich jedoch im Rahmen von *Gerald Edelmans*[4] Theorie des

**Einheit der
Wahrnehmung
aus dem
Gedächtnis**

Abb. 2:
Grobe Bild-
details (links),
feine Bilddetails
(Mitte) und die
Vereinigung
grober und
feiner Bild-
details zum voll-
ständigen Bild

Gedächtnisses lösen. Ihr zufolge können wir uns nicht deswegen an Erfahrungsinhalte erinnern, weil wir deren Merkmale in Form von Listen im Gehirn abspeichern. Wir erbringen Gedächtnisleistungen, weil unser Gehirn als Hauptfunktion die Fähigkeit der Kategorisierung besitzt. Sie entspricht dem Vermögen, die Inhalte der Erfahrung nach Maßgabe von Ähnlichkeitsbeziehungen zunehmend allgemeinen Begriffen zuzuordnen. Das Netzhautbild eines speziellen Gegenstandes verbinden wir so mit dem Begriff des „Hammers", dann aber auch mit dem eines „Werkzeuges". Im Falle entsprechender Umstände würden wir es ohne Zögern auch in die Kategorie „Waffe" einordnen. In diesem Sinne könnten Gedächtnisleistungen im gesteigerten Vermögen der Kategorisierung bestehen. Das Gehirn vermag sie nach Edelman deshalb zu erbringen, weil es in jeder seiner neuronalen Strukturen eine Vielzahl von Schaltkreisen gibt, die von einem gegebenen sensorischen Eingangsmuster unterschiedlich stark aktiviert werden. Das Aktivierungsmuster des am jeweils stärksten aktivierten Schaltkreises kann als ein „kategoriales Modell" oder als der „Prototyp" des sensorischen Eingangsmusters dienen.

Im Hinblick auf das Problem der Einheit der Wahrnehmung nehmen wir deshalb an, anstelle der ursprünglichen Sinnesdaten der groben Bilddetails würden deren kategoriale Modelle in das primäre Sehzentrum zurückgeführt. Für die Klasse der Dreiecksformen könnte ein solches Modell das „gleichseitige Dreieck" sein. Ein „Bildnis von Mann und Frau" und das „Paar Humphrey Bogart und Lauren Bacall" wären für die Abbildung 2 mögliche Modelle. Das Ersetzen sensorischer Eingangsdaten durch kategoriale Modelle aus sekundären Sehzentren würde es ermöglichen, die räumliche Ordnung dieser Modelle den sensorischen Daten der feinen Bilddetails im primären Sehzentrum aufzuprägen. Das Problem der räumlichen Einheit der Wahrnehmung wäre damit allerdings noch immer nicht wirklich gelöst. Es wäre nur von der Ebene der sensorischen Daten auf die der Gedächtnisinhalte verschoben worden.

Die Bedeutung von Gedächtnisinhalten für das Verstehen von Bildern kann man ebenfalls anhand der Abbildung 1 studieren. Dem Betrachter, der sie zum ersten Mal sieht, zeigt sie nichts als schwarze Flecken. Hat er jedoch die Abbildung 3 mit dem Portrait eines bärtigen Mannes vorher gesehen, so wird er ihn auch in der Abbildung 1 mühelos erkennen. Das Bildwissen spielt also tatsächlich eine wichtige Rolle für die Einheit der Wahrnehmung. Die Modelle des Bilderkennens müssen für den Betrachter dabei gar nicht von vornherein gegeben sein. Sie können, wie hier durch die Betrachtung der Abbildung 3, auch gelernt werden.

Abb. 3:
Porträt eines
bärtigen Mannes

Die Form des Bildes begreifen

Den Zusammenhang des bildlichen Wissens mit anderen Formen sensorischen Wissens kann man sich mit Hilfe eines Gedankenexperiments klarmachen: Ein Helfer legt einer Versuchsperson, die die Augen geschlossen hat, einen kleinen, leichten Gegenstand auf die geöffnete Hand. Auf einer fast punktförmigen Fläche spürt sie die Berührung deutlich; es bleibt ihr aber verborgen, um was für einen Gegenstand es sich handelt. Nun bläst der Helfer diesen so an, dass er sich gerade eben bewegt. Die Versuchsperson ruft spontan aus „Das ist eine Kugel" – und sieht sie, bei noch immer geschlossenen Augen, in aller Deutlichkeit räumlich vor sich.

Dieses, 1898 von dem Genfer Neurologen *Edouard Claparède* beschriebene Experiment ist das denkbar einfachste Modell der schöpferischen Intelligenz. Der ruhende Gegenstand erregt den Tastsinn gewissermaßen in einem Punkt. Der bewegte Gegenstand dehnt diesen zu einer Linie aufeinander folgender Berührungsreize aus. Dazu kommt entlang dieser Linie der sanfte Druck des Luftstroms. Aufgrund des Vergleichs dieser Daten des Tastsinns mit Erfahrungswerten schließt das Gehirn auf das Vorhandensein einer Kugel, die alsbald gefühlt und vor dem inneren Auge gesehen wird. Es ist so etwas ganz Neues entstanden, das in den Sinnesdaten keine direkte Entsprechung hat: Die räumliche Form des Gegenstandes im dreidimensionalen Sehraum der Imagination oder, im neurologischen Fachjargon, die „Stereognose" (griechisch – *stereon*, feste Form).

Denken in Bildern

Sprachliche Aussagen werden nach den Regeln der Grammatik aus Wörtern gebildet, die ihrerseits aus lautlichen Gebilden, den sog. Phonemen, zusammengesetzt sind. Auch „gezeichnete Bilder" werden aus Sinnesdaten zu Gestalten verbunden, sodass man sie mit Wörtern vergleichen kann. Psychologische Gedächtnisexperimente haben jedoch gezeigt, dass Wörter leichter zu behalten sind, wenn sie mit bildlichen Assoziationen verbunden sind. Daraus wurde geschlossen, Vorstellungsbildern käme im Vergleich zu verbalen Aussagen eine eigene mentale Qualität zu. Es wurde jedoch auch die Ansicht vertreten, Vorstellungsbilder seien so etwas wie Außenansichten von abstrakteren Inhalten des Langzeitgedächtnisses. Das klingt plausibel, wenn man an den Zusammenhang von Bildern am Computerdisplay und deren Kodierung im Bildspeicher eines Rechners denkt.[5]

Unabhängig von diesen Meinungsverschiedenheiten innerhalb der Psychologie haben Bilder im Denken großer Naturwissenschaftler oft eine entscheidende Rolle gespielt. *Horst Bredekamp*[6] legt dar, wie *Charles Darwin* durch das Verfertigen von Handzeichnungen „motorisch gedacht" und dadurch die Entwicklung seiner Evolutionstheorie entscheidend befördert hat. Es ist weiter verbürgt, dass das Denken in Bildern für die Konzeption der Speziellen Relativitätstheorie des jungen *Albert Einstein* eine Schlüsselrolle gespielt hat. *Richard P. Feynman*, selbst einer der großen Physiker des 20. Jahrhunderts, geht so weit zu sagen, dass Einstein im Alter bei der Entwicklung einer „Einheitlichen Theorie" des Universums scheiterte, weil er „aufhörte, in konkreten physikalischen Bildern zu denken, und nur noch mit [mathematischen] Gleichungen umging."[7] Feynman berichtet weiter, wie er selbst das Denken in Bildern entdeckte, das ihn später zu genialen Einsichten in die Natur der Wechselwirkungen von Licht und Materie befähigen sollte:

> „Einmal – wir müssen damals elf oder zwölf gewesen sein –, diskutierten wir über etwas, und ich erklärte: Aber Denken ist ja nichts anderes, als innerlich mit sich selber reden." „Meinst du?", antwortete Bernie. „Kennst du die Kurbelwelle am Auto, die so komisch aussieht?" „Ja, warum?" „Gut, dann sag mir doch, wie beschreibst du sie, wenn du mit dir selber redest? So lernte ich von Bernie, dass Gedanken verbal und visuell sein können."[8]

Das Beispiel der Kurbelwelle ist in der Tat geeignet, die Eigenart des Denkens in Bildern zu verdeutlichen. Ersatzteile, die man bei der Reparatur eines Fahrzeugs in die Hand nimmt, können nicht so einfach mit anderen Maschinenteilen zusammengefügt werden. Sie müssen von allen Seiten kritisch betrachtet, auf ihre Eignung hin geprüft und dann durch eine Abfolge von Bewegungen in der richtigen Weise am passenden Ort eingesetzt werden. Bei ihm vertrauten Fahrzeugtypen kann sich der Mechaniker dabei weitgehend auf sein „Gefühl" verlassen. Der Konstrukteur dagegen muss die entsprechenden Handlungen beim Entwurf einer neuen Maschine durch das Umformen und Bewegen bildlich vorgestellter Maschinenteile vollziehen. Dabei leisten ihm heute computergrafische Hilfsmittel gute Dienste. Fehlerhafte Konstruktionen kann der entwerfende Ingenieur aber nur vermeiden, wenn er zugleich das gesamte Wirkungsgefüge der Maschine vor dem „inneren Auge" hat.

Die Veränderung von Vorstellungsbildern ist deshalb ein wichtiges Thema der Hirnforschung. Sie untersucht deren neuronale Grundlagen am Beispiel der „mentalen Drehung" (mental rotation). Die Versuchsperson sieht dabei die Bilder zweier Objekte vor sich, die aus unterschiedlichen Perspektiven dargestellt sind. Diese Objekte sind entweder gleich oder zueinander spiegelverkehrt, wie die linke und die rechte Hand. Um über ihre Gleichheit zu entscheiden, muss die Versuchsperson das eine Objekt im Raum der Vorstellung drehen und prüfen, ob es mit dem anderen Objekt zur Deckung zu bringen ist. Am Beispiel der Abbildung 4, die das gleiche Würfelobjekt in unterschiedlichen Ausrichtungen im Raum zeigt, ist das leicht zu vollbringen.

Tätige Veränderung von Vorstellungsbildern

Faszinierend an der Fähigkeit des mentalen Umformens innerer Bilder ist ihr direkter Zusammenhang mit kognitiven Grundfähigkeiten und dem Körperschema. Eltern und Lehrkräfte wissen, dass Kinder bis in die ersten Grundschuljahre hinein nicht nur den rechten und den linken Schuh, sondern beim Lesen auch die spiegelbildlichen Buchstaben d und b, p und q sowie b und p durcheinanderbringen. Bei Legasthenikern nimmt die Schwierigkeit mit den Spiegelbildern den Charakter einer regelrechten „kognitiven Teilleistungsstörung" an. Geradezu sensationell aber sind die klinischen Berichte zum sog. Gerstmann-Syndrom, das seinen Namen den Beobachtungen eines Wiener Nervenarztes in der Zeit nach dem ersten Weltkrieg verdankt. Infolge des Verschlusses von Blutgefäßen im Gehirn weisen die betroffenen Patienten Verletzungen einer bestimmten Hirnwindung im linken hinteren Scheitellappen auf. Sie haben dadurch das Unterscheidungsvermögen für die linken und

Zusammenhang mit kognitiven Leistungen

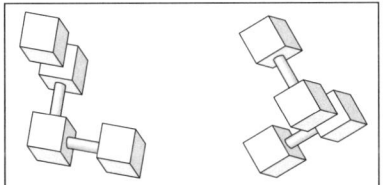

Abb. 4: Mentale Drehung regelmäßiger Körper im Raum. Gleiche oder verschiedene Objekte?

rechten Teile ihres eigenen Körpers ebenso wie für die des Körpers ihres Gegenübers verloren. Es geht ihnen außerdem der bewusste Bezug zu den motorisch intakten Fingern ihrer Hände ab, und sie können nicht mehr schreiben und rechnen. Eine Ärztegruppe in Genf hat nun zeigen können, dass sich diese vier Leitsymptome des Gerstmann-Syndroms alle auf den Verlust der Fähigkeit des räumlichen Verän-derns von Vorstellungsbildern zurückführen lassen. Darüber hinaus spielt dieselbe Hirnwindung im Scheitellappen des gesunden Gehirns eine zentrale Rolle für das Entstehen des Bewusstseins vom „eigenen Körper" aus den Signalen der verschiedenen Sinnesmodalitäten. Die menschliche Intelligenz wurzelt demnach in einer Hirnstruktur, die für das Verwandeln von Vorstellungsbildern unter Bezug auf das eigene „Körperschema" wichtig ist.

Das Denken in Bildern lernen

Dem psychologischen Konzept des „mentalen Drehens" liegt die still-schweigende Annahme zugrunde, der Gegenstand der Vorstellung sei im Kopf schon vorhanden und bräuchte von ihr nur „manipuliert" werden. Der Vergleich der Würfelkörper in Abbildung 4 gibt keinen Anlass, an dieser Annahme zu zweifeln. Der rechte Würfelkörper ist perspektivisch stärker verzerrt als der linke. Dennoch ist seine räumliche Form so offen-sichtlich, dass man ihn ergreifen und durch „mentales Drehen" mit dem anderen Würfelkörper abgleichen kann. Der Vergleich der Kugelobjekte in Abbildung 5 ist erheblich schwieriger, weil die Umrisszeichnungen die Struktur ihrer räumlichen Vorbilder kaum eindeutig erkennen lassen. Der Versuch, die Zeichnungen als solche in der Tiefe zu drehen, wäre sinnlos. Die Versuchsperson muss sich „motorisch ausdenken", welche räumlichen Objektformen zu den vorgegebenen Umrisslinien passen könnten. Sie bildet dazu mentale Testmodelle und stellt sich deren Aus-sehen nach der Projektion in die Ebene der Zeichnungen vor. Erst wenn die Versuchsperson auf diese Weise brauchbare Modelle zu den beiden Testbildern entwickelt hat, kann sie die Letzteren durch das mentale Dre-hen und Verschieben dieser Modelle vergleichen. Das heißt, im Falle der in Umrisslinien dargestellten Kugelobjekte muss die Vorstellung ihre Ge-genstände zuerst bilden, um sie dann umformen zu können.

Eigene Unter-suchungen zum Bildverstehen

Der Vergleich der Abbildungen 4 und 5 lässt vermuten, die Schritte des „Denkens in Bildern" seien trotz der zuvor bemerkten Unterschiede hier grundsätzlich dieselben. In Abbildung 4 erleichtern die zu den Objektachsen parallelen Würfelkanten und die Textur der Würfelflä-chen die Bildung der räumlichen Modelle so, dass deren Vergleich so gut wie automatisch erfolgt. Für die Kugelobjekte ist das Informationsangebot der Umrisszeichnungen viel spärlicher, so dass die Konstruktion ihrer räumlichen Modelle unsicher ist. Weiß man aber bereits, dass die einzelnen Kugelteile der körperlichen Objekte alle den gleichen Durchmesser haben, dann lassen sich ihre Größenunterschiede in der bildlichen Darstellung perspektivisch interpretieren. Das wiederum erleichtert die Bildung der entsprechenden mentalen Modelle erheblich. Es sieht also so aus, als bestimmten der Informationsgehalt der Testbilder und das Ausmaß des Vorwissens über die abgebildeten Gegenstände zusammen das Bildverstehen. Diese Vermutung haben wir einer genaueren experimentellen Untersuchung unterzogen.

Zunächst ist noch zu bemerken, dass die Bilder der Abbildungen 4 und 5 von räumlichen Körpern herrühren, welche dieselbe Gesamtstruktur haben. Drei Objektteile bilden ein rechtwinkliges Dreieck mit zwei gleichen Seiten. Senkrecht auf einem der drei Teile sitzt ein viertes Objektteil, das die dritte räumliche Dimension aufspannt. Es können so insgesamt drei verschiedene Objekte gebildet werden, ein in sich symmetrisches Objekt 1 und zwei weitere Objekte 2 und 3, die wie die linke und die rechte Hand Spiegelbilder voneinander sind (Abbildung 6). Die

Abb. 5:
Gleiche oder verschiedene Objekte in unterschiedlichen Ansichten?

Abbildung 4 zeigt ein Würfelobjekt mit der Struktur des Objektes 3 in zwei verschiedenen Perspektiven, während die Abbildung 5 zwei spiegelsymmetrische Kugelobjekte mit den Gesamtstrukturen der Objekte 2 und 3 wiedergibt.

Wir ließen nun Medizinstudenten und -studentinnen, und später auch Schüler und Schülerinnen, mit einer Art Computerspiel die Zuordnung von insgesamt 22 Bildern der in Abbildung 6 gezeigten Kugelobjekte zu den drei Objektarten lernen. Diese „Lernbilder" wurden ihnen einzeln am Bildschirm zusammen mit den entsprechenden Objektnummern gezeigt. Darauf folgte eine Testrunde, in der die Zuordnung der Lernbilder zu den Objekten abgefragt wurde. Zum Erreichen des Lernziels der fehlerfreien Klassifikation brauchten die erwachsenen Probanden etwa drei Stunden. Eine Vergleichsgruppe erhielt vor dem Bilderlernen eine vermeintliche „visuelle Kraftnahrung", indem ihre Probanden die Objekte mit Hilfe einer Animationstechnik am Computerbildschirm von allen Seiten anschauen konnten. Zu unserem Erstaunen hat das ihre Lernleistung aber überhaupt nicht beeinflusst. Eine weitere Gruppe von Probanden musste deshalb vor dem Bilderlernen räumliche Modelle der Objekte aus Styropor, die wie Molekülmodelle aus der Chemie aussahen (vgl. Abbildung 6), mit beiden Händen gründ-

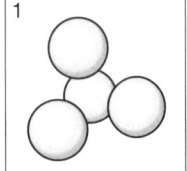 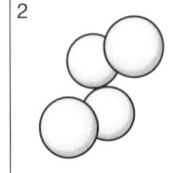 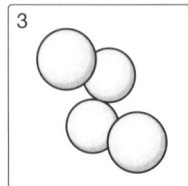

Abb. 6:
„Räumliche"
Grundstruktur der
Objekte aus den
Abb. 4 und 5

lich betasten, drehen und bewegen. Das Objektwissen, das die Versuchspersonen dabei auf so handgreifliche Weise in nur fünf Minuten erworben hatten, verkürzte die Dauer des Bilderlernens auf etwa eine Stunde. Anschließend haben wir untersucht, inwieweit die Teilnehmerinnen und Teilnehmer dieser Versuche das Gelernte auf die Kategorisierung zuvor nicht gesehener perspektivischer Darstellungen derselben drei Objekte sowie auf deren „fotografische Negative" anwenden konnten. Nur die Versuchspersonen mit „handgreiflichem" Objektwissen haben dabei gute Leistungen erzielt.

Eine Erklärung für diesen Sachverhalt konnten wir durch Computersimulationen und in Zusammenarbeit mit Genfer Neurologen durch den Einsatz von Verfahren zur Darstellung des Hirnstoffwechsels während des Bilderlernens finden. Die Versuchspersonen speichern die Testobjekte in einer rein bildlichen Form im Gedächtnis, wenn sie keine handgreifliche Erfahrung mit ihnen haben. Deshalb können sie das Gelernte auch nicht auf neue Formen der bildlichen Darstellung verallgemeinern. Das Hantieren mit den körperlichen Objektmodellen verankert dagegen Merkmale von deren räumlicher Struktur, wie die durch verschiedene Kugelpaare gebildeten Raumwinkel, in Form von Bewegungsabfolgen im motorischen Gedächtnis der Probanden. Dieser Sachverhalt wird verständlicher, wenn man daran denkt, dass alle sprachlichen Inhalte einschließlich ihrer grammatikalischen Strukturen in Form einer Gebärdensprache dargestellt und aus dem Gedächtnis reproduziert werden können. Für dieses Vermögen spielt die Wechselwirkung sensorischer und motorischer Hirnrindenbereiche die entscheidende Rolle. Vergleichbar dem in der Abbildung 2 dargestellten Gerüst grober Bilddetails, können so die Bestandteile der Testbilder mit einem räumlichen Bezugssystem verbunden werden.

Wir glauben, dass uns diese Ergebnisse dem Verständnis der Einheit der Wahrnehmung etwas näher gebracht haben. Die räumliche Ordnung bislang unbekannter Gegenstände kann sich dem Gehirn in Form erinnerter Bewegungsabfolgen einprägen, die durch aktives manuelles Erkunden erzeugt werden. Derartige Gedächtnisinhalte erlauben die Konstruktion mentaler Objektmodelle, die ihrerseits der räumlichen Einheit von Bildern zugrunde liegen. Das heißt, wenn das Gehirn mit den Bildern unvertrauter, komplexer und sehr ähnlicher Objekte konfrontiert ist, dann muss es die Form der bildlichen Darstellung keineswegs „an Münchhausens Zopf aus dem Sumpf der Sinnesdaten" ziehen. Es kann zur Einheit der Gestaltwahrnehmung auf den Ge-

dächtnisspuren des „motorischen Denkens" gelangen. Die Notwendigkeit solcher Umwege erübrigt sich im Fall der Bilder vertrauter Gegenstände. Hier sind strukturierte mentale Objektmodelle im Gedächtnis
bereits abrufbereit.

Die Entwicklung des Denkens in Bildern

Es sieht so aus, als entspräche die hier dargestellte „Handlungstheorie
des Bildverstehens" der Lehre des Entwicklungspsychologen *Jean
Piaget*. Nach ihm hängt die kognitive Entwicklung des Kindes in den
ersten zwei Lebensjahren vom Anfassen der Dinge seiner Umgebung
ab. Unter dem Einfluss der „Computermetapher des Gehirns" haben
Piagets Thesen allerdings in der Psychologie an Einfluss verloren. Entwicklungspsychologen wie *Elizabeth Spelke* konnten zudem zeigen,
dass Kleinkinder bereits im Alter von etwa vier Monaten über ein
Objektkonzept verfügen, obwohl sie in diesem Alter zu der Koordination ihrer Augen- und Handbewegungen, und damit zu einem zielge-
richteten visuo-motorischen Erkundungshandeln, noch gar nicht im
Stande sind. Das wurde in der Kognitionsforschung im Sinne der Kan-
tischen Philosophie aufgefasst, nach der das Erkennen von Objekten
ein menschliches Vermögen vor aller Erfahrung ist.

Die Ergebnisse einer Entwicklungsstudie, die wir mit Hilfe der zuvor
beschriebenen Technik des Bilderlernens an Schulkindern im Alter
von 7–16 Jahren durchgeführt haben, sind daher ziemlich überra-
schend.[9] Sie zeigen, dass 7–14 Jahre alte Kinder sehr wohl die Zuordnung der Lernbilder zu den drei Objekten lernen können. Sie ziehen
jedoch aus dem vorherigen Hantieren mit den körperlichen Objektmodellen keinen Vorteil für das Bilderlernen und sind außer Stande,
das Gelernte auf neue Arten der Objektdarstellung zu übertragen. Das
heißt, selbst 14-jährige Schulkinder lernen die Lernbilder einfach auswendig. Erst 16 Jahre alte Schülerinnen und Schüler sind wie Erwachsene in der Lage, räumliche Modelle der in den Bildern dargestellten
Testobjekte in ihrem Gedächtnis so zu erzeugen, dass sie diese Objekte
auch in ungewohnten Bilddarstellungen wieder erkennen können. Widersprechen diese Befunde denen von Piaget und Spelke? Nein, denn
es ging in unserer Studie nicht um das Erkennen von Objekten anhand
von einzelnen ihrer Bestandteile. Bei uns hatten alle Testobjekte die
gleiche Anzahl gleichartiger Teile (vgl. Abbildung 6), sodass die Lern-
aufgaben nur durch das Verstehen von deren räumlichem Zusammenhang zu lösen waren. Diese Aufgaben verlangten somit ein syntak-
tisches Verständnis der Objektdarstellungen, was einer sprachlichen

**Erwachen
der kreativen
Intelligenz in
der Adoleszenz**

47

Leistung gleichkommt. Solche Leistungen waren weder in den entsprechenden Experimenten von Piaget noch in denen von Spelke gefordert.

Dieser Befund wirft die Frage auf, warum Leistungen des eigentlichen Bildverstehens erst im Laufe der Adoleszenz möglich werden. Der Grund dieser Verzögerung ist in der außerordentlich langsamen Reifung des Frontalhirns zu suchen, dessen Funktion die Voraussetzung für die Integration erinnerter Bewegungsfolgen mit visuellen Sinnesdaten ist. Neuroanatomischen Befunden zufolge setzt diese Reifung im Alter von etwa 7 Jahren ein und erstreckt sich bis in das vierte Lebensjahrzehnt.[10] Ein Entwicklungsrückstand des Frontalhirns führt zu dem gefürchteten Syndrom von Aufmerksamkeitsstörung und Hyperaktivität und kann weitergehende Störungen des Sozialverhaltens zur Folge haben.

Unsere eigenen Ergebnisse zeigen, dass die Entwicklung des Frontalhirns auch eine notwendige Bedingung für den Erwerb von Bildintelligenz ist. Diese Schlussfolgerung steht mit neurophysiologischen Befunden an mathematisch außergewöhnlich begabten männlichen Jugendlichen im Einklang, denen Aufgaben des mentalen Drehens gestellt waren.[11] Sie lösten diese Aufgaben, indem sie in beiden Hirnhemisphären ein Zusammenspiel des posterioren, sensorischen und des frontalen, motorischen Gehirns zu aktivieren vermochten. Dieses frühreife Vermögen, das Frontalhirn zusätzlich zum sensorischen Hirn zur Lösung mathematischer Probleme heranzuziehen, scheint der Grund für die ungewöhnlichen intellektuellen Leistungen dieser Halbwüchsigen zu sein. Es sieht also so aus, als hätten die Bildintelligenz und die mathematische Intelligenz das Vermögen der räumlichen Umformung mentaler Gegenstände als Hauptnenner.

Wertschätzung praktischen Lernens nötig Für die schulische Pädagogik ergibt sich daraus eine paradoxe Sachlage. Nicht zuletzt aufgrund des reformpädagogischen Ansatzes des „Praktischen Lernens" wird in der Früherziehung bis hin zur Grundschule nun auf das „Begreifen durch Anfassen" zunehmender Wert gelegt.[12] Das dürfte schon jetzt zu einer beträchtlichen Verbesserung der Unterrichtsqualität geführt haben. Für das Lernen in der Altersstufe der Adoleszenz, in der das Vermögen des Frontalhirns ausgebildet wird, gelten dagegen das Anfassen von Lerngegenständen und deren Umwandlung durch das bildliche Vorstellungsvermögen unverändert als Anzeichen des Rückfalls in kindliche Entwicklungsstufen. Das lässt sich nicht zuletzt an dem Eifer ablesen, mit dem der Gymnasialunterricht im Zuge der Umstellung auf das achtjährige Gymnasium, vom „Ballast" vermeintlich „nicht wissensrelevanter" Fächer wie der Kunsterziehung befreit werden soll. Die Folgen einer solchen Fokussierung auf die reine Rezeption abstrakter Wissensinhalte für die Kreativität von Naturwissenschaftlern schildert der bereits erwähnte *Richard Feynman* in einem Bericht aus seiner Studienzeit:

Am Massachusetts Institute of Technology (MIT) schwingt in einem Kurs zum Technischen Zeichnen ein Spaßvogel ein Kurvenlineal, ein drahtartiges, biegsames Stück Plastik zum Zeichnen glatter Kurvenzüge. Er fragt seine Kommilitonen, ob es für die möglichen Kurven dieses Dings eine mathematische Formel gäbe. Feynman, einer der Kursteilnehmer, überlegt einen Moment und sagt dann: „Natürlich, das sind ganz besondere Kurven. Ich werde es euch zeigen." Er nimmt sein eigenes Kurvenlineal und dreht es langsam um. „Schaut her, es ist so berechnet, dass, egal wie man es auch immer hält, am tiefsten Punkt der Kurve die Tangente waagerecht ist." Die anderen Studenten untersuchen daraufhin ihre eigenen Kurvenlineale genauer und ihr Staunen über Feynmans Entdeckung weicht schließlich allgemeiner Begeisterung. Alle haben schon eine gehörige Menge Differentialrechnung verabreicht bekommen und gelernt, dass die erste Ableitung (Tangente) am Minimum (Tiefpunkt) jeder Kurve null (waagerecht) ist. Aber, so Feynman, die Studenten „können nicht Zwei und Zwei zusammenbringen. Sie wissen nicht einmal, was sie ‚wissen'."[13]

Bilder brauchen Worte, und Worte brauchen Bilder

Durch Handeln erworbenes Wissen ist also für das Verstehen von Bildern und, allgemeiner, von Sinnesdaten wichtig. Das Bildverstehen ist wiederum die Voraussetzung für erfolgreiches Handeln. Daraus ergibt sich der Zusammenhang von Wahrnehmung und Handeln, den der Psychosomatiker *Victor von Weizsäcker* als „Gestaltkreis" bezeichnet hat. Die moderne Hirnforschung nennt ihn den „Wahrnehmungs-Handlungs-Zyklus" (perception-action cycle[14]), der auf der Wechselwirkung des hinteren, sensorischen und des vorderen, motorischen Hirns beruht. Für die Fähigkeit des Menschen, die Sinnesdaten mit Inhalten des Gedächtnisses und der Vorstellungskraft zu verbinden, in Worten auszudrücken und in neue sprachliche Formen zu bringen, ist diese Wechselwirkung von entscheidender Bedeutung. Es stellt sich deshalb zum Abschluss die Frage nach der Rolle des sprachlichen Wissens für das Bildverstehen.

Wir betrachten daher das berühmte Bild des Fotografen *Robert Capa*, das einen im Angriff getroffenen Milizionär des Spanischen Bürgerkriegs zeigt (Abbildung 7). Man weiß heute, dass dieser Mann den

Bilder brauchen Worte

Angriff vor der Kamera gespielt hatte. Es waren jedoch unbemerkt Franco-Soldaten dazugekommen, und eine ihrer Kugeln kostete den Unglücklichen das Leben. Capa soll sich lebenslang an diesem Vorfall schuldig gefühlt, aber nie die Öffentlichkeit über den Hintergrund seines berühmtesten Werkes in Kenntnis gesetzt haben.

Die Geschichte dieses Bildes zeigt, dass das Verstehen von Bildern die Sprache braucht. Dagegen wäre einzuwenden, dass auch Worte nicht eindeutig sind. Sätze sind ebenso wie Bilder Modelle der Wirklichkeit, die wahr oder falsch sein können. Das jedenfalls besagt die „Bildtheorie" des frühen *Wittgensteins*. Der Philosoph hat sie später selbst mit der Begründung in Frage gestellt, die Vorstellung einer gemeinsamen „logischen Form" von Satz und Bild setze voraus, dass deren jeweilige Elemente zum Zweck des Vergleichs eindeutig bestimmbar sind. Dennoch kann man sagen, dass die Sprache den im Bild gezeigten Sachverhalt in einen Handlungszusammenhang stellt.

Die Hirnforschung bestätigt die These vom Handlungscharakter des Bildverstehens nicht nur mit den oben beschriebenen Befunden. Beobachter können die Mehrdeutigkeit von Bildmustern nicht einfach durch das passive Herausfiltern einer geeigneten Lesart auflösen. Sie erfassen neue Lesarten solcher Bilder, nachdem sie in ihnen neue Möglichkeiten des tatsächlichen oder vorgestellten Probehandelns entdeckt haben. Das vorgestellte Probehandeln in Bildern, das Beschreiben von Bildern in Worten und schließlich die Verwandlung von Bildern durch die zeichnende Hand könnten deshalb verwandte Formen des „motorischen Denkens" in Bildern sein.

Worte brauchen Bilder

Für die Philosophie der Neuzeit ist die Feststellung, dass das Verstehen von Bildern die Sprache braucht, eigentlich ein Gemeinplatz. Ihr gilt die Logik als das Werkzeug der Erkenntnis und das Bild allenfalls als ein Mittel der Propaganda. Die Erfahrungen der Künstlichen Intelligenz, einer Teildisziplin der Computerwissenschaften, gemahnen hier aber zur Vorsicht. Das maschinelle Verstehen von Sprache ist nämlich sehr schwierig. Es setzt einmal das Aufteilen eines Zeichenflusses in Sinn vermittelnde Teile voraus. Aber auch wenn aus dem Strom der gesprochenen Sprache bereits einzelne Wörter herausgelöst sind, ist der Satz „Das Mädchen schlug den Jungen mit dem Buch" noch immer nicht eindeutig. Hat das Mädchen das Buch als Waffe benutzt oder schlug es einen von mehreren Jungen, der ein Buch in Händen hielt? Diese Frage ist im Hinblick auf den szenischen Kontext im Bildgedächtnis zu beantworten. Hat etwa das Mädchen zu Beginn des Streites ein Buch in der Hand gehalten, dann ist der Sachverhalt klar. Die These „Bilder brauchen Worte" ist also unvollständig. Worte brauchen Bilder ebenso, wie Bilder Worte brauchen.

Und was bedeutet das alles für die Schule?

Junge Menschen brauchen für das Bestehen in der heutigen Wissensgesellschaft zweifellos „Bildkompetenz". Dieser Begriff wird jedoch nicht selten als Worthülse gebraucht, welche die Aufforderung zu erhöhtem Konsum an Bildmedien verbirgt. Deshalb ging es hier darum, die Fähigkeiten des Lernens mit Bildern und des Denkens in Bildern als kognitionswissenschaftliche Grundlagen jeglicher Bemühung um Bildung zu beleuchten.

Die Ergebnisse dieses Versuchs lassen sich mit den Worten der Ästhetik *Alexander G. Baumgartens* zusammenfassen, der mit *Jean Jacques Rousseau* und *Johann Heinrich Pestalozzi* das Dreigestirn der großen Erzieher der Romantik bildet. Nach Baumgarten können „schöne Geister" in zwei Stufen gebildet werden. Zunächst ist die „Ordnung der Sachen" in der Verworrenheit der sinnlichen Empfindungen und Vorstellungen zu überdenken. Diese Verworrenheit wird nicht nur von den heutigen Medienangeboten verursacht. Sie ist die Ausgangsbedingung jeglichen Versuchs der Problemlösung, sei er nun alltäglicher, schulischer oder wissenschaftlicher Art. Die Wahrheit wird dabei durch das Aufsuchen von Zusammenhängen der Sinnesdaten und schließlich durch den Übergang von der Sinneserkenntnis zum logischen Denken, nicht jedoch in der erklärten Abkehr von der Sinneserkenntnis erreicht.

Bildkompetenz für das Lernen mit Bildern

In der Sicht der Hirnforschung entspricht der Verworrenheit der Sinneserkenntnis die Aktivierung des hinteren, sensorischen Hirns. Dessen Fülle an Eindrücken, Erinnerungen und Vorstellungen wird dem vorderen, motorischen Hirn zugeleitet, das diese Inhalte planvoll zu komplexen zeitlichen Folgen des Denkens in Bildern, der Sprache und der Körperbewegungen verkettet. Daraus ergeben sich neue Sinneserfahrungen und der „Gestaltkreis" von Wahrnehmen, Gedenken, Vorstellen und Handeln kommt in Gang. Der Mensch mag in seiner augenblicklichen Willensbildung zu tun gezwungen sein, was ihm sein Gehirn diktiert. Diese These wurde jedenfalls unlängst in Deutschland von einigen Vertretern der Hirnforschung propagiert. Das ändert jedoch nichts daran, dass der Mensch in der schöpferischen Erweiterung des Gestaltkreises frei ist. Dieser ist die körperliche Grundlage seiner

„kreativen Intelligenz". Macht der Mensch von dieser Freiheit Gebrauch, dann kann er neue Schöpfungen von religiösem, gedanklichem, sozialem oder künstlerischem Wert hervorbringen. Die Erziehung zu solcher Freiheit muss das erste Ziel jeglicher Bildungsanstrengung sein.

Denken in Bildern und Worten

Lässt sich aus dieser Sicht ein konkretes Programm des Lernens mit Bildern und des Denkens in Bildern angeben? Nach Meinung des Verfassers, ja – und zwar ausgerechnet anhand des handlungsorientierten Begriffs des „Bildverstehens" der Künstlichen Intelligenz. Er sieht das Verstehen eines Bildes dann als gegeben an, wenn die dargestellte Szene in sprachlicher Form gedeutet und rekonstruiert werden kann. Von Bildverstehen spricht man hier auch dann, wenn planvolles Handeln in Bezug auf die dargestellten Objekte möglich ist. Die ästhetische Bildung könnte also, wie das im Kunstunterricht bislang praktiziert wurde, auf einer Grundstufe die Sensibilität für die Wirkung der bildnerischen Ausdrucksmittel wie Punkt, Linie, Textur, Farbe und räumliche Form durch Wahrnehmungs- und Gestaltungsübungen fördern. Dabei sollte die Lust am Tun und nicht die Erwartung künstlerischer Leistungen im Vordergrund stehen. Auf einer zweiten Stufe der ästhetischen Bildung wäre das Verstehen von Bildern einzuüben. Das kann dadurch geschehen, dass Szenen sprachlich beschrieben, in der Vorstellung verändert und dann mit dem Zeichenstift bildlich nachvollzogen und weiterentwickelt werden. Für diesen Zweck sind auch Bildverarbeitungsprogramme am Rechner geeignet. Von besonderer Bedeutung dürfte hier das darstellende Theaterspiel sein. Das motorische Denken in Bildern sollte sich jedoch keinesfalls auf den Kunstunterricht beschränken, sondern gerade naturwissenschaftliche Fächer wie Physik und Chemie sowie, last not least, die Mathematik einschließen.

Das eigentliche Ziel des Denkens und Lernens in Bildern müsste es also sein, um in den Worten *John Deweys* zu sprechen, „zwischen den Kunstwerken [und den Einsichten der Wissenschaften, d. Verf.] als verfeinerten und vertieften Formen der Erfahrung und den alltäglichen Geschehnissen, Bestätigungen und Leiden, die bekanntlich die menschliche Erfahrung ausmachen, eine erneute Kontinuität herzustellen."[15]

Anmerkungen

[1] Die dieser Studie zugrunde liegenden Forschungsprojekte wurden von der Deutschen Forschungsgemeinschaft (DFG) und der Heidehof-Stiftung, Stuttgart, gefördert.

[2] Kant, I. (1787): Kritik der reinen Vernunft. 2. Aufl. Riga, B162.

[3] Wittgenstein, L. (1922): Tractatus logico-philosophicus. London, 341.

[4] Edelman, G. (1993): Unser Gehirn ein dynamisches System. München.

[5] Jüttner, M. (2003): Denken und bildliches Vorstellen. Die „Imagery"-Debatte in der Kognitionspsychologie. In: Rentschler, I.; Madelung, M. & Fauser, P. (Hrsg.): Bilder im Kopf. Texte zum imaginativen Lernen. Seelze-Velber, 42–63.

[6] Bredekamp, H. (2005): Darwins Korallen. Frühe Evolutionsmodelle und die Tradition der Naturgeschichte. Berlin, 11.

[7] Zitiert nach Ferguson, E. S. (1993): Das innere Auge. Von der Kunst des Ingenieurs. Basel, 51.

[8] Feynman, R. P. (1991): Kümmert Sie, was andere Leute denken? München, 52.

[9] Rentschler, I.; Jüttner, M.; Osman, E.; Müller, A. & Caelli, T. (2004): Development of configural 3D object recognition. In: Behavioural Brain Research 149, 107–111.

[10] Casey, B. J.; Giedd, J. N. & Thomas, K. M. (2000): Structural and functional brain development. In: Biological Psychology 54, 241–257.

[11] O'Boyle, M. W.; Cunnington, R.; Silk, T. J.; Vaughan, D.; Jackson, G.; Syngeniotis, A. & Egan, G. F. (2005): Mathematically gifted male adolescents activate a unique brain network during mental rotation. In: Cognitive Brain Research 25, 583–587.

[12] Müller, A.; Eberle, Th.; Gross, S. & Rentschler, I. (2003): Begreifen ohne anzufassen – eine vergessene Dimension der Bildung? In: Neue Sammlung 43, 513–526.

[13] Feynman, R. P. (1992): Surely You're Joking, Mr. Feynman. Adventures of a curious character. London, 36.

[14] Fuster, J. M. (2003): Cortex and Mind. Oxford.

[15] Dewey, J. (1980): Kunst als Erfahrung, Frankfurt a. M., 9–10.

Liisa Piironen & Inari Grönholm

4

Ästhetische Bildung in der finnischen Grundschule

Zunächst erläutert *Inari Grönholm* das finnische Schulwesen, geht auf die neuen Rahmenlehrpläne und hier insbesondere auf den Kunstunterricht ein. Anschließend informiert *Liisa Piironen* über Ästhetische Bildung in der finnischen Grundschule.

Bild und Medien im finnischen Schulunterricht

Rahmenbedingungen für gutes Abschneiden in der PISA-Studie

In der PISA-Studie der OECD, die im Dezember 2001 veröffentlicht wurde, nahmen die 15-jährigen finnischen Schülerinnen und Schüler in den Fächern Muttersprache[1], Naturwissenschaften und Mathematik jeweils einen Spitzenplatz ein. Für das gute Abschneiden gibt es viele Gründe.

Historische Wurzeln der allgemein bildenden Schule

Seit der Reformation wird in Finnland Schulbildung hoch geschätzt. Lesen und Schreiben musste können, wer heiraten wollte. Die Kirche trug lange Zeit die Verantwortung für die elementare Bildung. Mitte des 19. Jahrhunderts entstand die eigentliche Volksschule. Der Pädagoge, Kunstliebhaber und Kunstsammler *Uno Cygnaeus* gilt als Vater der Volksschule. Er hatte Mitte des 19. Jahrhunderts eine Forschungsreise unter anderem nach Deutschland, in die Schweiz und nach Österreich unternommen, wo er die Pädagogik *Fröbels* kennenlernte. Ihm ist es auch zu verdanken, dass die Kunsterziehung Teil des allgemein bildenden Unterrichtes wurde. Für besonders wichtig hielt Cygnaeus Zeichnen, Gestalten und Handarbeit. Seine allgemeinen Zielvorstellungen und Inhaltsbeschreibungen sind bis heute relevant, obwohl seine Zeit in die agrarwirtschaftliche Epoche Finnlands fällt.

Neben der allgemeinen Wertschätzung von Bildung hat die Struktur des allgemein bildenden Schulwesens eine zentrale Bedeutung für die

guten PISA-Ergebnisse. Alle Kinder besuchen die neunjährige Gesamtschule. Die ganze geistige Kapazität der Gesellschaft wird so für den
schulischen Bereich nutzbar gemacht. Kein einziges Kind wird von der
Lernpflicht befreit, sondern für jedes Kind wird ein persönlicher Lehrplan entwickelt, wenn es dem allgemein bildenden Unterricht nicht in
vollem Maße folgen kann. Begabte Kinder werden nicht in gesonderten
Gruppen unterrichtet. Vielmehr hat man erkannt, dass Schülerinnen
und Schüler in heterogenen Gruppen am besten voneinander lernen.
In allen Schulen können Schülerinnen und Schüler Förderunterricht
bekommen. Dazu wird Zusatzunterricht je nach Begabung angeboten,
und zwar in besonderem Maße in Musik, in den naturwissenschaftlichen Fächern einschließlich Mathematik, aber auch in Kunsterziehung, Tanz und Sport. Im Jahre 2001 haben sich nach Beendigung der
Gesamtschule 54 Prozent eines Jahrganges für das Gymnasium, 36
Prozent für eine berufliche Ausbildung, drei Prozent für ein schulisches
Zusatzjahr und sieben Prozent für den direkten Übergang in das Ar-
beitsleben entschieden.

**Gesellschaft-
liche Wert-
schätzung
von Bildung**

Die dritte wichtige Ursache für die PISA-Ergebnisse ist in der Lehreraus-
bildung zu sehen. In Finnland müssen nicht nur die Fachlehrerinnen
und Fachlehrer, sondern auch die Kindergarten- und Klassenlehrerinnen und -lehrer der Grundstufe den höheren Universitätsabschluss mit
der MA-Qualifikation (Masterstudiengang) absolvieren.[2]

**Master-
studiengänge**

Die Rahmenlehrpläne werden sowohl für die Gesamtschule als auch
für die gymnasiale Oberstufe etwa alle zehn Jahre neu bearbeitet. In
den Jahren dazwischen führt das Zentralamt für Unterrichtswesen in
den Schulen landesweite Pilotprojekte durch. Beispiele für solche
Pilotprojekte sind die großen Pilotprojekte LUMA, ein naturwissen-
schaftliches Projekt, in dem die Entwicklung von Arbeitsmethoden den
Schwerpunkt bildete, oder KIMMOKE zur Förderung der Sprachen-
und Kulturkompetenz. KIMMOKE hatte sechs landesweite Netzwerke: Größere Vielfalt des Fremdsprachenangebotes, bilingualer Unterricht, Entwicklung von Unterrichtsmethoden, Informationstechnik
im Unterricht, Internationalität und Stärkung mündlicher Fertigkeiten.
Ein erfreuliches Ergebnis der Bemühungen um mehr Sprachenvielfalt
war die Stärkung von Deutsch als Fremdsprache an finnischen Schulen neben dem allmächtigen Englisch.
  Ein weiteres Projekt setzte sich als zentrales Thema und Ziel, Ko-
operationsmodelle zwischen Schulen und Kulturträgern sowie zwischen Kommunen und Kommunalverbänden zu entwickeln. Aktuell
läuft das Projekt LUKU-Suomi („Lese-Finnland"), das auf vielfältige
Weise die Kompetenz der Schülerinnen und Schüler in der Mutter-

**Rahmen-
lehrpläne und
Pilotprojekte**

sprache sowie ihr Interesse und ihre Kenntnisse im Bereich der Literatur fördern soll. Die neuen landesweiten Rahmenlehrpläne wurden im Januar 2004 genehmigt. Auf deren Grundlage erarbeiten die Kommunen und Schulen ihre eigenen Lehrpläne, in denen die örtlichen Verhältnisse berücksichtigt werden.

Kooperation mit außerschulischen Partnern

Die Kooperation mit der unmittelbaren gesellschaftlichen Umgebung, z. B. mit kulturellen oder gewerblichen Einrichtungen, gilt als Ressource für den Unterricht. Zusätzlich zu den Zielen und zentralen Inhalten der einzelnen Unterrichtsfächer und den schulischen Evaluierungen werden in den Rahmenrichtlinien viele andere Dinge im schulischen Aufgabenbereich bestimmt.

Fächerverbindende Prinzipien für alle Unterrichtsfächer

Die wichtigste Neuerung bilden die den Unterricht verbindenden fächerübergreifenden Prinzipien. Durch sie sollen thematische Ganzheiten für den Unterricht geschaffen werden. In jedes Unterrichtsfach müssen alle sieben fächerübergreifenden Prinzipien eingehen: ‚Heranwachsen zur menschlichen Persönlichkeit‘, ‚Kulturelle Identität und Internationalität‘, ‚Kommunikations- und Medienkompetenz‘, ‚engagiertes Staatsbürgertum und unternehmerische Einstellung‘, ‚Verantwortung für Umwelt‘, ‚Wohlstand und nachhaltige Zukunft‘, ‚Sicherheit und Verkehr‘ sowie ‚Mensch und Technologie‘.

Thementage und -wochen

Darüber hinaus müssen diese Prinzipien durch das Zusammenwirken der verschiedenen Unterrichtsfächer die Inhalte von Thementagen oder Themenwochen bestimmen. Ziel ist, dass Schülerinnen und Schüler erkennen und begreifen: Die moderne Gesellschaft ist auf die Kooperation vieler verschiedener Bereiche angewiesen, um Probleme zu lösen.

„Kreativität und Kultur"

Zurzeit gibt es in den Schulen das landesweite Pilotprojekt „Kreativität und Kultur", ein Pilotprojekt zur Förderung kreativen und vernetzenden Denkens, das Lehrerinnen und Lehrern helfen soll, Methoden zu entwickeln, die Fähigkeit der Schülerinnen und Schüler in allen Unterrichtsfächern zu entwickeln, kreativ zu denken und Problemlösungen zu finden. Das Projekt ist Teil der Schul- und Kulturpolitik des aktuellen Regierungsprogramms, zu dessen zentraler Zielsetzung mehr Innovation auf allen Schulstufen in allen Lebensbereichen gehört.

Medienkompetenz

In diesem Beitrag wird ein Themenbereich, nämlich Erziehung im Bereich der Informationstechnik und Medienkompetenz aus der Perspektive der Kunsterziehung, behandelt. In den Rahmenlehrplänen wird Informationstechnik und Medienkompetenz folgendermaßen beschrieben:
„Ziel des Themenkomplexes ist es, die Ausdrucks- und Interaktionskompetenzen zu entwickeln, das Verständnis der Rolle der Medien und ihrer Bedeutung zu fördern sowie die Anwendungskompetenzen für Medien zu entwickeln. Bei den Kommunikationskompetenzen liegt der Schwerpunkt auf einer aktiven, interaktiven und gemeinschaftlichen Kompetenz. Die Medienkompetenzen sind als Mitteilungsempfänger und -sender einzuüben."[3]

Expertenrunde für Medienerziehung

Das Zentralamt für Unterrichtswesen ruft mehrmals im Jahr eine Expertenrunde für Medienerziehung ein, zu der Vertreter aller Teilbereiche des Medienwesens gehören. Die enge Kooperation zwischen Medien und Erziehung hat dazu geführt, dass Lehrerinnen und Lehrern wie Schülerinnen und Schülern eine Menge kostenloser Materialien über Medienerziehung sowohl in gedruckter Form als auch im Internet zur Verfügung steht. Darüber hinaus organisiert die Expertenrunde Fortbildungen. Auf Landesebene arbeiten noch weitere Organisationen mit Kindern und Jugendlichen zusammen, wie zum Beispiel die Zentrale für Film- und Fernseherziehung, die Vereinigung für Schulkino sowie die Verbände für Tageszeitungen und Wochenzeitschriften. Der Finnische Rundfunk sendet täglich Schulfernsehsendungen, die auch Medien behandeln. Schülerinnen und Schüler machen Nachrichten, wählen das Material dafür selbst aus und illustrieren es.

Beratung über den sicheren Umgang mit Medien

Viele Medienforscher in unserem Land sind besorgt über den übermächtigen Einfluss der Medien auf unsere Kinder. Daher fordern sie Schule und Elternhaus zu einer Erziehung zum sinnvollen Umgang mit Medien auf. Das Zentralamt für Unterrichtswesen bietet auf seinen eigenen Internet-Seiten[4] Informationen und Hinweise für Lehrerinnen und Lehrer an, wie man bei Elternabenden einen sicheren Umgang mit dem Internet einführt oder den Eltern dabei hilft, Computerspiele anzuschaffen, die Kreativität fördern. Wenn ein Kind schon früh in Computerspielen dafür gelobt wird, wenn es virtuell Menschen umbringt, dann ist klar, dass die Empfindung für richtig oder falsch verschwimmt und sich keine Empathie zu anderen Menschen entwickelt.

Kritische Medien-kompetenz

Alle vier finnischen landesweit ausstrahlenden Fernsehsender haben beschlossen, ihre Filme mit Altersbegrenzung zu versehen und nur für Erwachsene geeignete Filme abends nach 22.30 Uhr zu senden. Im Bereich der Medienerziehung geschieht also viel Positives. Dennoch bleibt viel zu tun, damit Kinder und Jugendliche in unserer immer bildhafteren Mediengesellschaft lernen, kritisch mit Medien umzugehen. In den neuen Rahmenlehrplänen wird in der Kunsterziehung auch die Medienerziehung stärker als früher betont. Das heißt auch, dass die Klassenräume mit mehreren Computern und Programmen für Bild- und Tonverarbeitung samt digitalen Kameras ausgestattet sein müssen.

Einbindung des Kunstunterrichts in die Stundentafel

Profilbildung statt Einheits-angebot

Die neue landesweit geltende Stundentafel gibt den Schulen mit Interesse und positiver Einstellung für Kunsterziehung Möglichkeiten für einen betonten und erweiterten Kunstunterricht[5]. Allerdings besteht hier die Gefahr, dass alle Unterrichtsstunden in die Klassenstufen 1 bis 7 gelegt werden. Das würde bedeuten, dass ein Teil der Schülerinnen und Schüler in den Klassenstufen 8 und 9 ohne Kunstunterricht auskommen müsste. In der gymnasialen Oberstufe stehen für Kunsterziehung (Kunst und Musik) insgesamt drei Kurse[6] (mit je 38 Stunden) und in den beruflichen Schulen ein Kurs zur Verfügung.

Außerschulische Angebote

Der Kunstunterricht in den allgemein bildenden Schulen wird von der ‚Organisation für Kunsterziehung in der schulischen Grundbildung‘ unterstützt (Out of School Arts Education). Gegenwärtig nehmen daran in verschiedenen Kunstrichtungen insgesamt etwa 12 Prozent der 7- bis 18-jährigen Kinder und Jugendlichen teil. Dazu ist künstlerisches Arbeiten Teil der geplanten Morgen- und Nachmittagsaktivitäten in den Klassenstufen 1 und 2.

Ästhetische Bildung in der Grundschule (Klasse 1–9)

Die lange Tradition der Kunsterziehung

Historische Wurzeln der Kunsterziehung

Die finnische Kunsterziehung hat eine lange Tradition. Der Verein der Kunsterzieher (http://arted.uiah.fi/insea/inseafinland.html) und dessen Zeitung ‚Stylus‘ wurden 1906 gegründet. Das Fach hatte zu diesem Zeitpunkt eine Geschichte von einem Vierteljahrhundert hinter sich.

Von Anfang an versuchte man, den Schönheitssinn und die Entwurfs-
fähigkeit des Volkes zu fördern. Mit anderen Worten, das Handeln
hatte eine klare ästhetische Richtung. Die Kunsterzieherbewegung am
Anfang des 19. Jahrhunderts betonte die Rolle der Ästhetik für die
Erziehung des Charakters und der Persönlichkeit. Bis in die siebziger
Jahre des 20. Jahrhunderts war das Fach gekennzeichnet durch die
zentralen Gedanken der Selbstentfaltung und des ‚Learning by Doing'.

Als in den siebziger Jahren das Grundschulsystem gegründet wurde,
ermöglichte es eine kostenlose schulische Bildung für alle finnischen
Kinder. Dies allein war schon eine enorme Erneuerung. Die Möglichkeit, dass Kinder und Jugendliche aus abgelegenen Gegenden oder aus
ärmeren Familien Zugang zur allgemeinen Schulbildung hatten, brachte
vor allem Gleichberechtigung nach Finnland. Diese Erneuerung war
jedoch für die Kunsterziehung nicht günstig. Nach dem Vorbild des
schwedischen Systems ging der Anteil an Kunststunden zurück. Die
Kunsterziehung verlor zwei wertvolle Jahre, als man den Kunstunterricht der 5. und 6. Klasse den Klassenlehrern zuteilte. Zur gleichen Zeit
nahm der Inhalt der Schulfächer zu. Wegen des Einflusses der Informationstechnologie brachte man zum ersten Mal Teile in den Lehrplan
ein, die sich mit Fragen der Kommunikation beschäftigten. Das globale
Interesse an Umweltschutz betreffenden Fragen spiegelte sich auch in
den Erneuerungen innerhalb des Lehrplanes wider.

Kunsterziehung auf dem Rückzug

Was bringt der aktuelle Lehrplan mit sich?

Zum heutigen Zeitpunkt befindet man sich in Finnland in einer Phase
der Erneuerung des Lehrplanes. Nachdem das Grundschulsystem verwirklicht wurde, erneuerte man den Lehrplan alle zehn Jahre. Um die
Gliederung des Faches Kunsterziehung zu erleichtern, teilte man es in
vier Teilgebiete auf: ‚Bildnerischer Ausdruck und bildnerisches Denken', ‚Kunstwissen und kulturelle Kenntnisse', ‚Umweltästhetik, Architektur und Gestaltung' sowie ‚Medien und Visuelle Kommunikation'.
Diese Teilgebiete sind inhaltlich sehr umfangreich ausgestaltet, doch
die zur Verfügung stehenden zeitlichen Ressourcen sind eher knapp.
Daher werden Lehrerinnen und Lehrer angewiesen, das Problem durch
innere Integration des Faches zu lösen. Der als Norm geltende Lehrplan stellt trotzdem sehr hohe Anforderungen an die Lehrerinnen und
Lehrer, was die Beherrschung des Faches sowie die pädagogische Er-
kenntnisfähigkeit betrifft. Andererseits hilft der im neuen Lehrplan integrierte Gedanke der Thematik bei praktischen Lernproblemen.

Arbeitsbereiche des Kunst- unterrichts

Forschung prägt kunsterzieherisches Denken

In der Entwicklung des Faches fand während der neunziger Jahre eine große Änderung statt: An der Kunsthochschule in Helsinki begann die wissenschaftliche Arbeit des Faches, und es wurde ein Promotionsstudiengang eingeführt. In Finnland kann Kunsterziehung an zwei Kunsthochschulen[7] studiert werden. Eine bemerkenswerte Errungenschaft war die erste Dissertation an der kunstpädagogischen Abteilung, geschrieben von *Marjo Räsänen* zum Thema „Die Brückenbauer" (finnisch: Sillanrakentajat; vgl. Räsänen 1997). Eine wesentliche Rolle in der Dissertation von Räsänen spielt das Entstehen wichtiger persönlicher Informationen in den Phasen der Kunstrezeption und der Kunstproduktion. Ihrer Ansicht nach verschmelzen die sozialen und die kulturellen Kenntnisse während der Phasen der Betrachtung und Schöpfung zu persönlichen Informationen. Die Forschungsergebnisse von Räsänen, die sich auf die Theorie des Lernens durch Experimentieren von *David Kolb* stützt, haben das den Lehrplan betreffende Denken modifiziert.

Ziel des Lernens

Ziel des Lernens ist es, die visuelle Bilderwelt der Umgebung und deren ästhetische Qualität wahrzunehmen. Dies ist auch ein zentrales Merkmal von Allgemeinbildung. Sowohl das forschende Lernen als auch die konstruktivistische Lernvorstellung und die Zusammenarbeit kennzeichnen die finnische Grundschule im 20. Jahrhundert. Methodisch eignen sich diese auch hervorragend für unser kunsterzieherisches Denken.

Der Einfluss der Selbstbewertung auf die Entwicklung des Faches

Selbstevaluation obligatorisch

Eine zweite Besonderheit des finnischen Schulwesens ist die ständige Verbesserung des Unterrichts mit Hilfe von Selbstbewertungen. Sowohl die Schülerinnen und Schüler als auch die Lehrerinnen und Lehrer sowie die Schulen sind dazu verpflichtet, kontinuierlich ihre eigene Arbeit und deren Ergebnisse zu bewerten, sodass der Entwicklungsbedarf von innen heraus entsteht und nicht von außen oder von oben gesteuert wird.

Im Lehrplan sind sowohl die Kriterien der Note befriedigend für die Endbewertung der Sekundarstufe I der Gesamtschule (5.–9. Klasse) als auch die Kriterien für die Bewertung gut für die ersten vier Klassen (1.–4. Klasse) definiert.

Man hofft, dass auch die Eltern an der Selbstbewertung teilnehmen. Für die Selbstbewertung in der Kunsterziehung wurde in den neunziger Jahren die Portfolio- und Lerntagebuchmethodik eingeführt. Es stellte sich heraus, dass die Methode ein hervorragendes Werkzeug ist, mit dem man die Qualität der Kunsterziehung fördern kann.

Portfolio und Lerntagebücher
als Mittel der Selbstbewertung

Zu Beginn der neunziger Jahre führte man die Portfoliomethodik ein, als man in Finnland ein ,gymnasiales Diplom' entwarf, welches das bisherige Können auf Reifeprüfungsniveau präsentiert. Das Portfolio steht an zentraler Stelle bei der Speicherung des Lösungsprozesses einer Bildaufgabe. Es stellte sich am Anfang heraus, dass das Erstellen der Portfolios des ,gymnasialen Diploms' für viele Schülerinnen und Schüler Probleme bereitete, da man nicht daran gewöhnt war, die Entwurfs- und Denkprozesse festzuhalten. Viele Kunsterzieherinnen und Kunsterzieher waren daher auch am Anfang gegen die Ansprüche des Portfolios. Ihrer Ansicht nach kann man das kreative Denken nicht speichern. Das Problem wurde so gelöst, dass die Kunsterzieherinnen und Kunsterzieher den Auftrag bekamen, Lerntagebücher und Prozessportfolien in ihrer Lernpraxis einzuführen. Diese haben sich dann als gute Methoden herausgestellt, mit denen man den Unterricht fördern kann.

Portfolio

Das Ziel des Prozessportfolios und Lerntagebuches ist es, dass die Schülerinnen und Schüler selbst ihren eigenen Lernprozess und Förderungsbedarf erkennen. Dabei bekommt der Schüler bzw. die Schülerin Einblick in den gesamten künstlerischen Prozess, also in das, was geschieht, wenn aus der Idee am Ende ein Produkt entsteht. Im Portfolioprozess sucht man auch beim Entwerfen eines Bildes die allgemeinen Verbindungen zur Kunst und zu den eigenen kulturellen Ursprüngen. So ermöglicht man die eigene Denksynthese der Schülerinnen und Schüler. In diesem Fall könnte man als Ziel der Metaebene die Steigerung des künstlerischen Wachstums und der ästhetischen Einsicht sehen.

Einblick in den künstlerischen Prozess

Der Portfolioprozess kann auch in Form eines Lerntagebuches erfolgen. Das Lerntagebuch entspricht in etwa dem Arbeitsbuch und Skizzenbuch eines Künstlers. Ziel des Lerntagebuches ist es, seine eigene Lernentwicklung zu verfolgen. Man sammelt und notiert im Lerntagebuch sowohl die Ziele des Kurses oder seines Lernens, die verschiedenen Phasen der Ideenentwicklung, wie zum Beispiel Vorstellungskarten (mind mapping), und alle Skizzen als auch die Gründe für Themenentscheidungen. Nachdem eine Arbeit fertig ist, schreibt man eine Selbstbewertung ins Lerntagebuch. Niedergeschrieben werden auch die Bewertungen von Partnerarbeiten. In einigen Fällen kann der Kunst-

Lerntagebuch

61

erzieher oder die Kunsterzieherin einen Kursbewertungsbogen erstellen, den man in sein Lerntagebuch einheften kann. Am Ende des Kurses liest die Lehrkraft die Lerntagebücher. So werden ihr alle individuellen Gedanken und Gefühle über den Inhalt des Kurses vermittelt. Lehrerin und Lehrer erfahren so auch, wie der Unterrichtsstoff aufgenommen wurde und welche Ziele erreicht wurden. Wünschenswert ist auch, dass die Schülerinnen und Schüler ihren Eltern das Lerntagebuch zeigen, damit ihnen die Arbeit im Kunstunterricht vermittelt wird. Auf diese Weise schafft man eine natürliche Verbindung zu den Eltern.

Die Prozessportfolios und Lerntagebücher sind fertige Heftchen oder selbst angefertigte kleine Bücher. Sie können aber auch in digitaler Form im Internet verfasst werden. In den letzten zehn Jahren hat man in Finnland enorme Ressourcen in den EDV-Bereich der Schulen investiert. Informationstechnologie wird schon in der Vorschulklasse genutzt. Besonders in abgelegenen Gegenden spielt sie eine wichtige Rolle, um die Distanz zu Informationsquellen zu verkürzen.

Ein Beispiel

An der Ounasrinteen-Schule in Lappland erwarben sich die neun- bis zehnjährigen Schülerinnen und Schüler im Kunstunterricht zusätzliche Kenntnisse und Kompetenz in Mathematik und Naturwissenschaften. Die Schneewürfel entstanden in Holzformen. Bei der Herstellung der Formen lernten sie, Maße zu verwenden, und die Zusammensetzung und Eigenschaft von Schnee kennen. Eine Theateraufführung der Kinder wurde im Muttersprachen- und Literaturunterricht vorbereitet und eingeübt. Die Schülerinnen und Schüler fotografieren ihre eigenen Arbeiten und nehmen sie auf Video auf, womit der Bezug zur Medienerziehung hergestellt wird. Kunst, Wissenschaft und Technologie stehen beim Unterrichtsgeschehen der Klasse in ständiger Wechselwirkung zueinander. Fragen zur Bedeutung multikultureller Erziehung, zur eigenen Herkunft und zu nachhaltiger Lebensweise für

Abb. 1:
Entwurf (links)

Abb. 2:
Schneewürfel
(rechts)

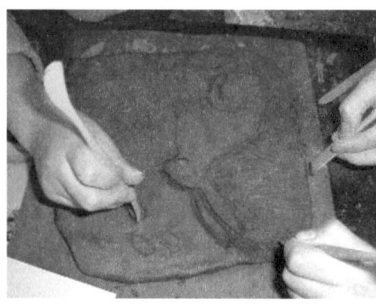

62

 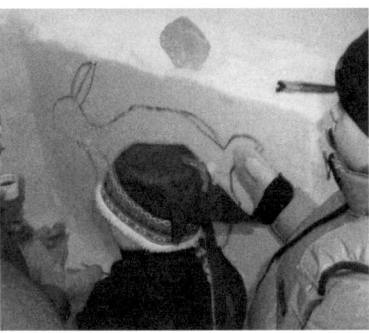

Abb. 3:
Übertragung
des Entwurfs
(links)
Abb. 4:
Das Ergebnis
(rechts)

das menschliche Wohlbefinden lassen sich am besten in Zusammenarbeit mehrerer Fächer behandeln, wobei Kunsterziehung eine zentrale Rolle zukommt.

Die Bilder stammen von den Schülerinnen und Schülern der Grundschullehrerin *Kaija Hatakka*. Die Schülerinnen und Schüler erstellen auch ein Portfolio von ihrer Arbeit und lernen, während des Schuljahres selbst zu evaluieren. Der folgende Text steht im Portfolio einer Schülerin.

Evaluation durch die Kinder

„Ich habe viel im Kunstunterricht der vierten Klasse gelernt über Bildgrößen, über Tönungen, den Gebrauch und die Wirkung von Farben, die offiziellen Bezeichnungen von Farben, die Darstellung von Menschen, und wie man verschiedene Techniken anwendet. Im Frühjahr haben wir Comics gezeichnet. Ich denke, ich habe bei der Verwendung von Bildgrößen Erfolg gehabt. Meine Mutter ist der Meinung, dass ich mich sehr entwickelt habe, und ich denke genauso. Wenn ich groß bin, möchte ich vielleicht eine erfolgreiche Zeichnerin werden oder Kunst als Hobby betreiben." (Anna-Maria, 10 Jahre)

Der Schüler Elmo berichtet in seiner Selbstevaluierung, dass er gelernt hat, menschliche Gesichter richtig zu zeichnen. „Ich zeichne keine langhalsigen und unförmigen Geschöpfe wie aus dem Weltall mehr, sondern ganz normale Wesen." Er hofft auch, dass das kommende Schuljahr genauso lustig und lehrreich ist.

Medienkompetenz und Bildkompetenz

Das Erlernen von Medienkompetenz und Bildkommunikation im Kunstunterricht profitiert natürlich von der guten Ausstattung der Schulen. In meinen Gedanken schwebt mir immer noch das Bild der kleinen Dorfschule in Lappland vor Augen, die ich während einer Skitour im Winter besuchte. Fast alle der 36 Schülerinnen und Schüler waren mit den Skiern zur Schule gekommen. Die Skier waren fein auf dem Hof an der Wand aufgereiht. So hätte es auch vor gut 100 Jahren aussehen können. Im Innern der Schule befand man sich dann in einer ganz anderen Welt. In beiden Klassenzimmern der Schule standen jeweils drei Computer mit Internetzugang in die ganze Welt. Die Achtjährigen der 2. Klasse zeigten den Gästen, wie sie die Bildgalerien der Museen im Ausland virtuell besuchten.

Fachkompetenz der Klassenlehrerinnen und -lehrer

Das zentrale Problem des Kunstunterrichts in Finnland ist heutzutage die geringe Zahl der zur Verfügung stehenden Kunststunden in den oberen Klassen, in denen die ausgebildeten Kunsterzieherinnen und Kunsterzieher arbeiten. Während der ersten sechs Klassen wird der Kunstunterricht von der Klassenlehrerin oder dem Klassenlehrer erteilt. Leider beinhaltet die Ausbildung der Klassenlehrerinnen und -lehrer nur einen geringen Anteil an Kunststudien. Wegen dieses geringen Anteils an künstlerischer Ausbildung kann man kaum von einer sachlichen Fachkompetenz sprechen. Zum Glück gibt es trotzdem erfreuliche Ausnahmen: jene, die sich auf Kunst spezialisiert haben, und diejenigen, die als eigenes Hobby den Kunstunterricht weiterentwickeln. In den meisten Fällen vervielfältigt sich der positive Einsatz der Lehrerinnen und Lehrer, wenn sich die Kolleginnen und Kollegen für die ausgestellten Arbeiten der Schülerinnen und Schüler interessieren. Daraus entsteht dann eine schöne Tradition.

Der Schwerpunkt im Unterricht der unteren Klassen besteht jedoch im Schreiben, Lesen und Rechnen. Es ist klar, dass Kunst dann leicht in den Hintergrund gerät. Aus spielerischen Zugangsweisen entstehen Freude und Wohlbefinden, die Lernprobleme und individuelle Begabungsunterschiede kompensieren.

Die Dominanz des Visuellen

Bilder lesen lernen als Schlüsselkompetenz

Ein besonderes Merkmal unserer Zeit ist die starke Visualität. Unser Auge wird laufend verführt, und jeder wird zum Schauen eingeladen. Die Visualität modifiziert unsere Auffassung und Ansicht von der Welt. Das Sehen baut auf kulturellen Codes auf, die aus unserer eigenen Umwelt stammen. Es ist also klar, dass alle Kinder und Jugendlichen das Recht haben zu lernen, wie man Bilder liest, sowie die Möglichkeit, die

64

Mehrdeutigkeit der verschiedenen bildlichen Erscheinungsebenen zu verstehen.

Die Kinder von heute leben nicht mehr innerhalb einer Kultur, sondern in einer multikulturellen Welt. In der heutigen Welt bewegen sich die Bilder schnell. Die Bilder repräsentieren die heterogene Gesamtheit sowohl von Märchen, Phantasien, Spielen als auch von Wirklichkeit, Werbung, Freizeit und Nachrichtenbildern. Für die heranwachsenden Kinder und Jugendlichen entstehen binnen kurzer Zeit aus Bildern Besitzsurrogate, Ikonen und ideologisierte Heldenmodelle, mit denen man sich identifiziert.

Die Bilder der Werbung und der Freizeit gleichen sich weltweit immer mehr an, doch die Kunst behält ihre alten kulturellen Ursprünge. Zur selben Zeit, in der wir ein Teil der europäischen Tradition sind, spiegelt sich unsere Vergangenheit in der Kunst wider: Finnland, seine Natur, seine Geschichte, seine Architektur, seine Literatur, seine Musik, seine Schicksalsmomente. Das Finnentum und die Prägung der nationalen Identität mit Hilfe von Kunst spielen eine zentrale Rolle. Auf dieselbe Art und Weise kann Kunst heutzutage als Identität des Menschen fungieren, als darstellende Kraft seines eigenen Lebens.

Welche Werkzeuge brauchen die Kinder in der heutigen schnelllebigen, visuellen Zeit? Wir wissen wohl, wie viele Kinder schon zu Schulbeginn Großkonsumenten der Medien sind. Bekannt ist auch die große Popularität der virtuellen Spiele. Viele Eltern reagieren sehr wohlwollend auf das Spielen von Computerspielen. Sie gehen davon aus, dass durch Computerspiele die Informationstechnologie vermittelt wird, was wiederum die Fähigkeiten gewährleisten sollte, die man beim Lernen und in der zukünftigen Arbeitswelt braucht.

Ein Blick in die finnische kunstpädagogische Praxis

Um den Medien- und Bildkommunikationsunterricht an den unteren Klassen zu veranschaulichen, greife ich auf eine integrierte Unterrichtsstunde von Finnisch, Naturwissenschaften und Kunst an der Grundschule von Suomenlinna zurück. Sie befindet sich auf der kleinen Festungsinsel Suomenlinna, die vor Helsinki liegt. Wegen der kleinen Größe der Grundschule sind die Klassen integriert. Die Schülerinnen und Schüler von *Mervi Miettinen* sind in der 3. bis 5. Klasse. Die Altersspanne liegt zwischen 9 und 10 Jahren. Insgesamt sind es 16 Schülerinnen und Schüler mit heterogenen Fähigkeiten.

**Ein fächer-
übergreifendes
Projekt**

Die Lehrerin wählte als Arbeitsthema den Reisanbau, da man in der Welt das Jahr des Reises feiert. Neben dem Themenbereich „Reis" war es interessant, das zweite Thema zu untersuchen, das man auf der Welt feiert, nämlich laut Chinesischem Kalender, das „Jahr des Affen". Die Idee zum Thema „Reis" entstand beim Zeitunglesen. Das Ziel der Lehrerin war es, die Lehraufgaben der Naturwissenschaften mit Lese- und Schreibübungen sowie mit Kunst zu verbinden.

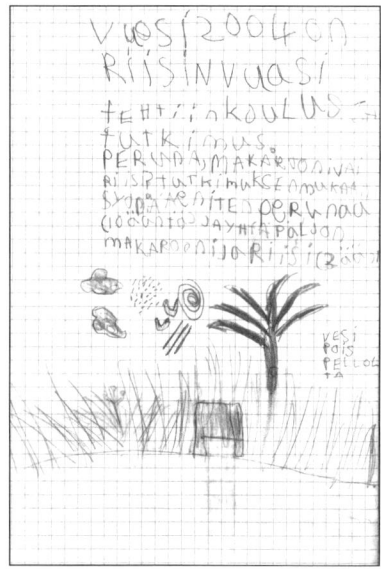

*Abb. 5:
Seite eines Lern-
tagebuchs*

Das Thema „Reisanbau" wurde damit begonnen, dass man eine kleine Erhebung bei den Schülerinnen und Schülern durchführte, in der untersucht wurde, was am Tag zuvor zu Hause gegessen wurde. Das Ergebnis zeigte, dass ein Großteil Kartoffeln und ein genauso großer Teil Pasta gegessen hatte. Dagegen hatten nur rund 10 Prozent der Schülerinnen und Schüler am vorigen Tag Reis gegessen, obwohl auf der Welt am meisten Reis gegessen wird. Die Ergebnisse der Untersuchung wurden in das Lerntagebuch jedes Schülers und jeder Schülerin geschrieben (siehe Abb. 5). Man beschäftigte sich dann mit dem Reisanbau mit Hilfe des von der Lehrerin angefertigten Lernmaterials. Danach befasste man sich intensiver mit dem Thema in Form von Lese- und Schreibübungen. Die Lehrerin stellte im Vorfeld Zeitungsartikel zusammen, von denen jedes Kind einen frei wählen durfte. Die Artikel waren von unterschiedlichem Niveau, schwerere und leichtere, kurze und lange, aber alle hatten eines gemeinsam: eine visuell anspruchsvolle Form. Dies ist in Finnland normal. Die Artikel beinhalteten mehrfarbige, klare Fotografien. Die Druckqualität war meist gut und der Umbruch interessant. Zeitungen werden oft als Lernmaterial in Schulen verwendet. Jedes Kind durfte frei wählen, welcher Artikel näher untersucht werden sollte. Die Aufgabe bestand darin, den Artikel zu lesen, unverständliche oder schwere Wörter, Namen, Ziffern herauszuschreiben und in einigen Sätzen den Inhalt des Artikels niederzuschreiben. Die Aufgabe wurde ins Lerntagebuch eingetragen, und es wurde ein Bild zum Thema des Artikels gemalt. Als alle fertig waren, durfte jeder der Klasse den Inhalt seines Artikels erzählen.

Nach der Textanalyse befasste man sich mit dem Affen. Dazu wurde Hilfsmaterial verwendet, das die Lehrerin angefertigt hatte. Die Umwelt, in der der Affe vorkam, wurde mit den Klimaeigenschaften verglichen, die man für den Reisanbau benötigt. Die artspezifischen

66

Merkmale des Affen wurden mit Hilfe von naturwissenschaftlichen Handbüchern studiert, die es in der Klassenbibliothek gab. Darauf folgte eine Zeichenaufgabe. Das Thema wurde so eingeschränkt, dass man die zwei Blickwinkel des Fotografen zusammensetzte. Das erste Bild zeigte das Porträt des Affen aus der Nähe und das zweite Bild die Umgebung, in der der Affe lebt (siehe Abb. 6). Da die Schülerinnen und Schüler schon oft Bildcollagen aus Zeitungen untersucht hatten, traten bei den Neunjährigen bei der Arbeit mit mehreren Bildebenen keine Probleme auf. Nachdem die fertigen Arbeiten an der Klassenwand zu begutachten waren, schloss sich die Arbeit zu den mythischen Tieren des chinesischen Kalenders an. Wie haben die Menschen während verschiedener Epochen auf der Erde die Zeit gemessen und dargestellt? Und wie wurde die Zeitmessung eigentlich erfunden?

Abb. 6: Der Affe in seiner Umgebung

Kontextualisierung und Holismus

In der Kunsterziehung vergisst man häufig die Kontextbezogenheit. Das heißt, es werden keine Verbindungen geknüpft. Man untersucht den kulturellen Hintergrund eines bildlichen Ereignisses, man sucht Verbindungen zur Kunstwelt und lernt den Gebrauch des Fachvokabulars. Aus der Kontextualisierung entsteht Holismus, den man in der Schule braucht. Holismus entsteht auch dann, wenn man verschiedene Fächer miteinander oder ineinander integriert. Die Aufgabe von Mervi Miettinen ist bezüglich der Medienkompetenz ein Beispiel für die ganzheitliche Annäherungsweise, in der sich zudem auf interessante Weise Rationalismus, genaues Wissen, Irrationalismus, aber auch mystische Ausdehnung miteinander vereinen. Vereinfacht dargestellt könnte man sagen, dass sich Wissenschaft und Kunst in der Aufgabenstellung trafen. Daraus entsteht Vollkommenheit.

Anmerkungen

[1] Finnland hat zwei Landessprachen: Die Mehrheit der finnischen Bevölkerung spricht die finnische Sprache als Muttersprache, eine kleinere Minderheit schwedisch.

[2] Der Vorschulunterricht in Schulen oder Kindertagesstätten ist bis zum Alter von sieben Jahren obligatorischer Bestandteil des finnischen Bildungssystems. Daran schließt neun Jahre der sog. „Grundbildende Unterricht" in Form einer Gesamtschule an. Der Abschluss dieses, für alle Schülerinnen und Schüler obligatorischen, ersten Blocks berechtigt zum Übergang an die allgemein bildende oder berufsbildende Sekundarstufe II, mit jeweils drei Jahren Dauer. Der dort erworbene Abschluss berechtigt zum Eintritt an eine Hoch- oder Fachhochschule.

[3] Zentralamt für Unterrichtswesen 2004

[4] http://www.edu.fi/english/

[5] Dies ist vergleichbar mit der bei uns bekannten „Profilbildung" von Schulen.

[6] Die gymnasiale Oberstufe ist epochal gegliedert, arbeitet ‚jahrgangs- und klassenlos'. Nach jeder ‚Lernepoche' werden Zertifikate angefertigt. Die Mindestanzahl der obligatorischen Kernfächer und fakultativen Wahlfächer und weiterführenden Kurse wird durch die Prüfungsordnung festgelegt.

[7] Dies entspricht einem Universitätsstudium.

Literatur

Räsänen, M. (1997): Building bridges. Experiental Art Understanding: A work of art as a means of understanding and constructing self. A 18; Helsinki, University of Art and Design (UIAH 1997) (zu beziehen über die UIAH).

Zentralamt für Unterrichtswesen (2004): Rahmenlehrpläne und Standards für den grundbildenden Unterricht an finnischen Schulen. Helsinki (erhältlich in deutscher Sprache bei myynti@oph.fi).

Regina Dorothea Möller & Aloys Wesseling

Ästhetische Bildung im Mathematikunterricht der Grundschule

5

> „Symmetrie, ob man ihre Bedeutung weit oder
> eng fasst, ist eine Idee, vermöge derer der Mensch
> durch die Jahrtausende seiner Geschichte
> versucht hat, Ordnung, Schönheit und
> Vollkommenheit zu begreifen und zu schaffen."
> (Weyl 1955, 13)

Die ästhetische Komponente der Mathematik

Neben der erkenntnistheoretischen Zielsetzung und den abstrakten Notationen wohnt der Mathematik eine ästhetische Komponente inne, die zu allen Zeiten von Mathematikern als Reinheit und Eleganz empfunden wurde. Der englische Mathematiker und Philosoph *Bertrand Russell* hat diese Schönheit als „kalt und ernst" charakterisiert:

> „Mathematik ist, richtig betrachtet, nicht nur wahr, sondern
> von überwältigender Schönheit – einer kalten und ernsten
> Schönheit, wie der einer Skulptur, die sich nicht an unsere
> schwache Natur wendet, ohne den prächtigen Schmuck von
> Gemälden oder Musik, und doch von erhabener Reinheit und
> solch ernster Perfektion, wie sie nur die allergrößte Kunst auf-
> weisen kann." (Russell 1954, 62)

Schönheit, Symmetrie, Harmonie

Die Schönheit, von der Russell spricht, lässt sich schwerlich „von außen" erkennen. Ein in den mathematischen Begrifflichkeiten Ungeübter wird dieser Schönheit nicht gewahr. Die Schönheit, die Reinheit, von der Mathematiker sprechen, die Eleganz der Einfachheit, die manchen Begriffen innewohnt, verleiht nur einem „mathematischen Auge" den ästhetischen Wert. Der englische Mathematiker *G. H. Hardy* beschreibt diese Ästhetik wie folgt:

69

„Die Muster des Mathematikers müssen, wie die des Malers oder Dichters, vor allem schön sein; die Ideen müssen sich, wie die Farben oder Wörter, harmonisch zusammenfügen. Schönheit ist das allererste Kriterium. Auf der Welt ist kein dauerhafter Platz für hässliche Mathematik. (…) Es mag sehr schwer sein, mathematische Schönheit zu definieren, aber das gilt auch für jede Schönheit anderer Art. Wir wissen vielleicht nicht, was wir mit einem schönen Gedicht meinen, aber das hindert uns nicht daran, ein solches zu erkennen, wenn wir es lesen. Die Sichtweise, dass Schönheit mit einer klaren, auf Erkenntnis zielenden Wissenschaft nicht nur zusammenhängt, sondern sie sich auch gegenseitig bedingen, lässt sich bereits früh erkennen." (Hardy 1990, 85)

Ästhetische Konkretisierungen elementarer Mathematik sind im Begriff der Symmetrie, auch für den Laien, meist mehr ein empfundener als ein bewusster mathematischer Ausdruck. Für *Hermann Weyl*[1] liegt die Wiege ästhetischen Empfindens in der Symmetrie, die die Menschheit seit jeher beflügelt hat: „Ordnung, Schönheit und Vollkommenheit zu begreifen und zu schaffen" (Weyl 1955, 45). Symmetrie wird in der belebten (Pflanzen, Tiere und Menschen) und in der unbelebten Natur (Kristalle, Schneeflocken) lebendig, zeigt sich in ihren Abläufen (regelmäßige Abfolge von Tag und Nacht, Jahreszeiten) und wird offenkundig im rhythmischen Aufbau von Gedichten. In Gemeinsamkeit von Mathematik und Kunst ist der Goldene Schnitt der Inbegriff eines als harmonisch empfundenen Verhältnisses und spielt deshalb in der Ästhetik und in der Lehre von den Proportionen eine bedeutende Rolle. Beim Goldenen Schnitt (stetige Teilung) wird eine Strecke so geteilt, dass sich die ganze Strecke zum größeren Teil verhält wie der größere Teil zum kleineren.[2]

Beispiele für symmetrische Anordnungen

In der Ebene bieten Ornamente und Parkettierungen sowie Friese anschauliche Muster symmetrischer Anordnungen. Weiter sind die Platonischen Körper eine Bezeichnung für die fünf regelmäßigen Polyeder, deren Berührungsflächen aus kongruenten, regelmäßigen Vielecken bestehen[3]. Die von den Griechen als vollkommene Zahlen herausgehobenen Zahltypen werden seitdem als eine Konkretisierung von Harmonie gewürdigt.

Der symmetrische Aspekt steht bei den genannten Beispielen auch für eine umfassende Ordnung, die auf Ausgewogenheit gerichtet ist. Im Griechischen – die meisten der angegebenen Beispiele stammen aus der griechischen Mathematik – bedeutet Symmetrie Ebenmaß, Proportionalität und Ausgewogenheit. Diese Begriffe geben zwar keine Definition für Symmetrie wieder, sind aber fest im Kontext der Sprachen eingebunden, weil sie in vielfältigen Erscheinungsformen den harmonischen Aspekt wiedergeben. Und da die griechische Philosophie der Schönheit, zusammen mit dem Guten und Wahren, einen hohen Stellenwert zumaß, ist es wenig verwunderlich, dass ihre Aufmerksamkeit auf ästhetische Aspekte gerichtet war.

In den Anfängen europäischer Mathematik, zur Zeit der griechischen Klassik (500 v. Chr. – 300 n. Chr.), wurden zum ersten Mal neben den rein utilitaristischen[4] auch ästhetische und religiöse Motive in die Spannweite der Erkenntnis genommen. Nunmehr begannen die Griechen die Mathematik systematisch zu studieren, war doch in vorgriechischen Zeiten Mathematik mehr oder weniger ein Sammelsurium aus Techniken des Zählens, Rechnens und Messens. Die Mathematik wurde nun von den Griechen zu einer eigenständigen Wissenschaft des Ordnens und Messens erhoben. Die bis heute wirkende Idee, dass in den Zahlen- und Maßverhältnissen das Wesen aller Dinge liege, sahen sie in der Harmonie der Welt begründet.

Zahlen, Zahlenfolgen

So zentrierte sich die griechische Mathematik auf das wissenschaftliche Studium von Figuren, Formen und Zahlen. Erste deduktiv-axiomatische Systematisierungen entwickelten sich auf den Gebieten der Arithmetik, der Zahlentheorie und der Geometrie. Beim Studium der Zahlen traten auch geometrische Zusammenhänge auf. Am Beispiel figurierter Zahlen (z. B. Dreiecks- bis Sechseckszahlen) tritt deutlich hervor, wie eng arithmetische Gesetzmäßigkeiten mit den geometrischen Formen verbunden sind.

Betrachtet man die Folge ungerader Zahlen – 1, 3, 5, 7 ... – und setzt sie als Spielsteinchen, wie es *Eurytos* im 6. Jahrhundert vor Christus tat, so führt diese Betrachtung zu der Erkenntnis: Wenn man aufeinanderfolgende ungerade Zahlen addiert, erhält man eine Quadratzahl, wie die folgenden Beispiele zeigen:

$1^2 = 1$ $\qquad\qquad 2^2 = 4 = 1 + 3$
$3^2 = 9 = 1 + 3 + 5$ $\qquad 4^2 = 16 = 1 + 3 + 5 + 7$

Im Zuge des entdeckenden Lernens kommt auch die interessante Fibonacci-Zahlenfolge[5] für die Grundschulmathematik zum Tragen.

Noch ganz andere Eigenschaften von Zahlen ergaben sich auf elementare Art im handelnden Umgang mit Spielsteinchen. Viele natürliche

Zahlen lassen sich als verschiedene Produkte schreiben. Auf elementarer Handlungsebene können beispielsweise 12 Steinchen so gelegt werden, dass einmal 2 Reihen mit je 6 Steinchen liegen oder 3 Reihen mit jeweils 4 Steinchen oder natürlich die Variante mit 12 Steinchen in einer Reihe.

Mit vielen Zahlen, wie etwa der 17, sind diese Möglichkeiten nicht gegeben. Aus diesen Beobachtungen schlossen schon die Griechen, dass bestimmte Zahlen sich nur auf eine einzige Art in Rechteckform legen lassen. Diese Zahlen nennt man Primzahlen, und ihrer geometrischen Eigenschaft entspricht in der Arithmetik, dass sie sich nur auf eine Weise in ein Produkt aus zwei natürlichen Zahlen zerlegen lassen, also nur durch 1 oder durch sich selber dividieren lassen. Betont sei an dieser Stelle noch einmal, dass in den Anfängen mathematischer Systematisierung die bildhafte Anschauung eine wesentliche Rolle zur Erkenntnisfindung spielte.

Geometrische Formen, symmetrische Figuren

Neben den Zahlen (Arithmetik) waren es auch die Formen (Geometrie), die in der griechischen Klassik im Mittelpunkt des Interesses standen und die als gesammeltes Wissen der damaligen Zeit erstmalig in Form von logischen Sätzen mit vorangegangenen Definitionen und Postulaten zusammengestellt wurden. Es waren dies die Elemente des *Euklids*[6], die zu einem der am häufigsten gedruckten wissenschaftlichen Werke der Welt wurden. Der Inhalt des ersten Buches umfasst die regulären Figuren der Ebene, wie man sie in der Natur vorfindet, also die geraden Linien, Vielecke und Kreise. Der Begriff der Parallelität wird von Euklid postuliert und viel später am Anfang des 20. Jahrhunderts von *Hilbert* wieder aufgenommen, verallgemeinert sowie zu einer nicht-euklidischen Geometrie ausgebaut.

In seinem zweiten Buch behandelt Euklid die geometrische Algebra mit Sätzen, die zu den Inhalten der heutigen Sekundarstufe gehören, einschließlich der binomischen Formel:

$(a + b)^2 = a^2 + 2ab + b^2$ für alle a, b ε R.

Diese Gleichung ist besonders interessant, weil ihre geometrische Darstellung als Quadrat mit den entsprechenden Teilquadraten und dem Rechteck eine Verbindung zwischen der Geometrie und der Arithmetik aufzeigt und als Quadrat eine „schöne", weil symmetrische, Form aufweist.

Im Fortgang wissenschaftlichen Denkens wird jedoch offensichtlich, dass die Zielrichtung mathematischen Erkenntnisdranges nicht allein der Ästhetik vorbehalten bleiben kann, obwohl die Griechen manche Strukturen als besonders harmonisch empfunden haben. Einige mathematische Studien, insbesondere die von *Pythagoras*, wurden als eine esoterische Kunst angesehen, da für ihn Zahlen Symbole einer harmonischen Weltordnung darstellten. Ein Beispiel für den Ausdruck dieser Ordnung ist der Begriff der vollkommenen Zahl. Eine Zahl heißt vollkommen, wenn sie gleich der Summe aller ihrer Teiler ist. Beispielsweise ist die Zahl 6 vollkommen, denn $6 = 1 + 2 + 3$.[7]

Vollkommene Zahlen

Die bisher angeführten Beispiele elementarer Mathematik aus der griechischen Klassik zeigen die ästhetischen Aspekte der Mathematik. In beiden Wissenschaften, der Mathematik und der Ästhetik, sind Figuren und Formen Mittelpunkt wissenschaftlicher Untersuchungen. Im mathematischen Erkenntnisstreben sind sie Ausgangspunkte für Analysen, deren begriffliche Auswertungen zu mathematischen Ideen und zu erkannten Gesetzmäßigkeiten führen. So beschreibt man mit Hilfe von Begriffen wie parallel, senkrecht und symmetrisch in der elementaren Geometrie systematische Zusammenhänge von Figuren und Formen. Die Schrift von Euklid dokumentiert, wie diese Erkenntnisse im Nachhinein in eine logische, deduktiv-axiomatische Abfolge gebracht wurden. Die zentralen mathematischen Erfahrungen führen zu einem Erkenntnisgewinn – gemäß der ursprünglichen Bedeutung von μαδησιξ (Mathematik).

Im Mittelpunkt der Ästhetik bzw. ästhetischer Erfahrung steht die Wirkung der Erscheinung eines Gegenstandes oder Wesens. Dabei wird ästhetisch allgemein mit schön, ansprechend oder geschmackvoll vollendet assoziiert. Diese Deutung entspricht dem Verständnis der Ästhetik als Lehre vom Schönen. Sie greift heute allerdings zu kurz und entspricht nicht mehr der modernen Entwicklung dieses Begriffs (siehe dazu die Beiträge von J. Kahlert u. a. sowie von W. Köhnlein in diesem Band).

Ästhetische Dimensionen des mathematischen Lernens und Verstehens

Im Mittelpunkt mathematischen Lernens steht das Erlernen mathematischer Inhalte seitens der Schülerinnen und Schüler. Die ästhetische Dimension kann sich dabei sowohl auf die mathematischen Inhalte beziehen als auch auf die Art und Weise, wie ästhetische Momente mathematischer Inhalte exemplarisch berücksichtigt werden.

Berührungspunkte für Schülerinnen und Schüler Für die Schülerinnen und Schüler ergeben sich Berührungspunkte zwischen Mathematik und Ästhetik besonders dann, wenn die mathematischen Formen und Muster von ihnen als ästhetisch angesehen werden können. Zu den ästhetischen Bereichen der Mathematik, die bereits Inhalt der Grundschulmathematik sind bzw. Fortführungen darstellen, sind die Folgenden aufzuführen:

- Beispiele aus dem Bereich der Geometrie:
  - Symmetrie (später: Goldener Schnitt)
  - Friese
  - Bandornamente, Parkettierungen
- Beispiele aus dem Bereich der Arithmetik/Zahlentheorie:
  - Vollkommene Zahlen
  - Gerade und ungerade Zahlen
  - Palindrome (sog. „Anna-Zahlen"[8])
  - Zahlenfolgen (Fibonacci-Folgen)
- Beispiele aus der Arithmetik und Geometrie:
  - Binomische Formel, Figurierte Zahlen (Quadratzahlen, Kubikzahlen).

Die genannten Berührungspunkte bieten den Schülerinnen und Schülern die Chance, mit mathematischem Wissen sogleich ästhetisches Verständnis zu erwerben oder auch beim Erlernen ästhetische Erfahrungen zu machen.

In der Geschichte des Mathematikunterrichtes war es *Pestalozzi* (1746–1827), der die Funktionen von Sprache, Form und Zahl betonte. Auf ihn geht die Figurentafel zurück, die Kindern eine direkte Anschauung vermitteln sollte. Im letzten Jahrhundert betont *Kurt Strunz* (1971) mit seiner pädagogisch-psychologischen Sichtweise den Gestaltcharakter der Wahrnehmung, in die er auch mathematische Inhalte einbezieht. Seine Auffassung eines Figurenkonzepts hebt die Idee der ausgewogenen Form hervor, wie die des gleichseitigen Dreiecks. Auch *Andelfinger* stellt bei geometrischen Formen den Begriff der Prototypen heraus. Prototyp eines Dreiecks ist – wie bei Strunz – das gleichseitige Dreieck in seiner „harmonischen" Formgestaltung (Andelfinger 1988).

Um ästhetische Perspektiven im Mathematikunterricht zu thematisieren, sind sowohl manche innermathematischen Themen geeignet, die auf einer ästhetischen Gestalt aufbauen, als auch der fächerübergreifende Mathematikunterricht, speziell mit den Fachbereichen Kunst und Musik. Hinzu kommen Einsichten in Muster von Zahlen.

Ein vorzügliches innermathematisches Thema, das auf natürliche Weise einen ästhetischen Zugang ermöglicht, ist der Begriff der Symmetrie, wie er bereits oben erläutert wurde. Vorüberlegungen zur Unterrichtsgestaltung werden fächerverbindende Aspekte aufgreifen, denn Kinder sammeln vielfache Erfahrungen mit und aus Mustern und symmetrischen Formen in ihrer Umwelt, die sich im Unterricht mit Blick auf ihren mathematischen Gehalt thematisieren lassen. Das Lernen in Sinnzusammenhängen und das fächerverbindende Lernen sind Grundsätze der Unterrichtsgestaltung.

Fächerübergreifende Zugänge

Für den Sachunterricht sehen viele Lehrpläne als Themen den Schulweg, die Schulumgebung und die Verkehrserziehung mit wichtigen Verkehrsschildern im Anfangsunterricht vor. Erfahrungen, die in und mit außerschulischen Lernorten gesammelt werden, können beim eigenen Gestalten von Bildern und Objekten einbezogen werden (vgl. z. B. Ministerium für Schule, Jugend und Kinder des Landes Nordrhein-Westfalen 2003, 121). Ferner beobachten, benennen und beschreiben Kinder Pflanzen und Tiere. Sie sammeln Blätter und Früchte und sortieren sie nach ihren Formen. Gern erstellen sie auch Collagen, in denen sie ihre künstlerische Geschicklichkeit spielen lassen können. Blumen und andere Pflanzen können auf ihre Symmetrieeigenschaften hin betrachtet werden. Kinder sollen Feste und Ereignisse im Jahreslauf mit ihren Eigentümlichkeiten kennen lernen. Hier bieten vor allem das Oster- und Weihnachtsfest viele Möglichkeiten, unter anderem Fenster- und Zimmerschmuck herzustellen; Tannenbäume, Sterne und Kerzen sind u. a. als Motive beliebt. Das Anfertigen von Geschenkpapier und Osterschmuck stellt eine weitere Möglichkeit dar, um künstlerisches Gestalten zu üben.

> „Symmetrie lässt sich besonders gut für den fächerverbindenden Unterricht nutzen. So kann Symmetrie in Kunstwerken entdeckt und beim Gestalten eigener kleiner Kunstwerke eingesetzt werden. [...] Im Deutschunterricht haben Spiegelschriften und Palindrome ihren Platz und werden mit Hilfe der Symmetrie erklärt." (Franke 2000, 203)

Die Kinder werden Schreibfreude entwickeln und die Struktur der Buchstabenschrift entdecken. Sie können mit Schrift Bilder gestalten und lernen dabei die ästhetischen Aspekte zu beachten (vgl. z. B. Ministerium für Schule, Jugend und Kinder des Landes Nordrhein-Westfalen 2003, 32 und 123). Diese Empfehlung kann im Mathematikunterricht genutzt werden, indem mit Formenplättchen Buchstaben gelegt und Buchstabenmuster auf Kästchenpapier gezeichnet werden.

Praxisbeispiele

Aus dem Bereich der Arithmetik und der Geometrie werden im Folgenden exemplarisch sechs Beispiele dargestellt, die ästhetische Zugänge betonen und den modernen Medienzugang mittels CD-ROM berücksichtigen.

1. Praxisbeispiel: Muster und symmetrische Formen im Anfangsunterricht

Neuere Mathematikbücher greifen fächerverbindende Themen mit der Möglichkeit des ästhetischen Zugangs auf und regen Kinder an, mit

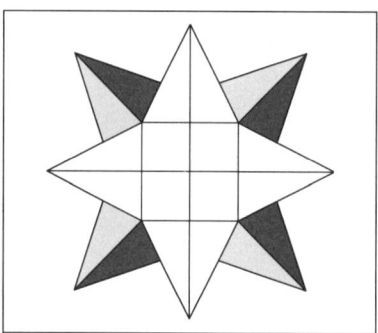

Abb. 1: Sterne   Abb. 2: Osterei

Abb. 3: Sonne

Abb. 4: Bildausschnitt:
Victor Vasarely 1989

geometrischen Formen wie Dreieck, Quadrat und Rechteck Muster und Bilder zu gestalten (siehe Abbildungen 1, 2 und 3).

Ein anderer Weg, um Kindern Muster bewusst zu machen, betont den fächerverbindenden Zugang und führt über Bilder von *Klee* (Beck 1998, 117), *Mondrian* (Beck 1998, 59; Möller 2005, 93), *Kandinsky* (Schütte u. a. 2000a/2000b, 48), *Vasarely* (Möller 2005, 91) oder *Escher* (Möller 2005, 97). Das ästhetische, gestalterische Element der geometrischen Formen in den Kunstwerken wird so ins Bewusstsein gehoben. Kinder erkennen die geometrischen Grundformen in den Kunstwerken und erfassen darin ihre Wirkung und Bedeutung. **Kunstwerke und ihre geometrischen Formen**

Vasarely war einer der bekanntesten Künstler des letzten Jahrhunderts. Seine Arbeit war gekennzeichnet durch das Zusammenspiel von Farbe und geometrischen Formen (vgl. Wesseling 2004). Durch die musterähnliche Wiederholung von geometrischen Formen und Farben entfaltet sich eine optische Illusion, die zum Verweilen und zum genauen Schauen einlädt. Die Ästhetik des Bildes (siehe Abbildung 4) trägt dazu bei, mit mathematischen Formen positive Gefühle zu verbinden.

2. Praxisbeispiel: Malen wie Vasarely

Nach dem Betrachten und Besprechen können die Kinder einzelne Würfel im Bild oder auch Würfelgebilde entdecken, auf Karopapier oder in einem Punktraster zeichnen. So haben sie die Möglichkeit, ihr eigenes Kunstwerk zu gestalten. Kinder können auch mit einem regelmäßigen Sechseck eine Schablone erstellen, die sie zum Herstellen ihres Musters benutzen. **Kinderkunstwerke**

3. Praxisbeispiel: Geometrie und Arithmetik

Nicht nur in den fächerübergreifenden Aspekten und der Erschließung und Orientierung in der Umwelt kommt der Ästhetik eine besondere Bedeutung zu, sondern auch in Verbindung mit der Arithmetik. Im Zwanzigerfeld entstehen schöne Muster, wenn Kinder dort mit farbigen Plättchen oder Würfeln Mengen zu Zahlenfolgen, zu Aufgaben des Halbierens oder Verdoppelns, zu geraden oder ungeraden Zahlen legen. Durch das Verdoppeln von Mustern am 10er und 20er Feld oder von Fingern und Würfelaugenzahlen entstehen **Zahlenmuster**

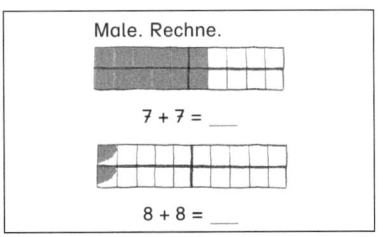

Abb. 5: Zahlenfeld

77

symmetrische Figuren. Die Arithmetik kann auf derartige geometrische Vorstellungsbilder besonders im ersten Schuljahr nicht verzichten.

4. Praxisbeispiel: Geometrisches Handeln

In den Mathematikbüchern für das erste Schuljahr finden sich als Beilage geometrische Formen wie Quadrate, Rechtecke und Dreiecke, mit denen Kinder im Sinne der erforderlichen Handlungsorientierung unterschiedliche Muster, Parkettierungen und Spiegelbilder legen können.

Beim Legen mit den Formenplättchen kann unterschieden werden zwischen freiem Legen, Legen nach Vorgabe, Auslegen und Umlegen vorgegebener Teile. Die Reihenfolge ist dabei keine Stufenfolge nach Schwierigkeitsgraden (vgl. Franke 2000, 164 f.). Die Schülerinnen und Schüler haben die Möglichkeit, geometrische Grundformen in Mustern zu betrachten, nachzuempfinden und zu gestalten. Sie erhalten die Chance, über die Verwendung von Dreiecken und Rechtecken als Gestaltungselemente und über die Wirkung der Bilder mit den Mitschülerinnen und Mitschülern zu kommunizieren. Erste Versuche geometrischen Zeichnens können durch Nachzeichnen von Mustern und das Zeichnen mit Schablonen (siehe Abb. 6–9) begangen werden. Dabei werden die Darstellungsmodi enaktiv, ikonisch und symbolisch voll und ganz berücksichtigt. Besonders wichtig ist es, Kinder während des Legens über das Bildmotiv sprechen zu lassen. Sie schulen so die Fähigkeit, den Inhalt von einem Repräsentationsmodus in den anderen zu übertragen. Dem Prinzip des intermodalen Transfers wird dabei voll und ganz Rechnung getragen (vgl. Wittmann 1974, 73; Möller 2004, Arbeitsheft 1, 47).

Aufgaben zur farbigen Ausgestaltung von Mustern auf Karopapier, Mandalas, symmetrischen Figuren, Parketten und Bandornamenten „inspirieren zum Entwerfen eigener Kunstwerke" (Schipper u. a. 2000, 206). Anregungen und Aufgaben zum Legen, Kleben, Zeichnen, Bauen, Färben, Falten und Spannen bieten die Mathematikbücher für das erste Schuljahr in umfangreichem Maße an.

5. Praxisbeispiel: Muster zeichnen mit dem Zirkel

Das Angebot der Inhalte in Schulbüchern folgt dem Spiralprinzip. Das Thema Muster wird vom ersten Schuljahr an kontinuierlich aufgegriffen, in immer neue Zusammenhänge gestellt und weiterentwickelt. Fähigkeiten im Umgang mit dem Zirkel, mit dem Geodreieck und selbst gebastelten Schablonen sollen im dritten und vierten Schuljahr ausge-

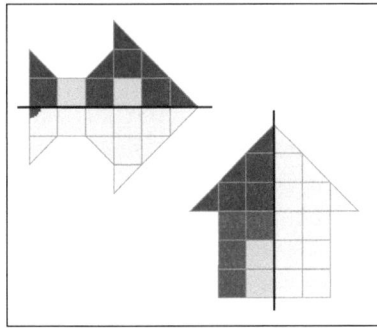

Abb. 6: Figuren

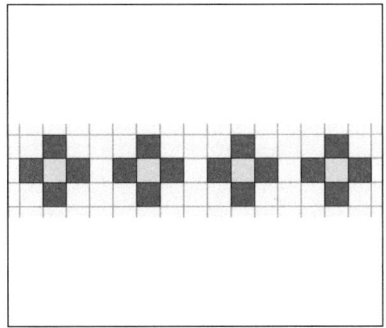

Abb. 7: Bandornament

Abb. 8: Mandala

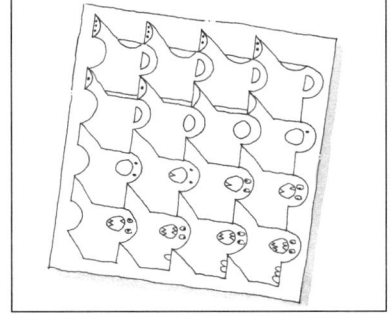

Abb. 9: Verwandlung

baut werden (vgl. Ministerium für Schule, Jugend und Kinder des Landes Nordrhein-Westfalen 2003, 81). Der Umgang mit diesen Geräten muss mehr und mehr zu einer handwerklichen Fertigkeit führen. Dabei kann sehr stark das ästhetische Moment betont werden (vgl. Winter 1997, 92).

6. Praxisbeispiel: Einsatz von Lernsoftware

Tätigkeiten mit geometrischen Formen können in freien Arbeitsphasen, in das Stationenlernen und in die Wochenplanarbeit integriert werden. Die dazu erforderlichen Materialien wie Würfel, Steckwürfel, Formenplättchen, Geobretter, Arbeitsblätter, Klebstoff, Scheren, farbiges Papier oder auch Kunstbilder in der Matheecke bereitzuhalten, ist aus organisatorischer Sicht empfehlenswert. Außerdem eignet sich auch in offenen Unterrichtsformen der Einsatz entsprechender Lernsoftware, die zu diversen Schulbüchern angeboten wird.

Optimal ist es, wenn Konzeption und Übungsangebote des Schulbuchs und der CD aufeinander abgestimmt sind, wie etwa zwischen

Materialien für die Matheecke

79

der CD Mathematik Bausteine 1 (Möller 2004) und dem gleichnamigen Mathematikbuch. Beim Thema Muster soll beispielsweise ein mit Formenplättchen angefangenes Bild fortgesetzt werden, indem Kinder aus einem Vorrat an virtuellen Plättchen per Mausklick durch „drop and down" diese an die passenden Stellen im Muster ziehen. Die Übungen sind vom Umfang her für Kinder in einer angemessenen Zeit leicht zu bewältigen. Es gibt zu jeder Übung acht Sequenzen mit steigendem Anforderungsgrad, sodass die Sachmotivation bei allen Kindern erhalten bleiben kann und eine angemessene natürliche Differenzierung gegeben ist.

Die Anwender, also Schülerinnen und Schüler, bekommen eine direkte Rückmeldung, ob sie die Konstruktion des Musters oder der symmetrischen Figur richtig erkannt haben. Im Falle eines Fehlers werden Lernhilfen angeboten. Die Lernfreude wird gesteigert durch die Bestätigung für ein schönes selbst erstelltes Bild und zusätzlich durch ein Lob vom cleveren Mädchen Malvine, die auch Hilfen anbietet und den Kindern vom Schülerbuch her bekannt ist. Software für Grundschülerinnen und Grundschüler, welche „die didaktischen Leitvorstellungen eines entdeckenden Mathematikunterrichts berücksichtigen, können in einem differenzierenden Unterricht mit offenen Lernformen eine sinnvolle Unterstützung darstellen" (vgl. Ministerium für Schule, Jugend und Kinder des Landes Nordrhein-Westfalen 2003, 75).

Diesen didaktischen und methodischen Anforderungen genügen die Übungen zu Mustern und symmetrischen Figuren auf der CD Mathematik 1 Bausteine in besonders gelungener Weise aufgrund ihrer Klarheit, einfachen Bedienung, der Erzeugung hoher Sachmotivation und der Selbstkontrollmöglichkeiten, der Lernhilfen und der ästhetisch ansprechenden, von den Kindern in virtuell handelnder Form selbst zu erstellenden Muster. Die Übungen ermöglichen entdeckendes, selbstständiges und auch soziales Lernen, da sie sehr gut in Partnerarbeit gelöst werden können. Außerdem lernen die Schülerinnen und Schüler im Mathematikunterricht so auch in ansprechender Form Lernmöglichkeiten mit elektronischen Medien kennen.

Anmerkungen

[1] Hermann Weyl (1885–1955), deutscher Mathematiker.

[2] Also: a : q = q : p wobei a die Länge der ganzen Strecke, q der größere Teil, p der kleinere Teil ist.

[3] Im Einzelnen: Tetraeder, Hexaeder, Oktaeder, Pentagon, Dodekaeder und Ikosaeder.

[4] Geometrie bedeutet ursprünglich Erdvermessung, die durch die jährlichen Nilüberflutungen notwendig wurde.

[5] Gefunden 1202 von Leonardo von Pisa, Sohn des Bonaccio, also Fi(lius)bonacci. Die Folgeglieder entstehen durch die Addition der beiden vorangehenden Zahlen.

[6] Um 390 – um 340 v. Chr.

[7] Die nächste vollkommene Zahl ist 27.

[8] Im „Zahlenbuch" werden Palindrome (Zahlen, die von links und von rechts lesbar sind, z. B. 2332), als Anna-Zahlen bezeichnet.

Literatur

Andelfinger, B. (1988): Geometrie, didaktischer Informationsdienst Mathematik. Soest.

Beck, U. (Hrsg.) (1998): Zahlenreise 1. Berlin.

Franke, M. (2000): Didaktik der Geometrie, Heidelberg, Berlin.

Hardy, G. H. (1990): A Mathematician's Apology (1. Auflage 1940). Cambridge.

Ministerium für Schule, Jugend und Kinder des Landes Nordrhein-Westfalen (Hrsg.) (2003): Richtlinien und Lehrpläne zur Erprobung für die Grundschule in Nordrhein-Westfalen, Entwurf für das Fach Mathematik. Frechen.

Möller, R. (Hrsg.) (2004, 2005): Bausteine Mathematik 1–4, Schülerbuch. Braunschweig.

Möller, R. (Hrsg.) (2004, 2005): Bausteine Mathematik 1–4, Arbeitsheft. Braunschweig.

Möller, R. (Hrsg.) (2004, 2005): Bausteine Mathematik 1–3, CD. Braunschweig.

Russell, B. (1954): Mysticism and Logic (1. Auflage 1918). Harmondsworth.

Schipper u. a. (2000): Handbuch für den Mathematikunterricht 4. Schuljahr, Hannover.

Schütte u. a. (2000a): Die Matheprofis 1, Lehrerband. München.

Schütte u. a. (2000b): Die Matheprofis 1, Schülerbuch. München.

Strunz, K. (1971): Der neue Mathematikunterricht in pädagogisch-psychologischer Sicht. Heidelberg.

Wesseling, A. (2004): Vom Würfel zur Treppe zum Kunstwerk. In: Sache-Wort-Zahl, Heft 62, 28–37.

Weyl, H. (1955): Symmetrie. Basel.

Winter, H. (1997): Praxishilfe Mathematik. Berlin.

Wittmann, E. (1974): Grundfragen des Mathematikunterrichts. Braunschweig.

Mechthild Dehn

6

Thematisieren und Formulieren – Ästhetische Bildung im Lernbereich Deutsch

> „Der Erhalt von Komplexität sowohl des ästhe-
> tischen Objekts als auch der ästhetischen
> Rezeptions- und Produktionsprozesse ist
> ebenso Kriterium für schulische ästhetische Bil-
> dung wie jene Art von Inszenierung,
> die Subjektivität als produktive Kraft begreift."
> (Gunter Otto 1994)

Ästhetische Funktion von Sprache

Abzählverse, Zungenbrecher, Kinderlieder und -reime, Gedichte, Geschichten und Theaterspiele – das fällt einem wohl zuerst ein, wenn
man an die ästhetische Funktion von Sprache denkt. Vielleicht auch
das Vergnügen, der Genuss beim Zuhören, Zuschauen, Lesen oder
Mitmachen. Vielleicht auch die Freude über ein Sprachspiel, das sich
im Gespräch ergeben hat, die Irritation über eine unerwartete Wen-
dung, das Erschrecken über ein sprachliches Bild.

Instrumentelle Funktion von Sprache

Die instrumentelle Funktion von Sprache vollzieht sich als Darstellung
von Sachverhalten, Empfindungen, Gedanken, als Ausdruck oder als
Appell.[1] Zum Beispiel kann die Äußerung „Es zieht" alle drei Funktionen haben: Sie kann als Beschreibung eines Sachverhalts, als Ausdruck des Frierens und als Aufforderung, Fenster bzw. Tür zu schlie-
ßen, verstanden werden. Manche Missverständnisse entstehen daraus,
dass der Adressat einer Äußerung ihr eine andere praktische Funktion
zuweist, als der Sprecher gemeint hat.

Gemeinsam ist den Formen der instrumentellen Funktion von
Sprache, dass sie sich auf etwas beziehen, das außerhalb von Sprache
existiert. Gerade das unterscheidet die instrumentelle von der ästhe-

tischen Funktion von Sprache.[2] Hier ist es der Bezug der sprachlichen Zeichen untereinander, der die ästhetische Funktion ausmacht: die „sprachliche Komposition" der Zeichen, ihre Verknüpfung durch Rhythmus, Reim und Klang. Zum Beispiel wirkt, wenn es darum geht, den verhassten Harry zu kennzeichnen, der Ausdruck „horrible Harry" stärker als die Alternativen „dreadful, terrible, frightful …". Mit dem Mittel des Gleichlauts, also der Zeichenkombination, wird eine Wirkung erzielt, ein Ausdruck ermöglicht, der über die bloße Kennzeichnung der Einschätzung von Harry hinausgeht. Diese Funktion von Sprache macht sich auch die Werbung zunutze, um nachhaltige Wirkungen ihrer Botschaften zu erreichen.

Die ästhetische Funktion von Sprache überschreitet also den rein lexikalischen Code, wie er im Wörterbuch zu finden ist; die Sinnbildung entsteht durch die besondere Verbindung der Wörter. Das kann zufällig geschehen, zum Beispiel im ungewöhnlichen Zusammentreffen lautlich ähnlicher Wörter oder im Zusammenstoßen von Wörtern und Sätzen, zwischen denen eine unvorhergesehene Bedeutungsbeziehung „aufblitzt". Das kann auch bewusst geschehen – wie gerade in der Lyrik. Die ästhetische Funktion der Sprache gilt natürlich auch für das Verstehen der Äußerung. Der Zuhörer kann sie wahrnehmen, seine Aufmerksamkeit auf das sprachliche Zeichen selbst, seine Merkmale, seinen Aufbau richten; auch das kann bewusst erfolgen oder es wirkt unbewusst.

Ästhetische Funktion von Sprache

Das bedeutet, dass die ästhetische Funktion der Sprache nicht eine besondere Zutat, sondern etwas Alltägliches ist, das sich zufällig ereignet, aber auch ausdrücklich gewählt werden kann. Auch für junge Kinder ist sie handhabbar, weil sie nicht abhängig ist von einem bewussten Gebrauch von Mitteln. Schon Kleinkinder freuen sich an Reimen, genießen Geschichten, wenn sie ihnen vorgelesen werden, erfinden selber Reime und erproben Lautmalereien.

Die ästhetische Sprachfunktion gehört zur anthropologischen „Ausstattung". Aber sie stellt sich nicht unter allen Umständen von selbst ein. In diesem Beitrag geht es darum, Bedingungen und Kontexte herauszustellen, die Möglichkeiten für diese Artikulation im Deutschunterricht eröffnen.

Welche Bedeutung kommt der ästhetischen Funktion der Sprache im Deutschunterricht der Grundschule zu? Sie ermöglicht ästhetische Erfahrungen mit und an ästhetischen Objekten, also in der Rezeption; und sie ermöglicht eigene ästhetische Gestaltungen.

Ästhetische Erfahrungen

83

Ästhetische Erfahrungen sind aber nicht an Sprache gebunden. Wenn mich zum Beispiel ein Bild betroffen macht, wenn mir beim Blick aus dem Fenster das Altbekannte in neuem Licht erscheint, wenn ich mich über ein Naturphänomen, das ich vielleicht im Vorübergehen wahrgenommen habe, verwundere, wenn eine Melodie, ein Klang Erinnerungen wachrufen, die mich festhalten, wenn ich im Film eine Begebenheit aus meiner eigenen Geschichte wiedererkenne, kann ich ästhetische Erfahrungen machen.

Ästhetische Bildung im Lernbereich Deutsch ist ohne ästhetische Erfahrung nicht möglich. Aufgabe des Deutschunterrichts ist zum einen, überhaupt ästhetische Erfahrungen anzubahnen, sie zu ermöglichen und „wahrzunehmen", zum anderen, Aufgaben und Kontexte zu schaffen, in denen die Grundschulkinder ästhetische Erfahrungen jeglicher Art sprachlich fassen können, sodass sie für die Lernenden selbst und für die Lerngruppe kommunizierbar werden.

Selbstwahrnehmung und -vergewisserung

Wichtig dabei ist weniger, ob die ästhetische Erfahrung durch die ästhetische Funktion von Sprache, durch ästhetische sprachliche Objekte ausgelöst ist oder durch andere. Wesentlicher Teil ästhetischer Bildung ist das „Innewerden" ästhetischer Erfahrung in sprachlicher Artikulation; sie gehört zur Selbstwahrnehmung und -vergewisserung. Inwiefern sie beim Sprechen und inwiefern sie beim Schreiben gefördert werden kann, diesen Fragen gilt der folgende Abschnitt. Dass dabei die ästhetische Funktion von Sprache ins Spiel kommt, ist keine notwendige Voraussetzung; aber sie ist bei der sprachlichen Artikulation ästhetischer Erfahrung häufig wirksam – erkennbar umso eher, je mehr man darauf achtet.

Ästhetische Dimensionen des Schriftspracherwerbs und der Sprachaneignung

Schulischer Schriftspracherwerb und die Erweiterung der Sprachaneignung in der Grundschule meinen hier die ganze Breite sprachlichen Lernens, das Lesen und Schreiben wie das Sprechen und Zuhören. Sie werden derzeit vorrangig im Hinblick auf kognitive und soziale Dimensionen betrachtet und behandelt. Aber das Ästhetische ist nicht eine zusätzliche Dimension, sondern durchdringt die anderen bzw. steht in einem Wechselverhältnis zu ihnen.

Phonologische Bewusstheit

So hat zum Beispiel die – derzeit viel besprochene – phonologische Bewusstheit als Voraussetzung für das Lesen- und Schreibenlernen (die Fähigkeit einzelne Laute zu segmentieren, die Fähigkeit zu reimen, Lautketten zu synthetisieren) eine ästhetische Dimension, nämlich im Spiel mit der Sprache Zeichenkombinationen zu finden, die nicht in erster Linie auf die lexikalische Bedeutung gerichtet sind. Kinder im Vorschulalter machen sich Formen der Kinderlyrik (Wildemann 2003) zu eigen, sie nehmen die Anregungen dazu auf und sie bilden selber solche Formen. Das lässt sich gerade im frühen Umgang mit Schrift beobachten: Wenn Vorschulkinder oder Schulanfängerinnen und -anfänger zum Beispiel gemeinsam auf einem leeren Blatt „schreiben", verändern sie häufig ihre Sprechweise. „Kannst du das schreiben? Elefant. Telefant. … E-L-E. … Bei mir steht Elefant. … Telefant. Pelefant. Ich will jetzt erstmal mit meine (!) Elefant fertig werden" (Dehn 2006, 81). Oder wenn sie beim Memory mit Schrift (auf der einen Karte des Paares steht auf der Rückseite das Wort) sich nicht nur lexikalisch, sondern auch Zeichen kombinierend mit dem Wort befassen: „Hubschrauber. Ein Hu:. Ein U. Hier nehm (!) den hier. Ne, da ist doch kein U bei. (Lachen) Hubschrauber. Schubschrauber. … U:. U:bschrauber. U:bschrauber. Hu:bschrau'ber (letzte Silbe betont)" (vgl. ebd., 93 ff.).

Was im Training und im Test (zur Prävention für sog. Risikokinder) kognitiv akzentuiert ist, kann im Spiel, insbesondere im Umgang mit Schrift, ästhetische Funktionen haben. Was macht den Unterschied aus? Einmal geht es um das Erlernen von Vorgegebenem, das aus seinen sprachlichen und sozialen Bezügen herausgelöst ist, es geht um richtig und falsch; das andere Mal geht es um Einfälle, um den Gebrauch dieser sprachlichen Funktion im Kontext. Richtig und falsch gibt es dabei nicht.

Spiel mit der Sprache

Schreiben der korrekten Form

Beim Schreiben der korrekten Form der (Druck-)Buchstaben stehen zumeist motorische und kognitive Aspekte im Vordergrund der Lehr-Lern-Prozesse. Ästhetische Aspekte können zum Tragen kommen, wenn die Wahrnehmung nicht nur visuell, sondern auch haptisch erfolgt, zum Beispiel anhand von Holzbuchstaben, die man anfassen, mit denen man Wörter legen (und Türme bauen) kann. Ästhetische Aspekte werden auch virulent, wenn die Kinder zum Gestalten eines (geschriebenen) Wortes angeregt werden, zum Beispiel ihres eigenen Namens für ein Heft zum Muttertag (vgl. Sjölin 1996).

Die Gestaltung des eigenen Namens

85

Abb. 1 und Abb. 2:
Der eigene Name (Klasse 1)

In solchen Schreibaufgaben vermischen sich Sprachliches und Bildnerisches. Das ist in mündlicher Rede so nicht möglich. Ästhetische Dimensionen der Schrift umfassen gleichermaßen sprachliche wie bildnerische Aspekte.

Text und Bild

Erfahrung von Differenz

Wenn Vorschulkindern und Schulanfängerinnen und -anfängern Geschichten vorgelesen werden, wenn sie später selber Geschichten, Bilder- und Kinderbücher lesen, erweitert das den Wortschatz und die (schriftsprachliche) Syntax. Aber nicht nur das: Indem sie sich beim Zuhören, beim Wahrnehmen des Gehörten, Situationen und Geschehnisse vorstellen, die Geschichte in ihrer Imagination zu inneren Bildern werden lassen, Empathie für die Figuren entwickeln (Hurrelmann 2003, Spinner 2002), gewinnen sie Möglichkeiten für ästhetische Erfahrung.[3] Dann nämlich, wenn das Gehörte nicht einfach nur angeeignet werden kann, sondern wenn es als Fremdes irritiert, wenn es Erinnerungen wachruft, Empfindungen weckt und sie in neuem Licht erscheinen lässt. „Das Fremde, als das uns der Text zunächst gegenübersteht, wird im ästhetischen Prozess gleichsam herübergesetzt in ein Eigenes. Indem ich seine Problemstellung, seine Stimmung usw. auslege, lege ich mich ja selbst aus" (Abraham 2000, 15). Das Fremde wird also nicht dem Eigenen anverwandelt, sondern entfaltet seine Wirkkraft gerade durch die Irritation, durch die Erfahrung von Differenz. Im Fremden ist es möglich, sich neu zu erfahren.

Solche Möglichkeiten für ästhetische Erfahrung sind allerdings nicht an Sprache gebunden. Auch im Bild, auch in den bewegten Bildern des Films, des Videos, des Computerspiels können Erinnerungen wach werden, Empfindungen auftauchen, die irritieren, fremd erscheinen.

Darin ähneln sich die Rezeption von Text und Bild als ästhetische Objekte. Sie unterscheiden sich voneinander in der Beziehung, die Wort und Bild in der Rezeption einnehmen. Voraussetzung dafür ist die Annahme, dass Text und Bild nicht etwas eindeutig Gegebenes sind, sondern im Vorgang des Lesens und Sehens aktualisiert werden. – Ich möchte hier ausdrücklich der weit verbreiteten Entgegensetzung von Text und Bild widersprechen. Das häufigste Argument für diese Entgegensetzung ist die These, das Bild habe einen höheren Bestimmtheitsgrad als der Text, sei deshalb mühelos aufzunehmen. –

Der Text ist – wie *Wolfgang Iser* sagt – „nur eine Partitur", die „im wandernden Blickpunkt des Lesers" erschlossen und gestaltet wird. Der Lesende verstrickt sich mit dem Text, indem er Erfahrungen erinnert, Vorstellungen ‚bildet‘ (Iser 1976, 177 f.). Beim Lesen des Textes ist das Bild also „die zentrale Kategorie der Vorstellung" (ebd.). **Text als Partitur**

Auch das Bild ist nicht etwas Eindeutiges, das Sehen ist ebenfalls ein Konstruktionsakt (siehe den Beitrag von I. Rentschler). Er ist umso vielschichtiger, je schneller die Bilder aufeinander folgen und je mehr Unbestimmtheit durch Schnitte entsteht. **Bildsehen als Konstruktionsakt**

Wie der Text beim Lesen innere Bilder erzeugt, so können mit der Bildwahrnehmung innere Verbalisierungen korrespondieren. Dazu aber braucht es Zeit. Wenn mit der Schnelligkeit der Bilder und ihrer inhaltlichen Macht schon im Kindesalter häufig Überforderungssituationen entstehen, könnten die inneren Verbalisierungen, die eigentlich für die Bildwahrnehmung als Teil kulturellen Lernens konstitutiv sind, rudimentär bleiben.

Für die bewegten Bilder des Films haben *Köppert* und *Spinner* (2003) gezeigt, wie differenzierte Wahrnehmungsfähigkeit und vertiefte Verarbeitung durch „imaginationsorientierte Verfahren" angeregt werden können. Auch Bilder provozieren innere Bilder, visuelle und andere Sinneswahrnehmungen. Gerade hier ist für die Artikulation ästhetischer Erfahrung die Verlangsamung – wie sie das Schreiben darstellt – wichtig. Übergänge zwischen Text und Bild, zwischen den Wahrnehmungen, Vorstellungen und dem schriftlichen (und auch dem bildnerischen) Ausdruck entstehen, wenn die subjektive Erlebniswelt der Lernenden auf die Struktur von Text und Bild als ästhetische Objekte trifft (vgl. Dehn et al. 2004).

Artikulation ästhetischer Erfahrungen beim Schreiben

Dem Schreiben als Möglichkeit für die Artikulation ästhetischer Erfahrung kommt so eine besondere Bedeutung zu. Es geschieht – im Vergleich zum Sprechen – ungleich langsamer. Es ist in viel stärkerem Maße als dieses explizit; das Geschriebene, die Formulierung tritt auch dem Schreiber selbst gegenüber: Er ist der erste Leser seines Textes, hat ihn als Produkt in der Hand, er kann ihn bedenken und verändern und über seinen Gebrauch bestimmen. Während das Sprechen unmittelbar situationsbezogen ist und zumeist spontan erfolgt, muss der, der schreibt, alle Bezüge (der Wörter zueinander, zum Kontext) ausdrücklich gestalten. Dabei muss er von der Situation, in der er sich gerade befindet, absehen. In dieser Abstraktion, diesem höheren Maß an Distanz und der größeren Bewusstheit bei der Formulierung entsteht eine andere Beziehung zur inneren Sprache als beim Sprechen, das von der augenblicklichen Interaktion bestimmt ist (vgl. ausführlicher Dehn 1999, 67 ff.). Zugleich wird mit dem Schreiben die Denkentwicklung entscheidend befördert – mit eben diesen Merkmalen.

Erzählen und Zuhören

Eine Form des Sprechens ist, was die Abstraktion von der Situation betrifft, dem Schreiben besonders ähnlich: das Erzählen und Zuhören. Das Heraustretenkönnen aus der Situation ist das eine, das Hereinholen des Vorgestellten das andere. Auch beim Erzählen und Zuhören ist – wie beim Lesen und Zuhören von Vorgelesenem – die Imagination konstitutiv.

Ästhetische Erfahrung kann sich auch in anderen ausdrücklich gestalteten Situationen artikulieren, zum Beispiel beim kindlichen Rollenspiel. Hier wird das Als-ob ausdrücklich benannt: „Du bist jetzt wohl die Mutter". Das Imaginieren als Denken in Bildern vollzieht sich auch beim „Szenischen Interpretieren", beim Formen von Standbildern zu Gelesenem und Gehörtem oder natürlich beim Theaterspielen.

An das Subjekt gebunden Ästhetische Dimensionen des Schriftspracherwerbs und der Sprachaneignung sind also zum einen dadurch gekennzeichnet, dass sie stets auf das Engste an das Subjekt gebunden sind. Das gilt gleichermaßen für ästhetische Erfahrung wie für die Artikulation ästhetischer Erfahrung. Das Subjekt tritt zu sich selbst, seiner Lebensgeschichte, seinen Erinnerungen in Beziehung und gewinnt – in Einfällen und Empfindungen, die sich überfallartig ereignen – eine Form von Selbst-Bewusstheit oder auch Vergewisserung, die oft als Glücksmoment erlebt wird.

Manchmal aber sind Irritation und Fremdheit auch so stark, dass sie schwer auszuhalten sind, und im Schreiben, im bildnerischen Gestalten, im Sprechen nach Ausgleich verlangen. Auch dann kann die eigene „Symbolisierungsfähigkeit" erfahren werden als „produktiver Umgang mit den bisher erworbenen Anteilen des Selbst. ... Ästhetische Erfahrung ist also auch, was sich einstellt, wenn ein individueller

Darstellungsimpuls sich zu den Darstellungserfahrungen anderer ins Verhältnis setzt" (Mollenhauer 1996, 254 f.).

Ästhetische Erfahrung und Artikulation ästhetischer Erfahrung sind an Inhalte und Formen gebunden, die für das Subjekt bedeutsam sind. Das setzt voraus, dass die Komplexität von Objekten und Prozessen im Unterricht nicht portioniert wird (siehe Motto dieses Beitrags).

Komplexität von Inhalten und Formen erhalten

Ästhetische Dimensionen des Schriftspracherwerbs und der Sprachaneignung sind zum anderen dadurch gekennzeichnet, dass sie nicht einfach in Gegensatz zu kognitiven Aspekten des Lernens stehen, sondern diese integrieren und umfassen.[4]

Ästhetische Zugänge und Gestaltungsprinzipien des Unterrichts: Thematisieren und Formulieren

Unmittelbar und direkt kann Unterricht nicht Einfluss nehmen auf ästhetische Erfahrung als zentrales Moment ästhetischer Bildung. Aber er kann Möglichkeiten dafür eröffnen und achtsam sein auf die Artikulation ästhetischer Erfahrung, wann immer sie erkennbar ist. Ästhetische Bildung ist auf Objekte angewiesen, auf Artikulation und Austausch. Sie ereignet sich nicht von allein, aus sich heraus.

Objekte, Artikulation, Austausch

Unterricht kann Inhalte bereitstellen, die für die Lernenden subjektiv bedeutsam sind oder es im Unterricht werden. Dazu gehören ästhetische Objekte der kulturellen Tradition, für die Grundschule also zum Beispiel Sagen, Mythen, Märchen, Gedichte (nicht nur Kinderlyrik), Gemälde; aber auch Bilder- und Kinderbücher, gerade wenn sie fremd und irritierend sind. Die bloße Reproduktion kindlicher Lebenswelt wird eher selten ästhetische Erfahrung freisetzen.

Komplexität der Inhalte

Aber darüber hinaus sollten auch Inhalte zugelassen werden, die eigentlich nicht Gegenstände schulischer Unterweisung sind, in der Lebenswelt vieler Kinder jedoch eine große Rolle spielen: die Geschichten und Figuren aus Fernsehen, Film und Computer, also Objekte der Populärkultur. Gerade Kinder, denen Schrift aus ihrer häuslichen Umgebung nicht vertraut geworden ist, nehmen Aufgaben, darüber etwas zu Papier zu bringen, gern (manchmal mit Leidenschaft) an und finden auf diese Weise einen Zugang zu Schrift, zu Schreiben und Lesen (vgl. Dehn u. a. 2004, 16 ff., 62 ff.).[5]

Dieser Anspruch an die Inhalte ist in der Regel auch ein Anspruch an Komplexität. Sie kann bestimmt werden im Hinblick auf die „generativen Kerne" der Vorgabe, also Figurenkonstellationen und Bedeutungsmuster, die Vorstellungen und Imaginationen erzeugen können – gerade auch als Widerstand gegen eigene Erfahrungen. Es ist nicht leicht, Vorgaben und Objekte für die Grundschule zu finden, die diesem Kriterium gerecht werden, weil vieles – besonders was eigens für Anfänger präpariert ist – auf Einfachheit der Inhalte und Mittel, auf Linearität, statt auf Komplexität gerichtet ist, wohl weil man den kognitiven Fähigkeiten der Kinder nicht mehr zutraut.

Auswahl-möglichkeiten für die Kinder

Da ästhetische Erfahrung und ihre Artikulation nicht planbar und einfach herstellbar sind, müssen die Kinder Auswahlmöglichkeiten haben; das heißt zunächst einmal, zu einer Geschichte einen Aspekt des Interesses selber bestimmen, sich für eine Perspektive, eine Figur entscheiden können; oder zwischen Bildern, zu denen sie schreiben sollen, wählen können.

Das heißt sodann, dass sie aus der Vorgabe etwas thematisieren. Thematisieren ist generell ein notwendiger Vorgang, um aus der Fülle der Eindrücke, Wahrnehmungen und Vorstellungen etwas in den Brennpunkt der Aufmerksamkeit zu rücken. In unserem Zusammenhang bedeutet Thematisieren, zu einer Geschichte, einem Bild, einem Film, für sich einen Fokus zu bestimmen, eine Zentrierung und Konzentrierung aus einem Deutungsbedürfnis oder aus einem Ausdruckswunsch heraus. Dieser Vorgang des Auswählens ist eher ein analoger Vorgang als ein diskursiver. Er setzt – zumindest am Anfang – als Denken in Bildern eher Vorstellungen in Gang, als dass er analytisch bewusst wäre und sprachlich begründet werden könnte.

Das Thematisieren kann erleichtert werden, wenn die Aufgabe selbst als Bild gefasst ist: wenn zum Beispiel zu einer Geschichte auf den Arbeitsblättern unterschiedliche Szenen oder Figurenkonstellationen abgebildet sind; oder wenn die Kinder eine Kopie des Bildes, das sie ausgewählt haben, mit an ihren Platz nehmen können. Auf diese Weise wird das Thematisieren „materialisiert". Die visuelle Präsenz des Objekts ist wichtig, damit Erfahrungen, Erinnerungen, Assoziationen, Einfälle, Ideen beim Schreiben virulent bleiben.

Formulieren als Aufgabe

Die Aufgabenstellung ist dann auf das Formulieren gerichtet. Damit ist in erster Linie die sprachliche Formulierung gemeint (es kann aber auch die bildnerische Arbeit sein), die nun den Eindruck fasst, das Wechselverhältnis von Wahrnehmung und Imagination bei der Begegnung mit dem ästhetischen Objekt in eine Form bringt und kommunizierbar macht – eine Voraussetzung auch für Selbstreflexion.

90

Eine solche Aufgabenstellung ist zum Beispiel – gerade für den Anfang der Grundschulzeit:

Du hast jetzt die Geschichte von ... gehört / gelesen.
Überlege, was dir wichtig ist. Schreibe es auf.
Oder:
Such dir ein Bild aus. Schreibe auf, was du siehst und was du denkst.

Entgegen einem schulischen Alltagsverständnis ist es durchaus nicht so, dass die schulleistungsschwachen Schülerinnen und Schüler mit einer solchen Aufgabe besondere Schwierigkeiten hätten; im Gegenteil, indem sie bei sich beginnen können, kann das Schreiben (und das Gestalten) zum Motor des Lernens werden.

Wichtig ist, dass diese didaktische Konstruktion in sich stimmig bleibt, das Denken in Bildern, das Bei-sich-Beginnen sich auch entfalten kann. Das heißt, dass darauf verzichtet wird, zunächst einmal zu besprechen, was an der Geschichte denn alles wichtig sein könnte, wie sich die eine Episode zur anderen verhält oder was es auf dem Bild alles zu sehen gibt. Damit würde der Fokus der Kinder auf die Wiedergabe, auf das Erreichen eines bestimmten Ziels, und zwar analytisch, gerichtet. Gerade der Freiraum kann Spielraum für die Artikulation (quasi) ästhetischer Erfahrung werden.

Unverzichtbar ist dafür allerdings, dass der Freiraum auch genutzt werden kann, rein beschreibend oder auch argumentierend zu formulieren oder auch bloß zu wiederholen, was in der Geschichte gesagt ist, also das Selbst als ästhetisches Subjekt gerade nicht erkennbar werden zu lassen.[6] Ein irgendwie gearteter (leiser) Zwang zur Artikulation ästhetischer Erfahrung wäre für ästhetische Bildung kontraproduktiv.

Ästhetische Erfahrung stellt sich vermutlich vor allem in Erstbegegnungen ein. Unterricht kann dem durch Komplexität der Objekte und Rezeptions- und Produktionsformen entsprechen – hier als Thematisieren und Formulieren bestimmt. Aber Unterricht muss auch darüber hinausgehen, auf Entfaltung und Ausarbeitung gerichtet sein und zugleich achtsam, dass mit größeren analytischen Ansprüchen – wie zum Beispiel beim Überarbeiten – ästhetische Erfahrung transformiert, aber nicht nivelliert wird.

Erstbegegnung und Ausarbeitung

Das kann – behutsam – im Anfangsunterricht geschehen, wenn die Kinder ihre Produkte den Mitschülerinnen und Mitschülern zeigen, wenn sie sehen und lesen, was diese hervorgebracht haben, dabei wieder eigene Ideen entwickeln und formulieren. Wenn das Selbst als Bezugspunkt für ästhetische Bildung so wichtig ist, bedeutet das, dass die Kinder angehalten werden, ihre Arbeiten so zu differenzieren und auszuarbeiten (in Wort oder Bild), dass sie das kundtun, was sie meinen. (Das ist eine andere Bezugsnorm als etwa die Norm einer Textsorte – und sicher nicht einfacher als diese in der unterrichtlichen Arbeit zu vermitteln.) Ein für die Lernenden konkretes Ziel dieser Anstrengung ist die Präsentation ihrer Produkte – vor der Klasse, den Eltern, als Ausstellung im Schulgebäude, als Beitrag für die Schülerzeitung.

Praxisbeispiele

(1) Lehrererzählung „Turm zu Babel":
Gedanken formulieren – eine Perspektive finden

Märchen, Sagen, Mythen

Märchen, Sagen und Mythen können den Kindern schon im Anfangsunterricht nahegebracht werden: als Lehrererzählung oder als vorgelesene Geschichten. Später können die Kinder sie auch selbst lesen. Aber gerade die Lehrererzählung kann die Begegnung intensivieren.

Im Mai von Klasse 1 hat die Lehrerin (*Irmtraud Schnelle*) die Geschichte vom „Turm zu Babel" erzählt.[7] Sie hat anschließend auch das Bild von *Brueghel* gezeigt. Beides haben die Kinder mit spontanen Äußerungen begleitet; aber es findet zu diesem Zeitpunkt kein Unterrichtsgespräch statt. Die Aufgabe: „Heute sollst du dir Gedanken machen über den Turm zu Babel, deine Gedanken aufschreiben." Etwa 30 Minuten lang brauchen die Kinder zum Schreiben.

> *Warum ist das so groß?*
> *Weil das im Himmel ankommen will.*
> *Warum ist der Turm so groß?*
> *Bis zum Himmel.*　　　　　*Mohamed*

> *Der Turm zu Babel war ein gewaltiger Turm.*
> *Die Arbeiter schafften Gold heran,*
> *um den Turm zu schmücken.*
> *Werkzeug mussten sie erfinden*
> *und einen Ofen mussten sie erfinden,*
> *wo sie die Steine in die Form gekriegt haben.*　　*Tom*

Alle vier Kinder thematisieren zwar die Größe des Turms, aber sie formulieren das auf ganz unterschiedliche Weise. Deborah benennt das als Teil 1 ihrer Gedanken so: „der größte der Welt". Lia beschreibt in einem einzigen langen Satzgefüge, wie der Turm „bis in das Weltall (stößt) und unendlich". Tom stellt ihn als „gewaltigen Turm" vor und beschreibt dann die Arbeit. Mohamed formuliert es als Frage, gibt eine Antwort („weil das im Himmel ankommen will") und wiederholt die Frage – offenbar ist die Antwort, die er gefunden hat, doch unzureichend. Deborah und Lia thematisieren auch das Scheitern des Vorhabens, und Deborah erklärt – als Teil 3 ihrer Gedanken – den Namen der Stadt.

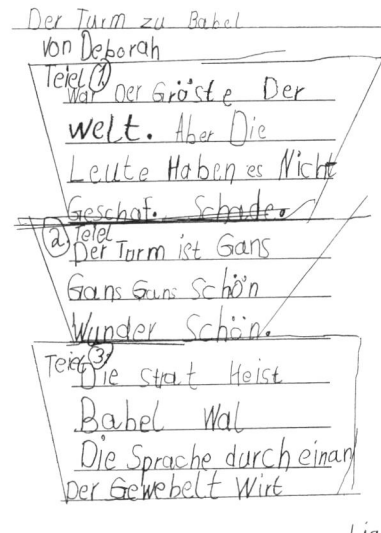

Lia

Sprachlich und gestalterisch sind diese Formulierungen außergewöhnlich für den Zeitpunkt am Ende von Klasse 1 (8 von 23 Kindern haben eine andere Herkunftssprache). Man kann spüren, dass die Erzählung der Lehrerin die Kinder bewegt hat, dass sie Bilder und Empfindungen hat entstehen lassen: Emphatisch sucht Lia das Unerhörte zu fassen (in der rhetorischen Form der Klimax), sie hält ihre Satzkonstruktion nicht ganz durch (und unendlich). Mit der auch grafischen Einteilung in Abschnitte sucht Deborah der Fülle Herr zu werden. Mohamed ist „sprachlos", kann seine Frage doch nicht beantworten. Und Tom akzentuiert die Leistung der Arbeiter in der sprachlichen Form der Inversion (nicht das Subjekt, sondern das Objekt – Werkzeug, Ofen – steht am Satzanfang).

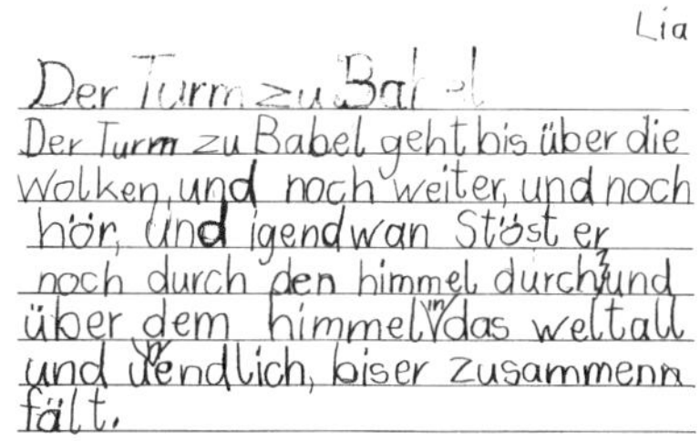

Abb. 3 (oben):
Deborah
(Mai; Klasse 1)

Abb. 4 (unten):
Lia
(Mai; Klasse 1)

Die Entwürfe der Kinder werden an der Tafel aufgehängt (mit Magneten). In der Abschlussrunde dieses Schultags liest die Lehrerin die Texte vor und kommentiert ihr eigenes Verständnis davon.

An einem anderen Tag gestalten die Schülerinnen und Schüler ihre Vorstellung von dem Turm bildnerisch. Alle möchten gern eine Kopie des Bildes von Brueghel. Die Lehrerin schreibt die Texte der Kinder am Computer ab, klebt die Texte und die Bilder der Kinder und auch die Kunstpostkarte des Brueghel-Bildes auf Karton. Am Elternabend wird das präsentiert, später noch in der Schule ausgehängt.

Zuerst schreiben, dann bildnerisch gestalten

In Klasse 3 werden Geschichte und Gemälde noch einmal Unterrichtsgegenstand. Diesmal geht es um die Auseinandersetzung mit der Geschichte von einem bestimmten Standpunkt aus. Dabei rückt das Gemälde als Schreibanlass ins Zentrum: Die Kinder können Bildausschnitte[8] wählen und mit Hilfe folgender Impulse dazu schreiben:

Du kennst die Geschichte vom „Turm zu Babel" und auch das Bild von Pieter Brueghel. Schreibe zum „Turm zu Babel". Stell dir vor, du gehst in das Bild hinein.

- Du bist in der Stadt und beobachtest das Geschehen von da aus.
- Du bist bei den Steinmetzen und erlebst das Geschehen mit ihnen.
- Du bist bei dem König und beobachtest das Geschehen von dort aus.
- Du bist bei den Bauarbeitern. Wie erleben sie den Turmbau?

(2) Gemälde „Der Tiger" (Franz Marc): Einen Einfall formulieren – die Formulierung zu einer Bildvorstellung erweitern

Affekte auslösende Bilder

Bilder, die für das Formulieren geeignet sind, sollten Gefühle wecken, also den Betrachter abstoßen oder anziehen; sie sollten etwas enthalten, was auf den ersten und vielleicht auch auf den zweiten Blick unerklärlich ist, befremdlich wirkt. Da es darum geht, einen Einfall in Worte zu fassen, sind Bilder, die etwas erzählen, also den Betrachter zu einer Geschichte bewegen (wie der „Turmbau zu Babel"), für diese Unterrichtsaufgabe weniger geeignet. Wir haben sie in Klasse 4 erprobt, sie ist sicher auch für Klasse 5 und 6 geeignet (vgl. Dehn 1999, 190 ff.; vgl. Dehn 2000).

Die Aufgabe, etwas zu einem Bild zu formulieren, wird abgesetzt gegenüber dem, was die Schülerinnen und Schüler sonst beim Schreiben gewohnt sind.

Jetzt schreibt ihr ja schon viel längere Texte. Heute möchte ich euch eine Aufgabe geben, bei der es auf das Wort ankommt. Diesmal geht es nicht um einen Text als ganzen, sondern um einzelne Formulierungen, einen Satz oder zwei. – Ich zeige euch gleich ein Bild. Ihr sollt überlegen, was euch einfällt, überlegen, wozu ihr etwas formulieren möchtet – nachher könnt ihr unter verschiedenen Bildern wählen. – Es gibt viele verschiedene Möglichkeiten, etwas zu formulieren und aufzuschreiben. Das können auch nur ein paar Worte sein. Aber: Genau das, was ihr sagen wollt. Dann wählt ihr aus, was euch von euren Sätzen am besten gefällt. Das heftet ihr an die Tafel; da könnt ihr lesen, was die anderen geschrieben haben, und dabei fällt euch vielleicht wieder etwas ein. Und so geht das weiter, sodass ihr am Schluss alle richtig zufrieden seid mit dem, was ihr geschrieben habt.

Dass das Bild erst im Anschluss an die Aufgabe gezeigt wird, ist ungewöhnlich. Wenn aber Spielraum für ästhetische Erfahrung und ihre

Artikulation geschaffen werden soll, ist es wichtig, das Pendeln zwischen Wahrnehmung und Imagination, zwischen Gedanke und Wort nicht durch eine nachträglich gestellte Aufgabe möglicherweise zu beeinträchtigen.

„Der Tiger" wird als Farbfolie oder Druck präsentiert. Dieses Bild und weitere vier bis fünf Bilder liegen als Kunstpostkarten (oder Farbkopien) für die Auswahl bereit.[9] Die Schülerinnen und Schüler können sie mit an ihren Schreibplatz nehmen. Ihren Einfall sollen sie auf kleine Zettel schreiben, sodass auch vom Schreibmaterial her klar ist, dass es „nur" um eine Formulierung geht.

Abb. 5:
Der Tiger
von Franz Marc
(1912)

> *Der Tiger sieht so aus,*
> *als wenn er im Gebüsch lauert*
> *und auf seine Beute wartet.*
> *Oder er sitzt in einer Höhle*
> *und bewacht was.*   *Rudi*

> *Das Bild ist ein besonderes Bild.*
> *Der Tiger, kann man sagen, dass er eingerollt ist.*
> *Aber das Schönste sind die Farben,*
> *die bunten Farben.*   *Jessica*

> *Der Tiger hat einen geheimnisvollen Blick.*
> *Er guckt, als ob er ein Geräusch gehört hat.*   *Anna*

95

Andere Kinder thematisieren die Formen des Bildes, so schreibt Kim „als ob der Tiger im Kristallberg lauert", Tanju schreibt von Puzzleteilen, Insa von Glas, Theresa von einer Eishöhle.

Das Verstehen von Sinn

Der erste Schritt ist also die Produktion mehrerer Formulierungen; der zweite der Austausch darüber; ein dritter Schritt ist die Auswahl einer Formulierung. Gut ist, wenn die Schülerinnen und Schüler auf der Rückseite des Zettels notieren, warum sie gerade diese Formulierung am besten finden. Der vierte Schritt gilt dem Austausch über das Bild und der Analyse der Formulierungen: sie werden nach ihren inhaltlichen Schwerpunkten geordnet, also zu Gruppen zusammengestellt.

Der letzte Schritt gilt schließlich der Erweiterung der Formulierung zu einer „Bildvorstellung". Wir haben diesen Begriff in Analogie zur „Buchvorstellung" gewählt:

Was musst du noch schreiben, damit der, der deinen Text liest, das Bild vor seinem inneren Auge sieht – so wie du es siehst? Was du schreibst, muss man im Bild wiederfinden können. Du sollst es ja vorstellen.

Für die Bildvorstellung wählen die Schülerinnen und Schüler eine Formulierung aus, das ist nicht immer ihre eigene. Viele Schülerinnen und Schüler notieren ihre Bildvorstellung als Erzählung. Für das Gespräch über die Schülertexte sind die Kriterien benannt: die Subjektivität des Eindrucks (wie du es siehst) und die Notwendigkeit, ihn im Bild wiederfinden zu können. Es wird jeweils auch thematisiert, wie die Formulierung in die Bildvorstellung integriert ist, als Einleitungs- oder Schlusssatz oder als Höhepunkt des Textes – oder wie das „Zwischen-den-Zeilen-Stehen" bestimmt werden kann.

Diese Form der analytischen Betrachtung ist für Grundschülerinnen und -schüler nicht einfach. Aber sie erfolgt hier operativ und der personale Akzent bleibt Grundlage der Orientierung. Nicht um richtig oder falsch geht es, sondern um das Verstehen von Sinn – und wie er zustande kommt.

(3) Bilderbuch „Rosalind das Katzenkind": Projektion für Erfahrung – multimediale Konfliktbearbeitung

Unterschiedliche Perspektiven auf die Geschichte

Wie für das Ausarbeiten von Erfahrungen in der Abfolge der Unterrichtsschritte der Wechsel des Mediums produktiv werden kann, zeigt das folgende Beispiel anhand eines Bilderbuchs. Wichtig ist, dass die Vorgabe nicht eindeutig (zu bewerten) ist, dass unterschiedliche Perspektiven auf die Geschichte nahegelegt sind, dass es „generative Kerne" gibt.

Abb. 6:
Rosalinds
Auszug
(Wilkoń und
Wilkoń 1989)

Das Bilderbuch „Rosalind das Katzenkind" von Piotr und Józef Wilkoń (1989) erfüllt diese Bedingungen, weil es in Wort und Bild vielfältige Problemkonstellationen zeigt, denen sich niemand entziehen kann: Es geht um den Konflikt zwischen der traditionsbewussten Katzenfamilie – die Ahnen in den Rahmen an der Wand und im Innendeckel machen den damit verbundenen Anspruch augenfällig – und Rosalind, die nicht wie ihre vier Geschwister tiefschwarzes, kohlrabenschwarzes, sondern rotes Fell hat und die sich auch nicht so benimmt, wie man es von Katzen erwarten darf: Sie spielt mit Mäusen, trinkt Tee statt Milch und schläft sogar bei dem Hund. An dieser Stelle eskaliert der Konflikt, und die Mutter stellt Rosalind zur Rede: „Du bringst unser ganzes Haus in Verruf! Wie kannst du dich bloß mit einem Hund anfreunden?" „Mama", sagte darauf Rosalind, „lass mich bitte gehen. Ich will mein Leben selbst bestimmen." „Aber ich liebe dich doch!", rief Frau Karolina. „Bleib bei uns, aber benimm dich anders!" „Ich muss gehen", beharrte Rosalind.

Die Vielschichtigkeit der Problemkonstellation erscheint nicht nur im Text, sondern auch im Bild. So sind auf dem Einband die Eltern zu sehen, auch auf den ersten Seiten stehen sie und die vier schwarzen Geschwister im Vordergrund. Rosalind tritt im Bild zunächst nur am Rande auf und ist mit ihrer Farbe doch sehr markant.

Das Buch legt Identifikationsprozesse mit unterschiedlichen Figuren nahe. Die einen erleben beim Vorlesen der Geschichte und beim Anschauen der Bilder das Geschehen aus der Perspektive der Eltern

Abb. 7 (oben):
Rosalind und Kasimir

Abb. 8 (rechts):
Rosalind tanzt mit Mäusen

und Geschwister, die anderen aus der von Rosalind. Insofern gibt das Bilderbuch Anreiz für die Erinnerung und Spiegelung eigener Erfahrung. Alle Kinder haben mit Anderssein, Ausgrenzung und dem Anspruch der Anpassung schon Erfahrungen gemacht. Erprobt sind die folgenden Aufgabenstellungen von Klasse 1–6.[10]

Projektion eigener Erfahrung

Nach dem Vorlesen und Zeigen der Bilder ist die erste Aufgabe auf die individuelle Auseinandersetzung mit der Geschichte und die Projektion eigener Erfahrung angelegt – aber sie kann auch als Beschreibung oder Wiederholung bearbeitet werden. Drei Situationen sind als Bildkopien zur Wahl gestellt: die erste Begegnung zwischen Vater und Rosalind (Abb. 7), Rosalind tanzt mit den Mäusen (Abb. 8), Rosalinds Auszug (Abb. 6):

• Suche dir ein Bild aus und schreibe auf, was dir wichtig ist.
  Hier müssen die Kinder also selbst etwas aus der Geschichte thematisieren und es notieren.
• Was denkt Rosalind? – Was denkt der Vater? – Was denkt die Mutter? – Was denken die Geschwister?
  Bei der zweiten Aufgabe wird die Aufmerksamkeit auf unterschiedliche Perspektiven gerichtet, aus der die Schülerinnen und Schüler sich für eine entscheiden und wieder ein Schreibblatt mit der entsprechenden Figur(enkonstellation) auswählen können.

Wenn im Unterrichtsgespräch sodann die verschiedenen Standpunkte, die die Kinder formuliert haben, zur Sprache kommen, erfährt jedes einzelne auch die Relativität seiner Einstellung. Die einfache Identifikation kann damit irritiert werden. Perspektivenwechsel und Distanzierung liegen Kindern in der Grundschule zwar nicht von sich aus nahe, können aber im Unterricht angebahnt werden.

**Perspektiven-
wechsel und
Distanzierung**

Mit der Präsentation der „Ahnengalerie" (Abb. 9), einer Montage der Ahnenbilder aus Wilkoń und Wilkoń (1989) wird die Perspektive auf den Konflikt noch einmal erweitert. Durch die Anschauung ist der Begriff (Ahnen) klar und bedarf keiner Erläuterung. Diese Präsentation löst spontane Reaktionen der Kinder (auf diese ästhetische Erfahrung?) aus.

• Was denken die Ahnen?
• Such dir einen Ahnen aus.
• Gib ihm einen Namen.
• Lass ihn sagen, was er denkt.

Mit dieser multimedialen Konfliktbearbeitung (die technisch am Bildschirm und mit dem dort angeschlossenen Mikrofon der Unterstützung durch Lehrer und Lehrerin bedarf, siehe Anm. 10) eröffnen sich weite Erfahrungsmöglichkeiten: noch einmal eine neue Position finden und formulieren; im Medium des Mündlichen etwas äußern, das in der Distanz der Sprechsituation eher konzeptionell schriftlich ist (sodass es für viele Kinder auch angeraten ist, probehalber aufzuschreiben, was sie sagen wollen), das man wiederholen und dabei verändern kann; vor allem aber bei der Präsentation die eigene Stimme als Stimme des gewählten Bildes ihres Ahnen zu „sehen" und zu hören (beim Abspielen von Bild und Ton im Computer) – gewiss eine neue mediale Erfahrung, vielleicht auch eine ästhetische.

„Chor der Ahnen"– multimediale Konflikt- bearbeitung

Der letzte Unterrichtsschritt ist das Zusammenfügen aller Arbeiten der Klasse (also die Auswahl aus der Galerie, mit je spezifischem Namen und individueller Äußerung) als „Chor der Ahnen". Wer den Chor der Ahnen in seiner Klasse gehört hat, kennt nicht nur andere Urteile, er hat sie auch erfahren und kann sie mit sich tragen.

Wie schon Kinder einer 2. Klasse (aus Hamburg Wilhelmsburg, mit mehr als 70 % Kindern, die Deutsch als Zweitsprache sprechen) die Möglichkeit zur Variation der Perspektiven nutzen, zeigen die beiden folgenden Beispiele:

	Schreibe auf, was dir wichtig ist.	Was denken die Geschwister?	Was sagt der/die Ahne? (gesprochen)
Skalde (m)	Aber Rosalind, ich liebe dich doch. Aber benimm dich doch. Nein, ich muss gehen, ich bestimme über mein eigenes Leben. Rosalind will gehen, weil sie nicht das machen will, was ihre Geschwister machen.	Warum will Rosalind nicht mit uns schlafen? Warum ist Rosalinds Fell rot? Warum geht Rosalind beim Spazieren immer hinten? Das wundert uns.	Großvater Maxi: „Oh weh, oh weh, Rosalind ruiniert mich, die tut ganz andere Sachen als meine anderen Kinder."
	Schreibe auf, was dir wichtig ist.	Was denkt Rosalind?	Was sagt der/die Ahne? (gesprochen)
Mukadder (w)	Die Rosalind, sie schläft bei dem Hund. Die anderen Katzen gucken alle, haben Angst. Ihr Fell ist orange.	Die Rosalind, sie denkt, sie will ihre Freiheit. Meine Familie ist anders als ich. Ihr Fell ist schwarz. Ich will bei Punky schlafen und nicht bei meinen Geschwistern.	Tante Fritzi: „Ich finde Rosalind, sie ist ganz süß und sie ist ganz in Ordnung, dass sie alles alleine macht und auch ganz viele Freunde hat und auch Hundefreunde hat und auch Mäusefreunde hat, und ich finde, Rosalind ist ganz in Ordnung."

Diese multimediale Konfliktbearbeitung eröffnet in der Gleichzeitigkeit des Erlebens mehr Möglichkeiten für ästhetische Erfahrung als Reflexivität – als die analoge Form (Ahnengalerie als Klebebild, Kommentare vom Kassettenrekorder).

Bei einem anderen Projekt sind wir den umgekehrten Weg gegangen: vom Spielen eines Adventures am Computer zur Kultivierung dieses Spiels beim Schreiben (siehe dazu Dehn et al. 2004, 39 ff.).

Ästhetische Bildung ist ohne Begegnung mit ästhetischen Objekten nicht denkbar. Aber sie reicht nicht aus. Konstitutiv für ästhetische Bildung ist ästhetische Erfahrung. Sie ist flüchtig, geschieht überfallartig, drängt nach Artikulation, nach Sinnbildung. Ästhetische Erfahrung steht nicht in Gegensatz zu kognitiven Aspekten des Lernens, sondern sie integriert und umfasst diese. Ob Lernende ästhetische Erfahrungen machen, lässt sich an ihren Arbeiten nur selten sicher erkennen. Aber es lassen sich Indizien finden für die Art, wie sie – vor allem beim Schreiben – „thematisieren und formulieren".

Ästhetische Erfahrung integriert kognitive Aspekte des Lernens

Anmerkungen

[1] Vgl. zur Kennzeichnung der Sprachfunktionen Bühler 1934/1965, 28 ff.

[2] Verschiedene Autoren haben Bühlers Modell der Sprachfunktionen ergänzt. So spricht Roman Jakobson (1970, 151 ff.) von der poetischen Funktion der Sprache; Johannes Anderegg (1985, 70 ff.) setzt die „instrumentelle" Funktion der Sprache von der „medialen" im Prozess der Sinnbildung ab; Jan Mukařovský (1967, 47 ff.) spricht direkt von der „ästhetischen" Funktion der Sprache. Die Autoren setzen zwar unterschiedliche Akzente, haben aber einen gemeinsamen Fokus. Ich beziehe mich auf alle drei Autoren.

[3] Diese unterschiedlichen Aspekte von Schrift habe ich in dem Begriffspaar Literalität und Literarität zu fassen gesucht; siehe ausführlich Dehn 1999, 33–88.

[4] Dafür steht der Begriff der „ästhetischen Rationalität" (vgl. Otto 1991; siehe auch Welsch 1990).

[5] Vgl. dazu auch die Befunde von Bertschi-Kaufmann (2000): In einer Langzeitstudie hat sie 3500 Texte von zwei Gruppen von Kindern untersucht (Klasse 2–5). Die eine Gruppe (92 Kinder aus 5 Klassen) hatte ausschließlich Printmedien zur Verfügung und hat dazu Lesetagebücher verfasst; der anderen (109 Kinder aus 7 Klassen) standen dafür auch CD-ROMs, also „Living Books", zur Verfügung. Das Ergebnis zeigt, dass „innerhalb von Lernarrangements, welche Lektüren in medialer Vielfalt anbieten, ... der Umgang mit Schrift insgesamt stärker angeregt wird" (223). Das gilt insbesondere für die Jungen. Sie lesen mehr Bücher, schreiben längere Texte, mehr Erzählungen, wenn sie neben den Printtexten auch Living-Books lesen (und spielen) können. – Damit eröffnen sie sich dann auch vielfältigere Möglichkeiten für ästhetische Bildung.

[6] Bei der Auswertung von mehr als 3000 Schülertexten kommt bloße Wiederholung als Imitation kaum vor. Vgl. Dehn 1999, 115, 159 ff. Auch Mollenhauer kommt in seiner Studie zur Produktion von Improvisationen und Bildern (nach Vorgaben aus der Musik und aus der Bildenden Kunst) zu diesem Ergebnis (1996, 254).

[7] Die Lehrererzählung (wörtlich) und sämtliche Kinderarbeiten finden Sie in: Dehn 1999, 159–167.

[8] Sie sind abgedruckt in „Die Grundschulzeitschrift", Heft 132/2000, 28–31.

[9] Bei unseren Erprobungen haben sich als besonders geeignet erwiesen: Die Mutter des Künstlers (Albrecht Dürer, 1514); Das Eismeer (Die gescheiterte Hoffnung; Caspar David Friedrich, 1823); Vincents Stuhl (Vincent van Gogh, 1888); Mädchen mit verschränkten Armen (Paula Modersohn-Becker, 1903); Die gelbe Kuh (Franz Marc, 1911).

[10] Dieses Praxisbeispiel ist im Rahmen des BLK-Programms „Kulturelle Bildung im Medienzeitalter" in sechs Grundschulklassen und zwei Förderschulklassen erprobt. Vgl. Dehn (2004, 105 ff.) Vorlagen für die Schreibaufgaben (Situationen, Figurenkonstellationen und die „Ahnengalerie" finden Sie dort auf CD-ROM und im Internet unter www.schwimmen-lernenimnetz.de.

Literatur

Abraham, U.: Das a/Andere w/Wahrnehmen. Über den Beitrag von Literaturgebrauch und literarischem Lernen zur ästhetischen Bildung (nicht nur) im Deutschunterricht. Mitteilungen des Deutschen Germanistenverbandes H. 1 (2000), 10–22.

Anderegg, J.: Sprache und Verwandlung. Zur literarischen Ästhetik. Göttingen 1985.

Bertschi-Kaufmann, A.: Lesen und Schreiben in einer Medienumgebung. Aarau 2000.

Bühler, K.: Sprachtheorie. Die Darstellungsfunktion der Sprache. Stuttgart 2. Auflage 1965 (1934).

Dehn, M.: Auf Texte hin von Texten aus. Zu einem Bild schreiben. Praxis Deutsch Heft 161 (2000), 26–28 (und Farbfolien).

Dehn, M.: Texte und Kontexte. Schreiben als kulturelle Tätigkeit in der Grundschule. Berlin 1999.

Dehn, M.: Zeit für die Schrift. Lesen lernen und Schreiben können. Band I. Berlin 2006.

Dehn, M.; Hoffmann, T.; Lüth, O. & Peters, M.: Zwischen Text und Bild. Schreiben und Gestalten mit neuen Medien. Freiburg 2004.

Hurrelmann, B.: Literarische Figuren. Wirklichkeit und Konstruktivität. Praxis Deutsch Heft 177 (2003), 4–12.

Iser, W.: Der Akt des Lesens. München 1976.

Jakobson, R.: Linguistik und Poetik. In: Iwe, J. (Hrsg.): Literaturwissenschaft und Linguistik. Bd. II/1. Frankfurt 1970.

Köppert, C. & Spinner, K.: Filmdidaktik: Imaginationsorientierte Verfahren zu bewegten Bildern. In: Deubel, V./Kiefer, K. H. (Hrsg.): MedienBildung im Umbruch. Lehren und Lernen im Kontext der Neuen Medien. Bielefeld 2003, 59–73.

Mollenhauer, K.: Grundfragen ästhetischer Bildung. Weinheim 1996.

Mukarovský, J.: Kapitel aus der Poetik. Frankfurt 1967.

Otto, G.: Ästhetische Rationalität. In: Zacharias, W. (Hrsg.): Schöne Aussichten? Ästhetische Bildung in einer technisch-medialen Welt. Essen 1991, 145–161.

Otto, G.: Lernen und ästhetische Erfahrung. In: Koch, L.; Marotzki, W. & Peukert, H. (Hrsg.): Pädagogik und Ästhetik. Weinheim 1994, 145–159.

Sjölin, A.: Schrift als Geste. Wort und Bild in Kinderarbeiten. Neuwied 1996.

Spinner, K. H. (Hrsg.): SynÄsthetische Bildung in der Grundschule. Eine Handreichung für den Unterricht. Donauwörth 2002.

Welsch, W.: Ästhetisches Denken. Stuttgart 1990.

Wildemann, A.: Kinderlyrik im Vorschulalter. Kinder zwischen Mündlichkeit und Schriftlichkeit. Frankfurt 2003.

Wilkoń, P. & Wilkoń, J.: Rosalind das Katzenkind. Zürich (Bohem Press) 1989.

Friederike Klippel

Fremdsprachliche Bildung durch Geschichten

Fremdsprachenunterricht ist an deutschen Grundschulen kein Novum mehr. Seit den neunziger Jahren des 20. Jahrhunderts ist er in fast allen Bundesländern ein selbstverständlicher Teil der Grundschulerziehung. In der Regel setzt er in Klasse 3 ein; zunehmend erfolgt die Begegnung mit Fremdsprachen jedoch auch schon früher. Jeder frühe Fremdsprachenunterricht muss in die übergreifenden Bildungsziele der Grundschule eingebunden sein und in altersgemäßer Weise die kognitive, affektive, soziale und ästhetische Entwicklung der Kinder fördern. Es geht also keineswegs ausschließlich darum, nur sprachliche Kompetenzen zu trainieren und stoffliches Wissen zu vermitteln.

Gerade die intensive Begegnung mit dem Fremden, mit fremden Sprachlauten und Äußerungsmustern, mit anderen kulturellen Erfahrungen und Werten, mit neuen Texten und Themen ist von hoher erzieherischer Wirkung, denn durch sie können die eigene Sprache, die eigenkulturellen Prägungen und das als „normal" empfundene Verhalten im Vergleich erst richtig wahrgenommen werden. Dieser Prozess der Auseinandersetzung mit dem Anderen entfaltet bildende Wirkung, wenn sich der Unterricht sowohl um die Differenzerfahrungen als auch um das Entdecken von Ähnlichkeiten und Gemeinsamkeiten bemüht. Dabei steht außer Frage, dass die Realität deutscher Grundschulklassen für diese Prozesse konstitutiv ist, denn diese Realität ist eine mehrsprachige und multikulturelle. Kulturelle und sprachliche Verschiedenheit manifestieren sich in mehrfacher Hinsicht und vielfacher Abstufung.

Begegnung mit dem Fremden

Angesichts der in fast jeder Grundschulklasse anderen Ausgangssituation schafft die Beschäftigung mit einer für alle neuen und fremden Sprache, wie etwa dem Französischen oder Englischen, dem sprachlichen Bewusstwerden und der interkulturellen Sensibilisierung einen für alle Kinder ähnlich frischen Fokus. Oder, wie es bei *von Hentig* heißt, die Begegnung mit fremden Kulturen und einer Fremdsprache kann „die Person in ihrer Beziehung zur Welt stärken" (von Hentig 1996, 118). So fördert die Begegnung mit den Besonderheiten einer fremden Sprache auch Einsichten über die Muttersprache; Ähnlichkeiten und Unterschiede werden wahrgenommen. Daher gebührt dem Fremdsprachenunterricht ein fester Platz in einer auf ästhetische Bildung zielenden Grundschule.

Fremdsprachenunterricht in der Grundschule heute

Das Ziel, die Kinder für ein mehrsprachiges Europa zu erziehen, findet sich in fast allen Grundschullehrplänen; doch wird von allen europäischen Sprachen in deutschen Grundschulen überwiegend Englisch als Fremdsprache unterrichtet. Das hat mehrere Gründe.

Sprachenwahl

Englisch als erste Fremdsprache

Zum Ersten besitzt das Englische heute den unangefochtenen Status einer Welt- und internationalen Verkehrssprache. Englisch sprechen und verstehen zu können, ist in vielen beruflichen und sozialen Situationen von Bedeutung. Daher möchten viele Eltern verständlicherweise, dass ihre Kinder so früh wie möglich und so gut wie möglich Englisch lernen.

Der zweite Grund betrifft eine sehr praktische Tatsache, nämlich die fremdsprachlichen Kompetenzen der Grundschullehrkräfte. Wenn eine Fremdsprache flächendeckend unterrichtet werden soll, dann wählt man am ehesten eine Sprache, in der die meisten Grundschullehrkräfte bereits Vorkenntnisse besitzen. Da Englisch seit dem Ende des zweiten Weltkriegs die wichtigste Fremdsprache des (west-)deutschen Schulwesens ist, kann man davon ausgehen, dass sehr viele Grundschullehrerinnen und -lehrer über Grundfertigkeiten in dieser Sprache verfügen. Leider hat sich das fatale Fehlurteil festgesetzt, dass für den Fremdsprachenunterricht in der Grundschule rudimentäre Fremdsprachenkenntnisse auf Lehrerseite ausreichen.

Weitere Gründe, die für Englisch in der Grundschule sprechen, liegen u. a. in dem relativ problemlosen Einstieg in diese Sprache, in den guten Anschlussmöglichkeiten zur Sekundarstufe und der hohen Präsenz englischsprachiger Ausdrücke in der deutschen Umgangssprache. Zweifelsohne dominiert Englisch den frühen Fremdsprachenunterricht in Deutschland. Deshalb wird sich die Erörterung im Folgenden auch in erster Linie auf Beispiele aus diesem Fremdsprachenfach stützen.

Wenn es um Überlegungen zur ästhetischen Bildung im Fremdsprachenunterricht geht, dann spielt nicht nur die Frage nach der unterrichteten Sprache und deren kulturellem Hintergrund eine Rolle, sondern auch die nach der gewählten Unterrichtskonzeption. Hier befinden wir uns in einer Umbruchsituation.

Zwischen Begegnungsorientierung und Lernfach

In den letzten beiden Jahrzehnten des 20. Jahrhunderts wurde das so genannte Begegnungssprachenkonzept in einigen Bundesländern, z. B. in Nordrhein-Westfalen, favorisiert. Der Kern dieser Unterrichtskonzeption liegt darin, dass die Kinder situationsorientiert und erfahrungsbasiert mit fremdsprachlichen Äußerungen und fremdkulturellen Elementen in Kontakt kommen sollen, die sowohl den Herkunftssprachen und -kulturen der in einer Grundschulklasse befindlichen Kindern als auch anderen Fremdsprachen entstammen können.

Begegnungssprachenkonzept

Für die Begegnung mit Sprachen wurden in der Regel keine gesonderten Unterrichtsstunden in der Stundentafel ausgewiesen, denn fremdsprachliche Elemente sollten, wann immer möglich, in den „normalen" Unterricht eingebaut und an Sachthemen ausgerichtet werden. Eine Begegnung mit fremden Sprachen bietet insofern Möglichkeiten ästhetischer Bildung.

Dazu ist eine erfolgreiche Verwirklichung des Begegnungssprachenkonzepts erforderlich; diese hängt zum Ersten von den sprachlichen Voraussetzungen einer Klasse bzw. Schule ab. Je reicher das sprachliche Umfeld ist, desto intensiver und vielfältiger können sich Kinder mit anderen Sprachen beschäftigen.

Der zweite, mindestens ebenso wichtige Faktor liegt in der Person der Lehrerin oder des Lehrers. Um erfahrungsreiche Begegnungen mit anderen Sprachen herbeiführen zu können, benötigen Lehrkräfte nicht nur ein breites kulturelles und sprachliches Wissen zu den unterschiedlichen Herkunftssprachen sowie weiterer Fremdsprachen, sondern auch eine hohe fremdsprachenmethodische Kompetenz, die sie geeignete Begegnungssituationen erkennen und didaktisch sinnvoll umsetzen lässt.

Lehrerkompetenzen

Es verwundert also nicht, wenn sich die Begegnung mit anderen Sprachen in Grundschulklassen oftmals auf den Vergleich von Begrüßungs- oder Dankesformeln, auf das Singen von fremdsprachigen Liedern und das Beschreiben einiger fremdkultureller Bräuche beschränkte. Der fremdsprachliche Lernertrag war häufig gering, und die wenigen sporadisch gelernten Ausdrücke und Sprachmuster wurden von den Kindern bald wieder vergessen. Auch Erfolge des interkulturellen Lernens konnten nicht schlüssig nachgewiesen werden.

Systematisches Fremdsprachen-lernen

Seit Beginn des 21. Jahrhunderts fordern Bildungspolitiker, Eltern und Wissenschaftler nun zunehmend, dass der frühe Fremdsprachenunterricht sich stärker um einen systematisch aufgebauten Spracherwerbsprozess bemühen und ergebnisorientiert arbeiten sollte. Einige Elemente der Begegnung mit Sprachen könnten in die ersten beiden Schuljahre einfließen; ab der dritten Klasse solle vermehrt mit Blick auf ganz bestimmte fremdsprachliche Kompetenzen und Ziele interkulturellen Lernens unterrichtet werden. Baden-Württemberg und Nordrhein-Westfalen sind zwei der Bundesländer, die dieses Muster bereits realisieren. Noch ist nicht abzusehen, inwiefern sich die Begegnung mit Sprachen in den Eingangsklassen und das zielorientierte Fremdsprachenlernen ab Klasse 3 gegenseitig befruchten.

Ein weiteres, noch weitgehend ungelöstes Problem liegt im Übergang von der Grundschule an weiterführende Schulen, in denen Fremdsprachenunterricht oftmals wieder von vorn begonnen wird, weil die Vorkenntnisse in den neu zusammengesetzten Klassen äußerst heterogen sind. Auch hier bleibt abzuwarten, ob die stärker festgelegte Zielorientierung des Grundschul-Fremdsprachenunterrichts zu einem klaren Abschlussprofil führt, auf das die Sekundarstufe aufbauen kann. Das Potenzial dieses Faches für eine umfassende, kindgerechte ästhetische Bildung wird eher von den Materialien und dem methodisch-didaktischen Geschick der Lehrperson bestimmt als von der letztlich gewählten Option eines stärker begegnungs- oder sprachleistungsorientierten Fremdsprachenunterrichts; dieses Potenzial heißt es stärker ins Blickfeld zu rücken.

Begegnungsintensives Fremdsprachenlernen

Grundschulkinder haben in der Regel bereits Erfahrungen mit anderen Sprachen. Zusammen mit ihren Familien haben sie vielleicht Ferien in einem anderen Land verbracht. Wahrscheinlich kennen sie Menschen in der Nachbarschaft, deren Muttersprache nicht Deutsch ist. Vermutlich waren sie bereits im Kindergarten mit Kindern anderer kultureller und sprachlicher Herkunft zusammen, wie sie es auch in ihrer Grundschulklasse sind, oder sie haben im Fernsehen anderssprachige Menschen erlebt und Bilder aus fernen Kulturen gesehen. Anders als noch vor 50 Jahren zählen interkulturelle und mehrsprachige Begegnungen heute viel stärker zum Alltag in Deutschland. Darauf muss sich die Schule einstellen.

Vorwissen und Vorerfahrungen

Konkret heißt das: Früher Fremdsprachenunterricht kann auf Vorwissen und Vorerfahrungen der Kinder zurückgreifen. Allerdings sind diese Erfahrungen vielen Kindern gar nicht bewusst; sie haben den Kontakt zu Sprechern anderer Sprachen nicht als etwas Besonderes, nicht als eine Begegnung mit Fremdem wahrgenommen. Es ist jedoch ebenso möglich, dass Grundschulkinder, und zwar vor allem diejenigen mit Migrationshintergrund, bislang vor allem negative Erfahrungen auf sprachlichem und interkulturellem Feld gesammelt haben. Insofern fällt dem Fremdsprachenunterricht eine doppelte Aufgabe zu: Er muss zum einen das Fremde der Sprache und der Kultur bewusst machen, um die Möglichkeiten des Erkenntnisgewinns zu nutzen. Darüber hinaus müssen diese Einblicke in Sprache und Kultur systematisch erweitert werden.

Der Unterricht muss zum anderen aber auch die Normalität dieser Erfahrung (Hunfeld 1992), das Alltägliche im vor- und außerschulischen Erfahrungsspektrum der Schülerinnen und Schüler ernst nehmen. Für den Fremdsprachenunterricht als Teil der ästhetischen Bildung und Erziehung in der Grundschule bedeutet dies eine Begegnung mit fremder und eigener Sprache und Kultur unter Nutzung aller sinnlichen Kräfte, kurzum: Fremdsprachenunterricht, der (fremd-)sprachliche Kompetenzen aufbaut und sensibel mit den kulturellen und sprachlichen Identitätsvorstellungen der Kinder umgeht (Hu 1999).

Wahrnehmung schulen

Ästhetische Erziehung besitzt rezeptive und produktive Zielsetzungen; das ist auch für den Fremdsprachenunterricht der Fall. So geht es zum Ersten darum, die Wahrnehmung zu schulen, das heißt, die Grundlagen dafür bereitzustellen, dass Gehörtes, Gesehenes und Gefühltes verstanden und interpretiert werden können.

Ausgehend von der sinnlichen Erfahrung entfaltet sich der kognitive Lernprozess, der in einem zweiten Schritt zu eigener fremdsprachlicher Gestaltung und Produktion durch die Schülerinnen und Schüler führt. Fremdsprachenunterrichtliches Ziel ist dabei nicht nur das Erkennen des Fremden, das Verstehen fremdsprachlicher Äußerungen oder das Kontrastieren fremdkultureller und eigenkultureller Gebräuche und Verhaltensweisen, sondern auch das Einüben von produktiven kommunikativen Fertigkeiten in der Fremdsprache und die wachsende Sensibilität für soziokulturelle Angemessenheit sprachlichen Verhaltens.

Zum Dritten sollte der Fremdsprachenunterricht dazu beitragen, dass positive Erfahrungen im Hinblick auf Sprachen und Kulturen gemacht werden und sich dadurch eine positive Einstellung aufbaut.

Altersgemäße Themen

Ein an kognitiven und affektiven Lernanreizen reicher Fremdsprachenunterricht spricht die Kinder auf verschiedenen Wahrnehmungs- und Gefühlsebenen an. Das kann nur gelingen, wenn die sprachlichen Anforderungen an die Lernenden nicht zu hoch gesteckt sind, wenn die thematische Gestaltung Anknüpfungspunkte zur Lebenswelt der Kinder besitzt und von ihnen als relevant und anregend empfunden wird und wenn die gewählten Unterrichtsverfahren dem kognitiven Entwicklungsstand und der altersspezifischen Motivationslage angemessen sind.

Aus diesen Überlegungen ergeben sich bereits klare Hinweise darauf, wie lernwirksamer kindgemäßer Fremdsprachenunterricht in der Grundschule konkretisiert werden kann. Anders als der heute noch häufig in der Sekundarstufe praktizierte grammatiklastige Fremdsprachenunterricht, für den das Lehrbuch mit seinen Texten und Übungen das meist nicht hinterfragte „Drehbuch" abgibt, basiert der Grundschulunterricht heute noch viel stärker auf Materialien und Aktivitäten, die auch in der Freizeit der Kinder eine Rolle spielen: Lieder, Reime, Geschichten, mit körperlicher Bewegung verbundene Übungen, Spiele und Bastelaufgaben. In ihm spielen die spielerische Wiederholung, die auf Imitation aufbauende und auf konkrete (Handlungs-) Situationen ausgerichtete Sprechtätigkeit und ein sich in kleinen Schritten aufbauender Kompetenzzuwachs im Rezeptiven und Produktiven zentrale Rollen.

Risiken der Normierung

Solange der frühe Fremdsprachenunterricht vornehmlich erlebnis- und weniger ergebnisorientiert ist, besitzen Grundschullehrkräfte eine relativ große Freiheit bei der Unterrichtsgestaltung und können aus einem breiten Repertoire auch authentischer Materialien schöpfen. Dadurch steht und fällt die Erlebnisqualität des Unterrichts aber auch mit den methodisch-didaktischen Fähigkeiten, der Findigkeit und der fremdkulturellen Erfahrung der jeweiligen Lehrkraft. Das Spektrum der möglichen Realisierungen frühen Fremdsprachenlernens ist dann außerordentlich breit. Sobald durch detaillierte Lehrpläne mit Zielvorgaben, durch Verpflichtungen zur Leistungsüberprüfung und durch Definition eines Abschlussprofils klare Vorgaben festgelegt sind, werden in den Schulbuchverlagen die passenden Materialien produziert, die dann die gewünschte Vereinheitlichung herbeiführen.

Eigene Ressourcen zielgruppenadäquat einsetzen Es ist sicherlich positiv zu sehen, wenn Standards definiert werden und dadurch eine Qualitätssicherung erfolgt. Allerdings kann eine Angleichung auch die Freiheit einzelner Lehrkräfte reduzieren, den Kindern einen individuell geprägten Fremdsprachenunterricht mit ungewöhnlichen oder aktuellen Materialien und Medien aus der Zielkultur zu verschaffen, der die konkrete Klassensituation berücksichtigt. Daher sollten verbindliche Lernziele so formuliert sein, dass man nicht die gesamte Unterrichtszeit benötigt, um sie zu erreichen. Nur dann, wenn es weiterhin genügend Freiraum gibt, sodass Lehrkräfte eigene Ressourcen zielgruppenadäquat einsetzen und begegnungsintensives Fremdsprachenlernen auf der Basis individueller Interessen ermöglichen können, behält der Grundschulfremdsprachenunterricht seine besondere Bildungsqualität.

„Eine ästhetische Erziehung, die von den sinnlich-leiblichen Voraussetzungen der Erfahrung ausgeht und darauf abzielt, dem Kind seine eigenen Weisen des Wahrnehmens, Erlebens und Handelns zu erschließen, ist nicht auf spezifische Fachprinzipien zu reduzieren, sondern grundsätzlich vorfachlich und fächerübergreifend ausgelegt. Dabei ist von Bedeutung, dass es nicht einfach um eine unterrichtliche Behandlung kindspezifischer Wahrnehmungs- und Gestaltungsformen geht, sondern sowohl um die Kultivierung der sinnlichen Kräfte des Kindes als auch um die Ausbildung des Urteilsvermögens über ästhetische Zusammenhänge" (Schulz 1989, 23).

Folgt man der Argumentation von *Schulz*, dann fügt sich eine erfahrungsbasierte ästhetische Erziehung gut in die gängigen Konzepte des frühen Fremdsprachenunterrichts ein, wenngleich die besonderen fachspezifischen Ziele fremdsprachlicher Handlungsfähigkeit nicht explizit erwähnt werden und die Begegnung mit dem Fremden als Herausforderung für die Wahrnehmung über das hier Genannte hinausweist.

Ein früher Fremdsprachenunterricht, der die ganzheitliche Erfahrung der Kinder in den Mittelpunkt stellt, muss der Auswahl von Unterrichtsmaterialien, Medien und Methoden besonderes Augenmerk schenken. Die gegenwärtige Praxis an den Grundschulen und die fachdidaktische Handbuchliteratur (z. B. Phillips 1993; Hellwig 1995; Klippel 2000; Schmid-Schönbein 2001) belegen eindrücklich, wie breit gefächert das Unterrichtsangebot sein kann. **Ganzheitliche Erfahrungen**

Es wäre wünschenswert, dass die Gestaltung des Fremdsprachenunterrichts in der Grundschule in all ihren Facetten aus der Perspektive ästhetischer Erziehung analysiert würde. Das ist in einem kurzen Beitrag nicht möglich. Daher soll aus der breiten Palette der kindgemäßen Arbeitsformen und Unterrichtsmaterialien exemplarisch ein Element herausgegriffen werden, anhand dessen sich aufzeigen lässt, wie stark der frühe Fremdsprachenunterricht dazu beitragen kann, die ästhetische Erziehung im Kindesalter zu fördern: der Einsatz von Geschichten.

Geschichten im Brennpunkt der ästhetischen Erziehung

Fremdsprachen-lernen basiert auf Texten

Texte aller Art bilden das Rückgrat des Fremdsprachenunterrichts. In der Grundschule sind neben Reimen, Liedern, kleinen Gedichten, kurzen Dialogen und Sachtexten insbesondere auch Geschichten bedeutsamer Bestandteil der Sprachvermittlung und der sprachbasierten Wahrnehmung. Geschichten sind ein tragendes Element eines frühen Fremdsprachenunterrichts, der dem Grundgedanken der ästhetischen Erziehung verpflichtet ist, denn in Geschichten werden fremdsprachliche und fremdkulturelle Elemente besonders nachhaltig wahrgenommen und verarbeitet. Das Narrative spielt in unserem Leben eine ganz wichtige Rolle; die modernen Massenmedien leben vom Geschichtenerzählen; aus der Alltagskommunikation sind sie nicht wegzudenken. Als Lehr- und Lernsituationen fungieren Geschichten seit Jahrtausenden, denn in vielen Kulturen waren und sind sie Träger der Überlieferung und Mittel der Sozialisation.

Geschichten aus der Lernperspektive

Kontextuali-sierte Sprache in Geschichten

Jede Geschichte ist eine kleine Ganzheit, ein Text, der Kopf und Herz gleichermaßen anspricht, der sich von den Zuhörenden oder Lesenden anschließend handlungsorientiert nachvollziehen, fortentwickeln oder neu gestalten lässt. *Gert Schäfer* spricht in diesem Zusammenhang von „Kopftheater" (vgl. Duncker u. a. 1993). Wenn Grundschulkinder einer in der Fremdsprache dargebotenen Geschichte zuhören, dann nehmen sie die fremde Sprache in einem bedeutungsvollen Kontext auf. Selbst wenn sie nicht jedes Wort der Geschichte verstehen, so können sie der Handlung doch folgen, vor allem dann, wenn die Lehrerin ein Bilderbuch vorliest, dessen Illustrationen das Verständnis fördern. Die Tatsache, dass die fremde Sprache in einer Geschichte kontextualisiert präsentiert wird, ist gerade in einem kommunikativ ausgerichteten Fremdsprachenunterricht sehr wichtig. Denn in der Kommunikation geht es immer um die Vermittlung, das Aushandeln und das Verstehen von Bedeutungen. Insofern ist es ganz wesentlich, dass die Kinder von Beginn des Fremdsprachenunterrichts an die Fremdsprache als bedeutungstragend erfahren.

Verstehens-prozesse

Ganz gleich, ob eine Geschichte mündlich durch Erzählen oder Vorlesen oder – bei Schülerinnen und Schülern mit mehr Vorkenntnissen – durch selbstständiges Erlesen aufgenommen wird, immer müssen die

110

Kinder zwei unterschiedliche Verstehensstrategien gleichzeitig anwenden: bottom-up und top-down processing.

Bevor die Kinder eine Geschichte zum ersten Mal hören oder lesen, wird die Lehrkraft anhand des Titels oder mit Hilfe von Bildern ganz gezielt Hör- oder Leseerwartungen wecken, um die Aufnahmebereitschaft zu steigern und um die für den Top-down-Erschließungsprozess notwendigen Schemata zu aktivieren. Das Weltwissen der Kinder und deren Vertrautheit mit bestimmten Arten von Geschichten helfen zudem, erzählte Ereignisse und Handlungen zu erschließen, selbst wenn die sprachlichen Formen noch nicht völlig bekannt sind. Die Strukturen der im frühen Fremdsprachenunterricht verwendeten Geschichten folgen vielfach den Mustern, die den Kindern bereits in den Geschichten begegnet sind, die ihnen im Kindergarten erzählt oder vorgelesen wurden. Dazu gehört, dass sich in Geschichten für diese Altersstufe häufig ein Element der Wiederholung findet, sei es eine Frage, die die Hauptperson immer wieder stellt, oder eine Beschreibung, die leicht abgewandelt häufiger auftaucht. Diese wiederkehrenden Sätze fördern das Verstehen auf der Wortebene, das bottom-up processing.

Die Handlung einer Geschichte unterstützt jedoch nicht nur die kognitiven Prozesse des fremdsprachlichen Verstehens, sie macht auch neugierig, verlockt zum Raten, wie es wohl weitergeht, oder sie steigert die Vorfreude auf die besonders plastischen Stellen des Textes beim wiederholten Hören oder Lesen. Kinder, die einer Geschichte lauschen, sind höchst aufmerksam und innerlich beteiligt. Sie gehen mit der Handlung mit; sie sprechen vielleicht sogar entscheidende Sätze leise mit, reagieren nonverbal an Schlüsselstellen und freuen sich über überraschende Wendungen. Gute, spannende Geschichten fördern daher eine positive Einstellung zur Fremdsprache und mittelbar zur fremden Kultur. Wenn man eine fremde Sprache zu lernen beginnt, muss man sich an den Klang dieser Sprache, an deren intonatorische Muster gewöhnen. Dazu bieten gut vorgetragene Geschichten eine hervorragende Gelegenheit.

Positive Einstellung zur Fremdsprache

In Verbindung mit dem Prozess des Sich-Einhörens in die fremde Lautwelt erfolgt auch eine individuell unterschiedlich intensive Bewusstwerdung über Strukturelemente und Phänomene der fremden Sprache. Die Schülerinnen und Schüler erlangen eine gewisse Sprachbewusstheit – language awareness –, das heißt, sie erkennen, dass Wörter der fremden Sprache nicht immer identische Bedeutungsdimensionen zu äquivalenten Wörtern des Deutschen abdecken: „Drachen" ist im Englischen einmal „kite" (ein Spielzeug, das man im Wind steigen lässt) und einmal „dragon" (ein Untier aus dem Märchen), „Weihnachten"

Sprachbewusstheit

und „Christmas" tragen für die Sprechenden der jeweiligen Sprachen durchaus unterschiedliche Bedeutungsnuancen und wecken andere Assoziationen.

Geschichten helfen den Schülerinnen und Schülern, erste Einblicke in die andere Wortstellung im Englischen oder bestimmte grammatische Konstruktionen – beispielsweise die Umschreibung mit „to do" – zu erhalten. Da der Fremdsprachenunterricht in der Grundschule späteres Fremdsprachenlernen vorbereitet, sollten die Kinder nicht nur für Gemeinsamkeiten und Unterschiede der Sprachen sensibilisiert, sondern auch mit sinnvollen Lernstrategien vertraut gemacht werden.

Global-verstehen als Ziel Zudem erfordert der Fremdsprachenunterricht in der Grundschule ein Umdenken gegenüber seinem Pendant in der Sekundarstufe. Denn in der Grundschule dienen Texte und insbesondere Geschichten nicht in erster Linie als Beispielsammlungen für die neu einzuführenden grammatischen Strukturen oder landeskundlichen Informationen. Deshalb brauchen Grundschulkinder Geschichten auch nicht sofort bis ins letzte Detail zu verstehen. Nicht jeder Satz muss im Einzelnen analysiert und erklärt werden. Grundschulkinder haben das Privileg, sich den Geschichten als kleinen Erzählwelten im Ganzen aussetzen zu können, ohne dass sie befürchten müssen, im Anschluss an das Vorlesen oder Erzählen nach sprachlichen Gegebenheiten befragt zu werden. Das heißt auch, dass sie sich beim Zuhören oder Lesen auf die Handlung, die Bedeutung konzentrieren können und alles ignorieren dürfen, was sie nicht verstanden haben, solange es nicht für das Globalverstehen der Handlung wichtig ist.

Erst beim wiederholten Hören oder Lesen erschließen sich weitere sprachliche Bedeutungen und inhaltliche Einzelheiten. Dadurch können die Kinder ein gewisses Selbstvertrauen in die Kraft der eigenen Lernstrategien entwickeln. Wer nicht bei jedem unbekannten Wort gleich in Panik gerät, sondern aufmerksam und gelassen die Geschichte insgesamt zu verstehen sucht, wer weiß, dass sich vieles im Laufe des mehrmaligen Hörens oder Lesens erschließt, wird sich auch später unbekannten Texten in der Fremdsprache unverkrampft nähern können.

Zur Bedeutung ästhetischer Gestaltungsprinzipien

Im Fremdsprachenunterricht der Grundschule übernehmen Geschichten eine ganze Reihe von Funktionen: Kinder hören ihnen zu, um auf der Basis ihres Verstehens zu reagieren, etwa indem sie bestimmte Handlungen pantomimisch ausführen, die in der Geschichte beschrieben sind. Das Verstehen fremdsprachiger Texte ist zwar ein rezeptiver

Vorgang, jedoch entfalten Hörende oder Lesende dabei große kognitive Aktivität. Sie sind also keineswegs passiv.

In der Grundschule kann man das Verstehen dadurch fördern, dass man die Kinder ermutigt, ihr Verständnis an bestimmten Stellen des Textes durch körperliche Aktivität kundzutun, indem man sie auffordert, immer dann zu klatschen, wenn die Person X spricht, oder dann zu murmeln, wenn die Handlung ein bestimmtes Stadium erreicht. Nicht nur beim Zuhören können Kinder aktiv werden. Noch mehr Möglichkeiten zum handlungsorientierten sprachlichen Agieren bieten Geschichten, nachdem man sie kennen gelernt hat. Die von *Bräuer* (1989) beschriebenen Gestaltungsprinzipien ästhetischer Erziehung, nämlich Ausgrenzen und Ordnen, Rhythmisieren, Kontrastieren und Polarisieren, Verändern und Verfremden, Sichausdrücken und Finden, sind auch auf die Arbeit an fremdsprachigen Geschichten anwendbar, wie die ausgewählten Beispiele zeigen:

Verstehen fördern

- Bilder zur Geschichte können während des Zuhörens dem Handlungsgang entsprechend geordnet oder aussortiert werden.
- Teile einer Geschichte können während des Erzählens rhythmisch gesprochen, durch Bewegungen umgesetzt oder lautmalerisch ausgestaltet werden.
- Die Geschichte kann in der Perspektive, im Handlungsort oder Handlungsverlauf oder in Bezug auf die auftretenden Personen ins Gegenteil verkehrt werden.
- Kinder können die Geschichte nachspielen; sie können sie verändern, ergänzen, verfremden.

Natürlich gibt es Unterschiede zwischen den Aufgaben, die die Kinder mit muttersprachlichen Texten auf dieser Schulstufe lösen können, und denen, die in der Fremdsprache möglich sind, zumal der Fremdsprachenunterricht in der Regel nur mit zwei Unterrichtsstunden pro Woche im Stundenplan verankert ist. Aber bereits im ersten Lernjahr bereitet es Kindern viel Freude, etwa die in der Geschichte „Have you seen my cat?" (Klippel & Preedy 2002) immer wieder von der kleinen Anna gestellte Frage „Have you seen my cat? She's black and white." mitzusprechen. Die in vielen Geschichten für diese Altergruppe üblichen Wiederholungen von Äußerungen oder Schlüsselszenen erleichtern das Sprachenlernen, für das häufiges Üben und Anwenden unabdingbar sind.

Dennoch verschaffen gerade Geschichten den Lernanfängerinnen und
-anfängern vor allem auch vielfältige ästhetische Erfahrungen, denn
Kinder lauschen den Geschichten ja nicht mit der Motivation, dadurch
Englisch oder Französisch zu lernen. Vielmehr vermitteln Geschichten
durch ihre Gestalt und die Form ihrer Darbietung Vergnügen, durch
ihren Inhalt Spannung und Wissenszuwachs und durch ihre Sprache
mittelbaren und unmittelbaren Input.

Beim Erzählen einer Geschichte ohne unterstützendes Bildmaterial
entstehen Bilder „im Kopf" eines jeden Kindes. Die bildliche Vorstellungskraft wird durch eine ansprechende und spannende Handlung
einer Geschichte, die Beschreibung von Situationen und Personen angeregt und die Kreativität der Kinder gefördert.

Natürlich ist dies kein Automatismus, denn zu Beginn des Verstehensprozesses steht sicherlich das Verarbeiten sprachlicher Informationen im Mittelpunkt. Da man im Fremdsprachenunterricht der Grundschule jedoch Geschichten mehrmals einsetzt, können Kinder sich mit
zunehmendem Verstehen darauf konzentrieren, Details auszuschmü-
cken und ihre persönlichen Interpretationen zu verfolgen.

Inwieweit man darüber im Unterricht auch in der Fremdsprache
sprechen kann, hängt von den sprachlichen Fertigkeiten der Schülerinnen und Schüler, aber auch dem interaktiven Geschick der Lehrkraft ab. Die unterschiedlichen Interpretationen einer Geschichte lassen
sich auch in Zeichnungen oder Collagen zu bestimmten Charakteren
oder Szenen erkennen, die Kinder im Unterricht anfertigen.

Anforderungen an Geschichten

Den mehrdimensionalen Aufgaben zur ästhetischen Erziehung und
Förderung fremdsprachlicher Kompetenz können Geschichten nur
dann gerecht werden, wenn man sie unter diesen Gesichtspunkten
auswählt. Dabei ist zum Ersten die Frage der sprachlichen Gestaltung
zu beachten. Texte, die im weitesten Sinne als Lern- und Erfahrungs-
texte eingesetzt werden sollen, müssen sprachlich korrekt, kohärent
und stilistisch wertvoll sein. Der letztgenannten Forderung genügen
didaktische Texte, also Lehrbuchgeschichten, nicht immer in vollem
Umfang. Vielfach wird daher empfohlen, vor allem authentische Geschichten, das heißt Kinder- und Bilderbücher aus dem zielsprachigen
Raum, im Fremdsprachenunterricht einzusetzen (Ellis & Brewster
1991 und 2002). Durch die Art der Geschichte und die Illustrationen
werde der Kontakt zur fremden Kultur aufgebaut, und es sei die Ge-
währ gegeben, dass es sich um authentische Sprache handele (Schmid-
Schönbein 2001, 111 ff.).

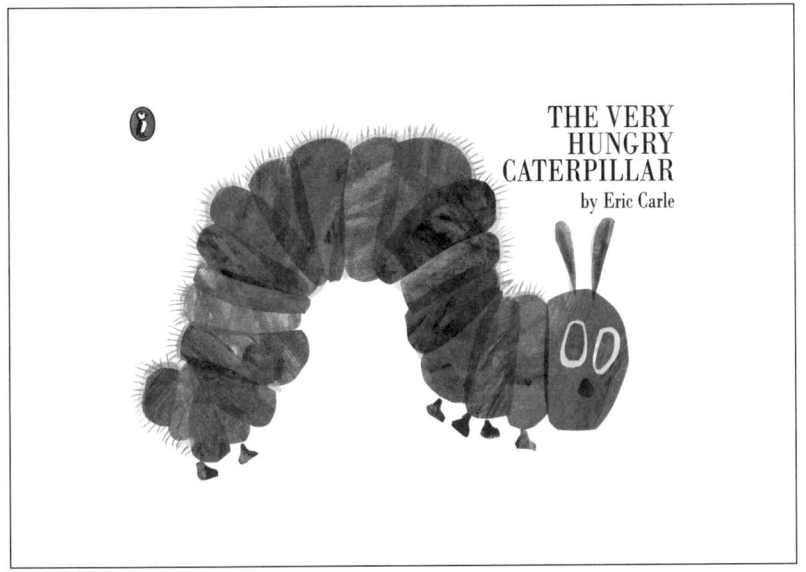

Abb. 1: Carle E.: The Very Hungry Caterpillar

Englische Kinderbücher

Grundsätzlich ist es für deutsche Grundschulkinder sehr motivierend, mit Büchern und Texten umgehen zu können, die auch von Kindern im Zielland geschätzt werden. Nur darf man nicht übersehen, dass sich eine gewisse Kluft im Hinblick auf die Altersgemäßheit solcher Bücher dadurch auftut, dass diejenigen Bücher, die von Gleichaltrigen beispielsweise in England gelesen werden, für deutsche Englischlernende desselben Alters sprachlich viel zu schwierig sind, während die sprachlich zu bewältigenden Bilderbücher in der Regel für jüngere Kinder verfasst sind. Klassiker wie „Die kleine Raupe Nimmersatt" („The Very Hungry Caterpillar", Carle 1974), „Mog and the baby" (Kerr 1980) oder „We're going on a bear hunt" (Rosen & Oxenbury 1989) gehören oft schon zum Repertoire der Kindergärten.

Dennoch kann es sehr von Vorteil sein, wenn die Kinder die Geschichte bereits kennen. Es gibt im Fremdsprachenunterricht die lange Tradition, eine fremde Sprache mit Hilfe bekannter Texte, etwa der Bibel, der Fabeln von *Aesop* oder eines in der Zeit viel gelesenen Romans, zu unterrichten. Da die Lernenden dabei den Handlungsstrang nicht neu entschlüsseln müssen, verbleibt ihnen mehr Verarbeitungskapazität für die fremde Sprache. Dies spricht für einen Einsatz von Märchen oder Kinderbuchklassikern. Doch ganz gleich, ob es sich um vertraute oder neue Geschichten handelt, die sprachliche Form und der Inhalt müssen zum Alter, zum Leistungs- und Interessenstand der Klasse passen.

115

**Fantasie
ist wichtig** Keineswegs sollte man nur realistische oder problemorientierte Geschichten wählen, die sich auf Informationen und Bezüge zur realen Welt beschränken. Für die ästhetische Erziehung mindestens genauso wichtig sind Texte, in denen die kindliche Fantasie angeregt, die Lust am sprachlichen Klang geweckt und das Kind mit seinen Gefühlen eingebunden wird. Geschichten sollten Identifikationsmöglichkeiten bieten und zum Mit- bzw. Weiterdenken herausfordern. Geschichten müssen aber auch Freude vermitteln, denn nur dann hören oder lesen Kinder sie gern immer wieder, was für das Sprachenlernen unbestritten von großer Bedeutung ist.

Kniebücher Da in der Grundschule häufig illustrierte Bücher zum Einsatz kommen, ist auch ein Blick auf die künstlerische Gestaltung der Bücher und deren Eignung für den Gebrauch in einer großen Klasse erforderlich. Die der anglo-amerikanischen Tradition entstammenden Kniebücher (knee books) sind großformatige Bilderbücher, deren Illustrationen im Sitzkreis auch in einer großen Gruppe noch gut zu erkennen sind. Dieses Konzept wurde für den frühen Englischunterricht insofern optimiert, als die „Big Story Books", die von bekannten Kinderbuch-Illustratorinnen und -Illustratoren gestaltet wurden, auf der der Lehrkraft zugewandten Seite den Text der Geschichte enthalten. Diese kann somit nach einem kurzen Blick auf den Text weitgehend frei vorgetragen werden, während die Klasse das dazugehörige Bild betrachtet (vgl. Klippel & Preedy 2002).

**Funktionen
der Bilder** Bilder sind integraler Bestandteil von Geschichten. Wenn im Unterricht mit Bilderbüchern gearbeitet wird, so dienen die Bilder der Semantisierung, der Motivierung und als Gedächtnisstütze. In realistischen Geschichten, die in der Zielkultur spielen, enthalten die Bilder oftmals landeskundlich relevante Gegenstände, wie beispielsweise die landesübliche Möblierung oder Architektur. So steht im Big Story Book „The new machine", dessen Handlung an einer australischen Grundschule spielt, ein Text über Koalabären an der Tafel (Klippel & Preedy 2002). Er bietet Gesprächsanlässe, die über die engere Geschichte hinausgehen.

Weniger intensiv kann man durch authentische Bilderbücher für die in deutschen Grundschulen am häufigsten unterrichteten Fremdsprachen Englisch und Französisch eine Begegnung mit fremdkulturellen Bildtraditionen anregen. Durch die Globalisierung auf dem Buchmarkt ist es kaum mehr möglich, von stark unterschiedlichen Kulturen der Kinderbuchillustration zu sprechen, da bestimmte künstlerische Stile in der westlichen Welt inzwischen weit verbreitet und allgemein bekannt sind.

Qualifikationen der Lehrerinnen und Lehrer

Der Einsatz von Geschichten im frühen Fremdsprachenunterricht als Teil einer ästhetischen Erziehung stellt nicht nur hohe Anforderungen an die Qualität der Texte, sondern auch an die Qualifikation der Lehrkraft. Sollen Geschichten im beschriebenen Sinne den Unterricht bereichern, dann genügt es nicht, dass die Lehrerin gelegentlich eine Tonkassette oder eine CD mit der Aufnahme einer in der Fremdsprache erzählten Geschichte abspielt. Zwar liefert die Tonaufnahme perfektes Englisch, doch ist medial vermittelte Sprache weniger zugänglich als der reale Diskurs (vgl. Klippel 2004).

Tonaufnahme versus Lehrererzählung

Am besten erreicht man wirksame Lernerfahrungen, wenn die Geschichte von der Lehrerin oder dem Lehrer lebendig erzählt wird. Besser als jede Tonkonserve, deren Stimmen ohne Körper und Kontext bleiben und daher größere Anforderungen an das Verstehen stellen, kann ein Erzähler die Zuhörer fesseln, auf ihre Reaktionen eingehen, die Geschwindigkeit des Erzählens und auch die Komplexität des Erzählten ständig neu justieren. Im Augenkontakt mit den Kindern wird eine Geschichte erst durch das Erzählen oder das ausdrucksstarke Vorlesen zum Leben erweckt und kann kognitiv und affektiv wirken.

Nun ist gutes Erzählen bereits in der Muttersprache nicht einfach, wenn uns das gesamte sprachliche Repertoire rezeptiv und produktiv zur Verfügung steht. Eine ganz besondere Herausforderung liegt aber darin, im fremdsprachlichen Anfangsunterricht lerneffektiv und nachhaltig mit Geschichten zu arbeiten.

> Grundschullehrkräfte müssen über eine hohe Kompetenz in der Fremdsprache verfügen, um
> - sich an das elementare sprachliche Leistungsniveau ihrer Klasse anzupassen, ohne die Regeln sprachlicher Korrektheit in der Zielsprache zu verletzen,
> - durch geschicktes Paraphrasieren, durch spontanes Umformulieren und durch zielgenaue Erklärungen den Kindern das Verstehen zu erleichtern,
> - die Geschichte durch dramaturgisch geschicktes Erzählen wirken zu lassen,
> - das bereits bekannte Sprachmaterial sinnvoll umzuwälzen.

Im Fremdsprachenunterricht in der Grundschule dominieren die mündlichen Fertigkeiten Sprechen und Hörverstehen. Die Folgen für die Unterrichtsführung liegen auf der Hand: Die Lehrkraft muss in der

Lage sein, mit einem relativ begrenzten Sprachinventar möglichst vielfältige Lernsituationen zu gestalten, die durch Abwechslung und genau passende Leistungsansprüche motivieren. Lange Phasen des stillen Bearbeitens schriftlicher Aufgaben gibt es in einem guten Fremdsprachenunterricht in der Grundschule nicht. Es leuchtet ein, dass zu einer solchen mündlichen Unterrichtsführung extrem hohe Flexibilität und Gewandtheit in der didaktisch-methodischen, aber auch in der fremdsprachlichen Lehrerkompetenz unabdingbar sind.

Lehrerhilfen für das Sprechen

Mehr noch als die muttersprachlich geführten Fächer erfordert der Fremdsprachenunterricht lehrerseitige Hilfen zum Verstehen und vor allem zum Gebrauch der fremden Sprache durch die Schülerinnen und Schüler. Die Techniken des Scaffolding (Hammond 2001) gehören ebenso dazu wie der lernfördernde Einsatz von Gestik, Mimik oder Medien. Durch gezielte Hilfestellung, etwa durch die Vorgabe eines Satzanfanges, durch das Anzeigen der Satzbestandteile oder der Aussprache durch eine Handbewegung, durch das Summen der Satzmelodie und durch viele andere Techniken baut die Lehrkraft ein Lerngerüst (scaffold = Gerüst), durch dessen Stütze die Kinder die sprachliche Aufgabe bewältigen können. Die genaue und individuell abgestimmte Dosierung solcher Stützen erfordert auf Seiten der Lehrerinnen und Lehrer eine hohe Diagnosekompetenz und große Beweglichkeit in der Fremdsprache.

Erzählen ist ein sozialer Akt, der Bedeutungen in der Interaktion zwischen Erzähler und Zuhörern schafft, Bedeutungen, die gerade wegen ihres Entstehungskontextes besonders nachhaltig wirken. Lehrerinnen berichten immer wieder von Kindern, die bestimmte sprachliche Versatzstücke, denen sie in einer Geschichte begegnet sind, noch Monate später geschickt in anderen Kommunikationssituationen einsetzen. Darin zeigt sich das äußerst fruchtbare generative Prinzip des Sprachenlernens (dazu Butzkamm 2004), nämlich die fortwährende Anpassung vertrauter Sprachmuster auf neue Situationen. Aus der Frage „Have you seen my cat?" in der gleichnamigen Geschichte (Klippel & Preedy 2002) wird dann leicht „Have you seen my book?" oder „Have you eaten my apple?"

Einsatz von Geschichten vergrößern

Theorie und Praxis klaffen jedoch weit auseinander, denn die Wirklichkeit des Fremdsprachenunterrichts an Grundschulen zeigt gerade im Einsatz von Geschichten ein großes Defizit. Die empirische Untersuchung des Unterrichts in einer bilingualen Wiener Grundschule (Peltzer-Karpf & Zangl 1998) nahm auch die Lehrersprache genauer in den Blick. Hierbei zeigt sich, dass die häufigsten Sprechakte in allen Klassen die typischen Lehrerfragen sind, mit denen bekannte Informa-

118

tionen abgefragt werden, gefolgt von Bewertungen von Schülerleistungen; Geschichten erzählen liegt zusammen mit „Höflichkeiten austauschen" auf dem letzten Platz.

Wenn man in Rechnung stellt, dass es sich in der genannten Studie um eine bilinguale Grundschule handelt, in der auch englische Muttersprachler unterrichten, dann ist dieses Ergebnis doppelt erstaunlich. Auch für die Mehrzahl der deutschen Grundschulen würde es vermutlich nicht besser ausfallen; bislang liegen dazu keine empirischen Daten vor. Der Abschlussbericht des Hamburger Schulversuchs stellt fest, dass die beteiligten Lehrerinnen im 4. Schuljahr „zunehmend Bilderbücher bzw. einfache Lektüren mit zahlreichen Illustrationen" einsetzen (Kahl & Knebler 1996, 23), wodurch jedoch nichts über die Art des Einsatzes gesagt ist. Bedenkt man die hohen Anforderungen, die das Geschichtenerzählen in der Fremdsprache an Grundschullehrkräfte stellt, und zwar sowohl im Hinblick auf die Sprach- als auch die Erzählkompetenz, so mögen diese Resultate nicht überraschen, denn die Mehrzahl der aktiv am frühen Fremdsprachenunterricht beteiligten Lehrerinnen und Lehrer hat weder Englisch noch Französisch studiert und verfügt somit vielleicht nicht über die nötigen mündlichen Fertigkeiten.

Gutes Erzählen will geübt sein, und erfolgreiche Geschichtenerzähler betonen die Bedeutung des gezielten Erzähltrainings (u. a. Wright 1999, Roney 2001). Dazu gehören die Stimmbildung, der Erwerb von Techniken zum Erinnern der Storyline, der bewusste Umgang mit Körperhaltung, Mimik und Gestik, der Einsatz von Requisiten oder Bildern, die Stimmführung im Hinblick auf Pausen, Lautstärke, Emphase und anderes mehr, das bewusste Einstellen auf die jeweiligen Zuhörerinnen und Zuhörer, die konkrete Vorbereitung auf das Erzählen. Auch die geschickte und passende Auswahl der Erzählstoffe, die eventuelle Abwandlung einer Geschichte in inhaltlicher oder sprachlicher Hinsicht und letztlich das Erfinden eigener Geschichten wollen gelernt sein.

Gut erzählen

Das Ergebnis ist die große Mühe wert. Einem anregenden Erzähler oder einer anregenden Erzählerin hört jeder gern zu, selbst diejenigen Kinder, deren Aufmerksamkeitsspanne sonst eher knapp bemessen ist. Geschichten sind ja nicht nur im Fremdsprachenunterricht ein tragendes Element der ästhetischen und sprachlichen Erziehung, sondern ein probates Mittel, um historische, naturwissenschaftliche oder soziale Zusammenhänge plastisch und konkret anschaulich zu vermitteln.

Raum für Geschichten schaffen

Im frühen Fremdsprachenunterricht schaffen Geschichten einen ganz besonderen Lernkontext, dessen Wert erfahrenen Fremdsprachenlehrerinnen und -lehrern aus der Praxis bekannt ist. So nötig dennoch empirische Untersuchungen zu dieser Frage sind, um noch genauer festzustellen, welche Lern- und Bildungsziele durch einen Einsatz von Geschichten im Fremdsprachenunterricht der Grundschule ganz besonders gefördert werden, so klar ist bereits auf der Basis des Erfahrungswissens kompetenter Lehrkräfte, dass ein guter Fremdsprachenunterricht ohne Geschichten nicht denkbar ist.

Als umfassende Lernsituationen ermöglichen Geschichten kognitive, affektive, soziale, interkulturelle und ästhetische Lernprozesse. In einer Zeit, in der die Kinder in ihrer Umwelt durch Medienüberflutung und eine allgemeine Beschleunigung bedrängt werden, bilden sie Oasen des Verweilens und der länger gebundenen Aufmerksamkeit. Zwar „entschleunigen" Geschichten das Unterrichtsgeschehen, doch führen sie keineswegs zur Langeweile. Ganz im Gegenteil: Sie bereichern die schwierigen ersten Schritte im Fremdsprachenlernprozess, indem sie Kinder weit über das bloße Verstehen fremdsprachlicher Sätze hinaus zu Neugier, Fantasie und Kreativität anregen. Insofern müssen Geschichten ein unverzichtbarer Bestandteil des Fremdsprachenunterrichts an der Grundschule sein.

Literatur

Bräuer, G., Schneider, G. & Schulz, W. K. (1989): Zugänge zur ästhetischen Elementarerziehung. Grundbaustein Teil 1. Tübingen.

Butzkamm, W. (2004): Lust zum Lehren, Lust zum Lernen. Eine neue Methodik für den Fremdsprachenunterricht. Tübingen.

Carle, E. (1974): The Very Hungry Caterpillar. Harmondsworth.

Duncker, L., Maurer, F. & Schäfer, G. E. (Hrsg.) (1993[2]): Kindliche Phantasie und ästhetische Erfahrung. Wirklichkeiten zwischen Ich und Welt. Langenau-Ulm.

Ellis, G. & Brewster, J. (1991): The Storytelling Handbook for Primary Teachers. London.

Ellis, G. & Brewster, J. (2002): Tell it Again! The New Storytelling Handbook for Primary Teachers. London.

Hammond, J. (Hrsg.) (2001): Scaffolding. Teaching and learning in language and literacy education. Newtown (Australia): Primary English Teaching Association.

Hellwig, K. (1995): Fremdsprachen an Grundschulen als Spielen und Lernen. Ismaning.

Hentig, Hartmut von (1996): Bildung. Ein Essay. München.

Hu, A. (1999): Identität und Fremdsprachenunterricht in Migrationsgesellschaften. In: Bredella, L. & Delanoy, W. (Hrsg.): Interkultureller Fremdsprachenunterricht. Tübingen, 209–239.

Hunfeld, Hans (1992): Noch einmal: Zur Normalität des Fremden. In: Der fremdsprachliche Unterricht, 26. Jg., H. 1, 42–44.

Kahl, P. & Knebler, U. (1996): Englisch in der Grundschule und dann? Berlin.

Kerr, J. (1980): Mog and the baby. London.

Klippel, F. (2000): Englisch in der Grundschule. Berlin.

Klippel, F. (2004): „It's storytime now" Geschichten: Schlüsselemente frühen Englischunterrichts. In: Grundschule, 36. Jg., H. 1, 49–52.

Klippel, F. & Preedy, I. (2002): Big Story Books. (Bilderbücher für den frühen Englischunterricht; Level 1: Have you seen my cat? Tosh, Ketchup with everything; Level 2: Debbie, The new machine, Lost in Boston, Big B, Christmas surprise. München.

Peltzer-Karpf, A. & Zangl, R. (1998): Die Dynamik des frühen Fremdsprachenerwerbs. Tübingen.

Phillips, S. (1993): Young Learners. Oxford.

Roney, C. R. (2001): The Story Performance Handbook. Mahwah (New Jersey).

Rosen, M. & Oxenbury, H. (1989): We're going on a Bear Hunt. London: Walker.

Schmid-Schönbein, G. (2001): Didaktik: Grundschulenglisch. Berlin.

Schulz, W. K. (1989): Der Ansatz einer „Ästhetischen Elementarerziehung" als Grundlage des Projekts „Musisch-Ästhetische Erziehung in der Grundschule". In: Bräuer, G.; Schneider, G. & Schulz, W. K., 21–29.

Wright, A. (1999): „The craft of storytelling". In: English Teaching Professional, 13. Jg., 18–20.

Walter Köhnlein

8

Ansatzpunkte und Spielräume des Denkens

Wahrnehmen und Erkunden in der naturwissenschaftlichen Dimension des Sachunterrichts

> „Ohne den Staub, worin er aufleuchtet,
> wäre der Strahl nicht sichtbar."
> (André Gide)

Im Strom des Erlebens können einzelne Episoden als bedeutungsvolle Lernsituationen im Rückblick wie funkelnde Kristalle erscheinen und zu Bezugspunkten unserer Wahrnehmungen und unseres Denkens für längere Zeit werden. Vorstellungen, Begriffe und die prüfende Konstruktion von Zusammenhängen orientieren sich an dem aufschlussreichen Beispiel. Es wird gleichsam zu einem wachsenden Kristall, der sich schließlich mit anderen Kristallen verbindet (Wagenschein 1976, 206 ff.) und in diesem Konnex unsere Emotionen und Kognitionen steuert.

Aufbau des Beitrags

Ein Unterrichtsprotokoll soll eingangs den Untersuchungen über den Zusammenhang von curricularer Strukturierung und offener Auswahl der Lernwege sowie von Aisthesis und Bildung eine konkrete Grundlage geben. Genetischer Unterricht bildet den konzeptionellen Rahmen ästhetischer Bildungsprozesse.

Wahrnehmung und ursprüngliches Verstehen

Akzentuierungen ästhetischer Bildung

Eine Unterrichtsepisode kann vielleicht den Blick dafür öffnen, dass der Prozess ästhetischer Bildung in der naturwissenschaftlichen Dimension des Sachunterrichts mehrere Akzentuierungen hat.[1] Er betrifft zumindest

122

- die Kultur des Schullebens und des Lernens für die ganze Klasse und, im Blick auf die einzelnen Kinder,
- die Beziehung zur Natur,
- die Art des Erschließens von Wirklichkeit und das Gewinnen eigener Vorstellungen,
- den Aufbau gesellschaftsbezogenen kritischen Wissens,
- das Entdecken des Schönen, des Guten und des Wahren,
- die Identitätsfindung in einer rational gestalteten Lebenswelt.

Unterrichtsszenen

Die Unterrichtseinheit trägt den Titel „Entstehung des Lebens – Entwicklung des Vogeleies" (Rinke 1990). In dem hier gewählten Ausschnitt soll die dynamische Beziehung von sinnlicher Erfahrung und Wissenserwerb, von Emotion und Sachlichkeit sowie von Empathie und Respekt wenigstens andeutungsweise zum Vorschein kommen.

Der Student (L.) eröffnet den Zugang zu dem sensiblen Thema, indem er den Kindern einer 4. Klasse einige 20 bzw. 10 Tage bebrütete Hühnereier in die Hand gibt, die Eier mit den Kindern durchleuchtet und dabei zum genauen Beobachten auffordert. Die Kinder halten die Eier vorsichtig in der Hand, hören das Piepen, sehen die Embryonen in den Schalen und spüren die Bewegung des Kükens. – Ich zitiere einige Stellen nach dem Tonbandprotokoll: **Einstieg**

> Florian: „Oh, hier, guck mal, hier guckt ein Schnabel raus."
> Phasen des Durcheinanderredens: „Niedlich." – „Schlüpft es gleich?" – „Es piept ganz leise." – „Angelina, hör mal, ich halte es dir mal ans Ohr." – „Lass es aber bloß nicht fallen, du." – „Glaubst du, ich lasse so eine Kostbarkeit fallen?" – „Iih, das ist ja ekelig!" – „Nein, fass es doch mal vorsichtig an, es tut dir nichts."

Solche Phasen wechselten sich ab mit Momenten der absoluten Stille, in denen die Kinder gelegentlich flüsterten: „Ja, es piept ganz leise." „Seid doch mal ruhig, ich hör sonst nichts." Freudig: „Ja, es hat im Ei gekratzt und es knackt!"

Beim Durchleuchten der 10 Tage bebrüteten („halbleeren") Eier können die Kinder kräftige Blutadern und lebhaft sich bewegende Embryonen erkennen. „Ja … da, es zuckt so, es lebt … wo ist denn der Schnabel?" – „Wann schlüpfen denn die halbleeren Eier?" **Elementare Veranschaulichung**

Im anschließenden zweiten Unterrichtsabschnitt tauschen die Kinder ihre Eindrücke aus und berichten über ihre Beobachtungen (Rinke 1990, 91 f.):

Nicole:	„Wann könnte ungefähr das eine Küken schlüpfen, das schon das Loch drin hat?"
L.:	„Das dauert vielleicht noch ein paar Stunden, aber vielleicht können wir jetzt erst einmal beschreiben, was wir gesehen haben, als wir uns die Eier angeguckt haben."
Harald:	„Die Küken wollten raus aus den Eiern."
L.:	„Sagst du das bitte noch einmal laut."
Harald:	„Also, die Küken wollten aus den Eiern schlüpfen."
Nicole:	„Und das eine Küken, das hat schon gegen die Eierschale gehauen, damit es raus will, aber das dauert vielleicht noch ein bisschen, und die haben auch immer so gequietscht und so."
Kathrin:	„Das Küken, das war noch ganz klein, und wenn das Ei dann voll ist, dann platzt es und dann ist es draußen."
Nina:	„Da war ein halbleeres Ei mit dabei; und da war das Küken noch nicht so groß, aber das hat sich schon bewegt, als Sie die Lampe dagegengehalten haben".
Marc-Andre:	„Wann schlüpfen denn die Küken von dem halbleeren Ei?"

In einem dritten Abschnitt schließlich schreiben die Kinder in Gruppenarbeit ihre Fragen auf, die dann im Sitzkreis behandelt werden. Es wird im Gespräch geklärt, wie sich das Küken im Ei ernährt, welche Funktion die sichtbaren Blutadern und die Nabelschnur haben. Das Wort „Embryo" wird eingeführt und geübt, die Poren in der Eierschale werden entdeckt, und ein Schüler (Andre) erklärt, was Sauerstoff ist: „Es ist in der Luft, man atmet es und es ist lebensnotwendig." (Rinke 1990, 99)

Stimulierung von Emotion und Kognition

In diesem kurzen Unterrichtsausschnitt kommt nicht nur die produktive Wechselwirkung zwischen emotionaler Betroffenheit und sachlicher Begrifflichkeit zum Ausdruck, sondern auch ein wenig jener geistige Formungsprozess, der primär durch die diskursive Suche nach Erkenntnis und nach einem ästhetischen Urteil gefördert wird.

Das Unterrichtsbeispiel zeigt eine klare, für die Kinder leicht mitvollziehbare Strukturierung:

- originale Begegnung und ein sachbezogener freier Umgang mit dem Gegenstand,
- das auf Verstehen angelegte Gespräch, das weiterführende Akzente setzt und das den Freiraum gibt, in dem sich ein eigener Sachbezug entfalten kann,
- Formulierung und Klärung von Fragen.

Indem das Phänomen „in die Hand der Kinder" gelegt wird, sind verschiedene Sinne direkt angesprochen (Fühlen, Hören, Sehen); dadurch ist es leichter, eine affektiv-positive Beziehung aufzubauen. So wird von einer „Kostbarkeit" gesprochen, was eine starke emotionale Einfühlung zeigt. Aber das Phänomen wurde den Kindern auch insofern in die Hand gelegt, als es nun an ihnen war herauszufinden, was mit den Eiern bzw. den Küken passiert. Durch die unmittelbare Konfrontation mit dem Phänomen (körperliche und geistige Berührung) haben sie das Bedürfnis, sich mit anderen Kindern darüber auszutauschen, Beobachtungen zu vergleichen, Vermutungen zu äußern. Dadurch werden die Aussagen immer genauer:

> „Ja, es piept ganz leise." – „Ja, es hat im Ei gekratzt und es knackt!" – „… Es zuckt so, es lebt …" – „… Das eine Küken … hat schon gegen die Eierschale gehauen … die haben … so gequietscht …" – „Das Küken … war noch ganz klein." – „Da war ein halbleeres Ei … da war das Küken noch nicht so groß …"

Die Erkundungen werden allmählich in Zusammenhang gebracht; das führt zu Vermutungen:

„Die Küken wollten raus aus den Eiern." Nicole und Kathrin begründen die von Harald geäußerte Vermutung, dass das Küken aus dem Ei will, mit ihren Beobachtungen.

An diesen Stellen zeigt sich, dass das Schlüpfen der Küken durch die Erkundung mit Hilfe der verschiedenen Sinne in ursprünglicher Weise als notwendig begriffen werden kann. Durch die Kombination von Untersuchung und Vermutung wird das Verstehen initiiert und gefördert. Mit der am Phänomen orientierten heuristischen Erklärung haben wir zugleich ein Beispiel für den Ansatz des „ursprünglichen Verstehens".

Die Frage „Wann schlüpfen denn die halbleeren Eier?" spiegelt das unmittelbare Interesse der Kinder und den Sog des Phänomens. Nicht nur der augenblickliche Zustand interessiert, auch die Entwicklung und das Schicksal dieser Küken werden hinterfragt.

Durch die Präsentation der verschiedenen Entwicklungsstadien (unterschiedlich lang bebrütete Eier) ist Kathrin in der Lage vorauszusehen, wie die Entwicklung fortschreiten wird: Irgendwann passt das Küken nicht mehr in das Ei und die Schale platzt.

Begrifflichkeit und Abstraktion
Das schwierige Wort „Embryo" kann nun von den Kindern sinnvoll mit Bedeutung gefüllt werden, da sie den Sachverhalt unmittelbar und intensiv wahrgenommen haben. Hier erleichtert es die sinnliche Erfahrung, von der Umgangssprache zur Fachsprache zu gelangen.

Wahrnehmungsintensive Erfahrungen fordern den Aufbau von Vorstellungen, Bewertungen und Begriffen heraus. Begriffsbildung beginnt in der Auseinandersetzung mit dem Sachverhalt und hat mit der Übernahme der richtigen Bezeichnung einen ersten Abschluss. Als ein Akt präzisierender und zugleich verallgemeinernder geistiger Konstruktion überschreitet sie notwendig das, was vor den Sinnen und zu Händen ist.

Ästhetische Dimensionen des Verstehens

Die Kinder werden in diesem Beispiel für ein Naturphänomen sensibilisiert und können es schließlich als sinnvoll in ihre Denkstrukturen eingliedern. Nicht nur bei der nächsten Begegnung mit einem Küken oder einem brütenden Vogel, sondern darüber hinaus und generell bei dem Phänomen Geburt werden Erinnerungen an diese Episode noch vorhanden sein.

Phasen des Verstehensprozesses
Der skizzierte Verstehensprozess lässt sich in folgenden Phasen nachvollziehen:

a) Einlassen auf das Phänomen, Beobachten und Untersuchen,

b) Beunruhigung darüber, dass das Phänomen nicht aus dem vorhandenen Wissen zu erklären ist und überraschende Momente in sich trägt,

c) Suchen nach einer Erklärung, Äußern von Vermutungen (Harald, Nicole und Kathrin vermuten, dass die Küken aus dem Ei wollen, weil sie sich so stark bewegen),

d) Überprüfung der Vermutung und Aufbau von Begriffen,

e) Integration neuer Einsichten in die Denkstruktur und Festigung neuer Begriffe.

126

Der Prozess ästhetischer Bildung bezieht sich in dem Beispiel insbesondere auf

- eine konzentrierte Aufmerksamkeit und gegenseitige kommunikative Anregung bei der engagierten Erkundung von Sachverhalten und auf den freundschaftlich-partnerschaftlichen Umgang in der Klasse,
- die genaue Auffassung des Gegebenen, die „zarte Empirie, die sich mit dem Gegenstand innigst identisch macht" (Goethe), und die Intensität der originalen Begegnung (Roth 1960) mit dem Vorgang des Geborenwerdens,
- das Gewinnen von Vorstellungen, die sich nicht aus begrifflich gefassten Belehrungen herleiten, sondern aus Wahrnehmungen und Fragen, aus Intuition und Konstruktion oder aus dem Gefühl der Evidenz,
- die Grundlegung eines durch sinnliche Erfahrung authentischen Wissens, das in der Gruppe kritisch geprüft, bewertet und dadurch vor bloßer Subjektivität bewahrt wird,
- die Selbsterfahrung in der Überwindung von Ekel, im wachsenden Gefühl des Könnens und im Durchbruch zu aufgeschlossener Sachlichkeit.

Wahrnehmungen haben eine affektive, vorrationale Erlebnisqualität; sie sind ursprünglicher als Deutungen. Entscheidend für das Lernen ist, dass die Kinder durch gemeinsames Bemühen im Regelkreis von sinnlicher Erfahrung, Denken, Erkunden und Urteilen zu eigenen Einsichten kommen. Der Prozess der ästhetischen Bildung ist im Sachunterricht an die Offenheit[2] für die sachbezogenen Überlegungen und Vorschläge der Kinder und an die Freiheit für individuelle Ideenfindung und geistige Produktivität geknüpft. Diese Erfahrung von Offenheit und Freiheit wird möglich, wo das Individuum im wechselseitigen Austausch, in dem sich Menschen über Situationen und Sachverhalte verständigen, nach eigener Entscheidung, Einsicht und Vernunft urteilen und handeln kann. Damit wird das Gespräch zum dominanten Medium ästhetischer Bildung, in der – nach Schiller – Sinnlichkeit und Vernunft zugleich wirksam sind (Schiller o. J., 238).

Das Curriculum und der Garten der Phänomene

Gut gelingender Unterricht wird von Kindern und Lehrern als „schön" empfunden. Es war anregend, „interessant"; man hat mit Lust teilgenommen und sich engagiert; und es ist reizvoll, anderen davon zu erzählen. Die Sache ist zur Sache der Kinder geworden. Sie haben sich einen Einblick in bisher wenig Bekanntes eröffnet und damit einen Ansatz für weiteres Lernen, für Vertiefung und für den Aufbau von Zusammenhängen gewonnen.

Sinnzusammen-
hänge und
Sachstrukturen

Die Mitgestaltung von Sinnzusammenhängen erscheint als wesentliches Moment ästhetischer Bildung. *Martinus Langeveld* hat darauf aufmerksam gemacht, dass ein Kind, indem es sich mit seiner Welt auseinandersetzt und nach Deutungen und Erklärungen sucht, Akte der Sinngebung vollzieht,[3] die manchmal ganz persönlich sein mögen, die aber auch einverständlich in offener gemeinschaftlicher Arbeit geschehen können und dann eine Welt hervorbringen, „die wir im Wachen gemeinsam haben" (Langeveld 1956, 92).

Zusammenhänge, die Verstehen erst ermöglichen, müssen von den Individuen durch Konstruktion und Prüfung der Entwürfe erarbeitet werden. Sie sind nicht willkürlich, sondern in ihren generellen Zügen in der Kulturgeschichte vorgezeichnet, und sie werden als Sachstrukturen erkennbar. Ihre didaktische Ausformung ist Aufgabe der Curriculumskonstruktion, die nicht nur sinnvolle Wege des Lernens aufzeigen soll, sondern auch Zugänge und Phänomene, die als Einstiege taugen, und Beispiele, die sich als Kristallisationspunkte für Einsichten bewähren.

Ästhetische Bildung und curriculare Perspektiven

Das vorausgehende Unterrichtsbeispiel findet als Inhalt des Sachunterrichts vielleicht auch deshalb Zustimmung, weil es hier wohl gelungen ist, einen Sachverhalt von exemplarischer Bedeutung für die Kinder zugänglich zu machen und weil sich der Unterricht als ergiebig erweist. Aber gelungene Beispiele lösen nicht das Problem der Auswahl von Inhalten und Methoden, und wir kennen die Gefährdung des Sachunterrichts durch Beliebigkeit, Trivialität und Konturlosigkeit (Köhnlein 2001).

Herbart empfahl vor zweihundert Jahren eine „ästhetische Darstellung der Welt", d.h. ein Arrangement der Inhalte, das der Moralität („Charakterstärke der Sittlichkeit", „Redlichkeit, Güte, Selbstbeherrschung") verpflichtet ist, und sah in ihr „das Hauptgeschäft der Erziehung"[4] (Herbart 1804/1964, 114 f.).

Die Inhalte des Unterrichts sollen also nicht einem beliebigen Umgang und einer zufälligen Erfahrung überlassen bleiben, sondern einer begründeten Auswahl unterliegen. – Im Lehrplan der heutigen Grundschule sind dem Ästhetischen (im engeren Sinn von Kunst, Musik und

Körpererfahrung) eigene Bereiche gewidmet, und das Feld des Sachunterrichts ist das des sozialen, naturwissenschaftlichen und technischen Bereiches (Köhnlein 1990; 2001, 216 f.). Aber die Grenzstärke solcher Bereiche wird immer relativiert durch übergreifende Aufgaben.

Unser einführendes Beispiel weist darauf hin, dass die Kinder in einem hinreichend offenen Unterricht von sich aus Naturphänomene, ästhetische, ethische und mitmenschliche Momente miteinander verbinden. Die moderne Wissenschaft grenzt fachfremde Aspekte weitgehend aus[5], aber dem Sachunterricht ist das Ästhetische und das Ethische in übergreifender Weise aufgegeben.

Ich greife hier einen fruchtbaren Gedanken auf, den *C. F. v. Weizsäcker* mit dem Terminus „Mitwahrnehmung" bezeichnet hat. Es ist die Mitwahrnehmung eines Begriffs in dem, was unter den Begriff fällt:

Mitwahrnehmung des Wahren, Guten und Schönen

> „Wir Menschen nehmen mit jedem einzelnen Sinneseindruck, jedem einzelnen Urteil, jedem einzelnen Affekt zugleich das Höhere, Allgemeingültige wahr, das diesen Eindruck, dieses Urteil, diesen Affekt erst möglich macht. [...] In jedem wahren Satz nehmen wir das Phänomen der Wahrheit mit wahr, in jeder geforderten guten Handlung die moralische Ordnung, und eben in jedem schönen Eindruck, in jedem schönen Kunstwerk die geheimnisvolle Wirklichkeit des Schönen." (v. Weizsäcker 1977, 137 f.)

Als ein Grundphänomen bezeichnet er es, „dass wir stets nicht bloß wahrnehmen, wie etwas ist, sondern mitwahrnehmen, wie es sein sollte." Wir nehmen mit wahr, „dass es anscheinend zu allem seine beste Möglichkeit, sein Gutes gibt, an dem wir seine Erscheinung messen" (a. a. O., 139).

Zum Unterricht gehört die Mitwahrnehmung des Guten, des Wahren und Schönen in den unterschiedlichen sachlichen Bezügen und den vielfältigen Ausprägungen des Tuns, zu denen Schule immer wieder Gelegenheit gibt. Der Prozess ästhetischer Bildung ist rückgekoppelt mit der Stärkung der Wahrnehmungsfähigkeit für Moralität, Wahrheit und Schönheit und einem differenzierten Denken über das Wahrgenommene. Darüber hinaus soll der Sachunterricht dazu beitragen, die Wahrnehmungssensibilität der Kinder zu festigen gegen die Verflüchtigungen durch Medien und Alltagsroutinen wie auch gegen unverständliche Belehrung.

Als eine Institution der Gesellschaft sollte Schule für das Kind ein zwanglos erfahrbarer Bereich moralisch-ästhetisch geordneter Verhältnisse sein, in dem sich Sensibilität entfalten und grundlegende Bildung (über bloße Enkulturation hinaus) ereignen kann. „Mitwahrnehmung" heißt dann, dass der strenge Sachbezug, der zur Ausblendung von allem zwingt, was nicht in seiner Linie liegt, im Hinblick auf das, was durch übergreifende Bildungsziele aufgegeben ist, gemildert oder zeitweilig aufgehoben, jedenfalls aber relativiert wird. Insofern verlangt sie eine Öffnung des Unterrichts für „außerfachliche Belange".[6]

Aufgegeben sind dem Sachunterricht die Sachen in der Sphäre des Menschlichen als Gegenstände engagierter Auseinandersetzung in sozialen Interaktionen; dabei sind Emotion und Kognition gleichermaßen von Bedeutung. Die Anerkennung der berechtigten Ansprüche und des Denkens anderer im gemeinsamen Arbeitsprozess ist eine wichtige Fundierung der Moral.

Wir würden ästhetische Bildung zu eng fassen, wollten wir sie allein auf das Schöne beziehen. Um die Fruchtbarkeit des Begriffes für die didaktische Theoriebildung und für die Praxis nicht zu verkürzen, ist es nötig, nicht allein vom Schönen zu sprechen, sondern ebenso vom Guten und Wahren. Wahrheit ist im Sachunterricht wesentlich auf Erkenntnis und Wissen bezogen. Das Gute aber ist nicht nur das moralisch Gute; gemeint ist auch das, was sachgemäß ist und einen guten Zweck erfüllt: eine gute Handlung, eine gute Arbeit, ein gutes Produkt oder Ergebnis (vgl. v. Weizsäcker 1977, 139).

Grundlegende Bildung und Curriculum

Aufgabe des modernen Sachunterrichts ist grundlegende Bildung durch die klärende Auseinandersetzung mit den Sachen (Klafki 1992, Einsiedler 2000, Kahlert 2005). Unter dem Leitmotiv von Bildung erhält diese Auseinandersetzung einen über den Aufbau von Wissen und Leistungsfähigkeit hinausreichenden Sinn, der sich wesentlich auf das Werden der Persönlichkeit und die Befähigung zu verantwortlichem Handeln bezieht (vgl. Köhnlein & Lauterbach 2004). Der Grundlegungsauftrag des Sachunterrichts bekommt im Curriculum Gestalt und Struktur; er betrifft speziell die Initiation von Interessen, die Erarbeitung von Zugangsweisen und den Aufbau tragfähiger Vorstellungen, insbesondere auch solcher, welche die außerschulische Lebenswelt der Kinder nicht vermittelt, die Genese von Sinnbezügen und schließlich die Kultivierung der Lernfähigkeit.

Dimensionen der Welterschließung

Mit dem Begriff des Curriculums kommt in den Blick, dass es in einer Kultur notwendig zur Aneignung aufgegebene Gegenstände gibt, deren Bearbeitung Voraussetzung für Kompetenz ist. Im Rahmen des Sachunterrichts werden diese Gegenstände in bestimmten Dimensionen oder Perspektiven der Welterschließung fassbar, die sich in unserem Kulturkreis ausgebildet haben. Es sind das die lebensweltliche, die historische, die geografische, die wirtschaftliche, die gesellschaftliche, die physikalische und chemische, die technische, die biologische und die ökologische Dimension (Köhnlein 1990; 2001, 311 ff.). Die gegenseitige Durchdringung und Ergänzung dieser Dimensionen gibt dem Sachunterricht die Dynamik und Fruchtbarkeit, Fragen und Probleme aus dem Erfahrungsbereich der Kinder vielperspektivisch aufzunehmen und sachgerecht zu bearbeiten (Köhnlein u. a. 1999).

Einen konkreten inhaltlichen Fundus für den Unterricht, in dem Sachverhalte und Verfahren in einem ausgewogenen Verhältnis stehen und auf den länder-, schul- und klassenspezifische Lehrpläne zurückgreifen können, stellt der Perspektivrahmen Sachunterricht (Gesellschaft für Didaktik des Sachunterrichts 2002) dar. Dort sind fünf Perspektiven genannt, unter denen der Bildungsanspruch des Sachunterrichts entfaltet und die angestrebten Kompetenzen als Zielkategorien angegeben werden. Ausgeführt und mit Beispielen für perspektivenübergreifende Vernetzungen versehen sind die sozial- und kulturwissenschaftliche, die raumbezogene, die naturbezogene, die technische sowie die historische Perspektive. Hinzuzufügen wäre noch die ökonomische Perspektive (Köhnlein 2004).

Der Garten der Phänomene und die Ästhetik des Erkennens

Inhaltlich sind die Perspektiven des Lehrplans auf Wissenschaftsbereiche gerichtet. Der Bezug auf Wissenschaft ist eine Hilfe, Vorurteile zu überwinden und Distanz zu vorschneller Selbstsicherheit und alltagsweltlicher Beschränkung in der Sicht der Dinge zu gewinnen. Wissenschaft ist jene kulturelle Institution, in der belastbares Wissen erarbeitet und geordnet wird. Ohne kritisch geprüftes Wissen kann es weder Bildung noch Kompetenz geben. Deshalb ist Wissenschaftsorientierung ein wichtiges didaktisches Prinzip, das die Wissenschaften als Referenzbereiche für Inhalte und Verfahrensweisen benennt und verlangt, dass wir im Unterricht mit den Kindern Wege gehen, die sie zu tragfähigen Einsichten führen.

Wissenschaftsbezug und Sachgemäßheit

Dabei muss immer bewusst sein, dass Wissenschaftsbezug allein noch keine hinreichende Bedingung für eine humane Gestaltung von Schule und Leben ist. Um verantwortliches Handeln zu begründen, muss die wissenschaftsbezogene Komponente des Unterrichts durch eine ethische und ästhetische ergänzt werden. Die Wahrnehmung von Sachen, die dem Sachunterricht aufgegeben ist, verbindet das Moment der Wissenschaftsorientierung mit dem von Ethik und Ästhetik. Erst unter Berücksichtigung dieser drei Momente erscheint ein sachgemäßer Zugriff auf die Welt möglich, der den gegenwärtigen Ansprüchen eines bildenden Unterrichts entspricht (Köhnlein 1996, 56 ff.).

Sachgemäßheit des didaktischen Zugriffs schafft kein System von Inhalten, sondern ermöglicht eine Vielfalt von Ausgangspunkten und Wegen, die sich metaphorisch als „Garten des Menschlichen" darstellen lassen:

> „In einem Garten gibt es Wege, und ein verständig angelegter Garten zeigt von jedem Blickpunkt aus ein jeweils anderes, sinnvolles Bild. Nach welcher Gartenkunst wollen wir unseren Garten anlegen?" (v. Weizsäcker 1977, 15).

Phänomene – Orte der primären Aufmerksamkeit

Gleicht Sachunterricht einem solchen Garten markanter Punkte und kunstvoll angelegter Wege?[7] Orte primärer Aufmerksamkeit sind die Phänomene, von denen aus sich Einsichten eröffnen lassen, und die Wege, die wir suchen, dienen der Vernetzung, der Verbindung von Sachverhalten und der Erkundung von neuen Ausblicken.

Ein Phänomen ist ein (vielleicht unerwartetes) auffälliges Ereignis oder ein Sachverhalt, dessen Ursache und Zusammenhang in Frage stehen und einer Erklärung bedürftig erscheinen oder das Handeln herausfordern.[8]

Exemplarität des Phänomens

Phänomene liegen aber nicht einfach in der Außenwelt vor, gleichsam in gegenständlicher Invarianz, sondern werden von den Individuen durch Aufmerksamkeit als strukturelle Einheiten erst hervorgebracht. Überindividuell, z. B. in der Schulklasse, werden sie durch kommunikative Prozesse (etwa – wie in unserem Eingangsbeispiel – im Zuge einer Exposition durch den Lehrer) konstituiert, in denen sich Interessen bündeln und Beziehungen zu einem physischen Vorgang entstehen. Immer muss das Phänomen aus einem Hof von Erscheinungen herausgearbeitet und gekennzeichnet werden. Im Zuge des Curriculums fungiert es dann als konkretes Beispiel, an dem sich allgemeine und abstrakte Erkenntnisse verankern lassen.

Ästhetische Qualität bekommt das Phänomen (über seine ursprüngliche Erscheinungsweise hinaus) durch die Art des Zeigens, des erkundenden Handelns, des Erzählens, der bildlichen und schriftlichen Darstellung und schließlich auch der Erinnerung im wiederholenden Rückgriff, also durch die Art und Weise, wie sich die Lernenden zu dem Phänomen in Beziehung setzen und wie darüber nachgeforscht wird. Charakteristisch für ästhetische Deutungen eines Phänomens ist, dass wahrgenommene Details und das Ganze aufeinander bezogen werden; dabei geht es immer auch um Versuche der Einordnung und um die Suche nach Begriffen und Generalisierungen. Für die Kinder hat diese Art des Lernens, die ihnen ihre Fortschritte auch bewusst werden lässt, nicht nur einen Bildungs-, sondern auch einen Erlebniswert. Die Freude am Tun erscheint als eine wichtige Komponente des Ästhetischen; umgekehrt regt das Ästhetische die kreativen Kräfte des Menschen an.

Ästhetische Erfahrungen in Lernprozessen sind in vielerlei, kaum ausschöpfbaren Varianten möglich. In der Auseinandersetzung mit Phänomenen beziehen sie sich – unter der schon erörterten Voraussetzung von Freiheit für produktives Denken – auf das Gelingen eines Projektes, den Erfolg einer Bemühung, auf das Empfinden von Befriedigung, Bereicherung, Beglückung und die Herstellung von Sinn, konkret also z. B. auf

Ästhetische Erfahrung gegen Verdinglichung

- die Herstellung eines gemeinsamen Interesses oder das Gewinnen von Übereinstimmung mit anderen Menschen in einer nicht banalen Angelegenheit,
- den Durchbruch zu einer neuen Einsicht oder zu einer interessanten Vermutung, die weiteres Nachforschen motiviert,
- den Anschluss von Neuem an Bekanntes und seine Integration in die eigene Lebenswelt.

Damit wird schließlich deutlich, dass der Prozess ästhetischer Auseinandersetzung dem entgegenwirkt, was *Adorno* in seiner „Theorie der Halbbildung" (1975) kulturkritisch als warenhafte Verdinglichung der Kultur dargestellt hat, durch die diese ohne Verpflichtung auf Wahrheit und Verstehen konsumierbar werde (siehe auch den Beitrag von *Rentschler* in diesem Band). Dagegen trägt ästhetische Bildung durch die unmittelbare Arbeit am Phänomen sowie die Ermöglichung eigener Urteile und Einsichten zur Mündigkeit des Einzelnen und zur Autonomie der Gesellschaft bei. Lebenswelt und Wissenschaft fallen nicht auseinander, vielmehr werden lebensweltliche Wissensformen und Kompetenzen erweitert durch eine kritische, wissenschaftsbezogene Auseinandersetzung mit relevanten Sachverhalten.

Phänomene als Ansatzpunkte des Denkens

Die Vielfalt der Phänomene in einem Garten ästhetischer Erfahrungen erscheint nahezu unendlich, auch wenn man berücksichtigt, dass im

Bereich der Naturwissenschaft, insbesondere der Physik, nur solche Vorgänge relevant sind, die immer wieder auffallen und im Prinzip wiederholbar sind. Ein erster Auswahlgesichtspunkt ist ihre Bedeutsamkeit, bedeutsam für die Entwicklung der Aufmerksamkeit der Kinder, für die Fundierung einer allgemeinen Bildung, für das Weiterlernen und für eine verständige Teilhabe an der Kultur.

Auswahl-kriterien

Ein zwingendes Kriterium ist sodann die Zugänglichkeit für die Kinder, d. h. dass das Phänomen leicht beobachtbar und ein erkundender Zugriff (Variation der Bedingungen, Experimente) möglich ist. Schon hier ist eine Differenzierung nötig: Der Stand der Sonne im Tages- und Jahreslauf oder die Phasen des Mondes sind unserem Zugriff entzogen.[9] Hier ist es wichtig und ausreichend, mit dem Phänomen, wie es sich selbst zeigt, durch wiederholte Beobachtungen vertraut zu werden. Vertrautheit mit den Phänomenen ist Voraussetzung für das (spätere) Verstehen.

Ein auch für Kinder immer wieder faszinierendes Phänomen ist der Regenbogen. Die Beobachtung kann zu einer Episode im Erfassen der Welt werden. En miniature lässt er sich reproduzieren mit dem Gartenschlauch oder mit einer Sprühflasche. Sind die Farben immer gleich und in der gleichen Reihenfolge? In Bildern werden die Kinder ihre Eindrücke wiedergeben und verarbeiten. Kunst ist hier Mittel, die Welt zu beschreiben. Der Beobachtung verpflichtete Darstellungen in Sprache und Bild geben dem (späteren) analytischen Zugriff naturwissenschaftlicher Erklärungen einen mentalen Rückhalt.

Kindliches Forschen

Der erkundende Umgang mit Phänomenen schafft eine erfahrungsmäßig-lebensweltliche Grundlage für naturwissenschaftsbezogenes Denken und Lernen. *Martin Wagenschein* hat in seinem Klassiker über „Kinder auf dem Wege zur Physik" (1973, 2003) den Forschungsdrang von Kindern und Prozesse zunehmenden Verstehens in eindringlicher Dichte beschrieben und neunzig Beispiele dafür vorgelegt, „wie aus unbeeinflußten jungen Kindern durch die Begegnung mit absonderlichen Naturphänomenen ursprüngliche Ansätze physikalischen Verstehens herausgefordert werden."

Besonders auffällig ist dabei, dass die Kinder von sich aus einem Forschungsprozess folgen, der „mit Beobachten, Wiederholen, Vergleichen, Vermuten, Eingreifen, planmäßig Verändern [...] bemerkenswert ähnlich ist dem wissenschaftlichen Vorgehen" (Wagenschein 1973, 11; vgl. dazu Soostmeyer 1978, 155 ff. und Popper 1995), und weiterhin, dass ihnen jene „„gemeinverständlichen Prinzipien', die in der Naturwissenschaft führend geworden sind", nämlich Wiederholbarkeit („jederzeit von jedermann reproduzierbar"), Erhaltung („dass ‚nichts wegkommt'") und Ordnung („Reduktion des Vielerlei auf wenig Selbstverständliches") offensichtlich als Deutungskonzepte naheliegen (Wagenschein 1973, 13; vgl. Köhnlein 2001, 319 ff.).

Beispiele für ergiebige Phänomene

Neben den außerschulischen Erkundungen der physischen Welt, von denen die „Geschichten" *Wagenscheins* berichten, gibt es auch im Schulleben immer wieder gute Gelegenheiten, die Gunst der Situation zu ergreifen und sich (außerhalb des Lehrplans) mit den Kindern aktuell auftretenden Phänomenen zuzuwenden. Wenige stichpunktartige Hinweise können das Gemeinte verdeutlichen:

- Kämmen des frisch gewaschenen trockenen Haares: elektrische Anziehung. Die Ladung kann (z. B. an der Kleidung) „abgewischt" werden. Ebenso kann ein Hartgummistab durch Reiben „aufgeladen" werden und zieht dann z. B. Papierschnitzel an.
- Die Schläge einer Ramme, das Geräusch eines Flugzeuges … hören wir erst verspätet (vgl. Thiel 2003, S. 103 ff.).
- Gewitter:
  a) Folgen Blitz und Donner kurz aufeinander, ist das Gewitter nahe. Ist der zeitliche Abstand größer, so ist auch die Entfernung des Gewitters größer: Schall braucht Zeit.
  b) Ist der Donner „hell" wie ein Peitschenknall, so ist das Gewitter nahe. Grollt der Donner nur dumpf, ist es fern. Die Luft (auch Mauerwerk, Teppiche …) absorbiert die hohen Töne stärker als die tiefen.
- Das Martinshorn eines schnell fahrenden Einsatzfahrzeuges erscheint uns heller, wenn sich das Fahrzeug nähert, und tiefer, wenn es sich entfernt: Die „Schallwellen" werden „zusammengepresst" oder „auseinandergezogen" (Dopplereffekt).
- Regenbogen:
  a) Sind die Farben immer in der gleichen Reihenfolge? Kann man diese Farbenfolge auch im sprühenden Strahl eines Gartenschlauches sehen (bei geeigneter Konstellation Sonne – Beobachter – Wassertröpfchen)?
  b) Wie ist es mit den Farben in den Wassertropfen, die frühmorgens (bei tiefstehender Sonne) an einem Strauch hängen?
  c) An einem Prisma (einem eckigen Glaskörper) lässt sich das Phänomen (Aufspaltung des weißen Lichtes) reproduzieren.

Phänomene als Ansatzpunkte In der Grundschule sind für viele Phänomene, die Kinder interessieren und ihnen Freude machen, Erklärungen jedoch nicht möglich, weil sie weiterreichende Kenntnisse voraussetzen (z.B. über „Lichtwellen", Brechung, Dispersion, Dopplereffekt, Magnetismus, Struktur der Materie ...). Das ist aber kein Grund, gut beobachtbare Phänomene nicht zum Gegenstand einer ersten Kenntnisnahme oder Untersuchung und ggf. einer (experimentellen) Reproduktion zu machen. Wo es möglich ist, sollten darüber hinaus von den Kindern mehrere verwandte Phänomene (durch Vergleich und Analogie, vgl. Spreckelsen 2004) in Zusammenhang gebracht werden: Ist das so ähnlich wie ...? Die Vermutung, dass es sich um ein verwandtes Phänomen handelt, ist ein motivationaler und auch sachlicher Anstoß für weitere Erkundungen und verweist auf Ordnungsgesichtspunkte.

Phänomene sind Ansatzpunkte, von denen aus Kinder an ihrem Weltbild arbeiten, deswegen sind sie als Wissenskerne schon wichtig, noch ehe eine Erklärung möglich ist. Für die Grundschule gilt in besonderer Weise der Leitsatz, den *Wagenschein* allgemein formuliert hat:

> „Man bleibe bei den Phänomenen, so lange wie möglich, und verbinde sie verstehend untereinander. Wo aber Bilder sich aufdrängen, weiche man ihnen nicht aus"
> (Wagenschein 1976, 193; vgl. Jung 1979, 10 ff.).

Die Auseinandersetzung mit den Phänomenen geschieht in der schulischen Umgangssprache. Naturwissenschaftliche Begrifflichkeit und „Bilder" (Modellvorstellungen) folgen später auf dem Weg der Erarbeitung von Erklärungen. Die vorschnelle Rede von Atomen, Molekülen, Elektronen usw. führt in diesem frühen Stadium des Lernens fast zwangsläufig zu Missverständnissen (Misskonzepten), weil die Kinder von den Konstrukten der Mikrophysik Vorstellungen analog zu makroskopischen Körpern (z.B. Form, Farbe, Härte) entwickeln. Wichtig ist vielmehr, Ansatzpunkte für tragfähige Vorstellungen zu schaffen, die dann später erneut produktiv aufgenommen werden können.

Aisthesis und Bildung

Wahrnehmung kann nur thematisiert werden, indem man sie überschreitet. Phänomene beruhen nicht allein auf Wahrnehmung, sondern zugleich auf Denktätigkeit, d.h. auf Vorstellen, erfassendem Begreifen, auf – zumindest beginnender – begrifflicher Konzeptualisierung, Symbolisierung und Repräsentation. Die ästhetische Erkenntnisweise hebt die Dichotomie von Sinnlichkeit und Rationalität auf. Ästhetische Bildung hat eine prozessuale und eine inhaltliche Komponente: die Freiheit der Gedankenentwicklung und der Bezug auf das Gute, Wahre und Schöne.

Wahrnehmen und Erkennen, Affekte der Freude und intensives Erleben sind Merkmale von Episoden, die in der (Lern-)Biografie nachhaltige Bedeutung gewinnen können. In der Schule sind „schöne Stunden", die von den Kindern als solche empfunden und erinnert werden, vorzüglich Situationen gelingenden sozialen Austausches und exemplarischer Verdichtung der Inhalte. In Episoden ästhetischen Handelns erleben sich die Kinder nicht als Unwissende, sondern werden sich ihrer Fähigkeiten der Gestaltung, Strukturierung und Sinngebung unmittelbar bewusst. Episoden sind Quellen für die mentalen Modelle der Lernenden.

Episoden exemplarischer Verdichtung

Ästhetische Zugänge zur Welterkenntnis

Bei unserem Einführungsbeispiel sind wir davon ausgegangen, dass ästhetische Erkenntnis mit einem Gefühl der Lust verbunden ist, das zunächst nicht in der sinnlichen Qualität des Gegenstandes (Schlüpfen der Küken), sondern in der spezifischen Art der Beschäftigung mit ihm seine Ursache hat. Die kooperative Konstruktion des Phänomens beginnt mit vagen Vermutungen und folgt in groben Zügen dem Algorithmus des Problemlösens (Wagenschein 1973, 11; Popper 1995), um durch erkennendes Handeln die Qualitäten (Beschaffenheit und Bedeutung) des Gegenstandes zu erkunden. So wird aus dem anfänglichen Sinnesobjekt Schritt für Schritt ein in seiner Regelhaftigkeit und Funktion verstehbares, ein „schönes", ein ästhetisches Phänomen. Die Lust am allmählichen Gelingen des eigenen Tuns und Urteilens erzeugt ein ästhetisches Gefallen am Gegenstand selbst.

Das Ästhetische im Bereich der physischen Welt, so können wir vermuten, bezieht sich für junge Kinder zuerst und vor allem auf das freie erkundende Handeln, auf das Erfassen und Einordnen der Sinneseindrücke und Empfindungen und das Gewinnen eines reflektiert-bewertenden Urteils, auf die Möglichkeit, einer Idee Gestalt zu geben, dann erst auf das Erfahren, Identifizieren und Erkennen von ästhetischen Qualitäten der Phänomene selbst, und vielleicht zuletzt – wenn die intellektuelle Neugier erwacht – auf die wissenschaftsbezogene Analyse und Erklärung.[10] Der Prozess der ästhetischen Bildung im Sachunterricht liegt wesentlich in der offenen erkundenden und entde-

Ästhetik des Erschließens

ckenden Tätigkeit, durch die das Objekt für das eigene Bewusstsein erschlossen wird.

Mit dieser These folgen wir einer begrifflichen Akzentuierung des Ästhetischen, die sich an der ursprünglichen Wortbedeutung von aisthesis orientiert und auf die *Meike Aissen-Crewett* mit Rekurs auf *A. G. Baumgarten* (1714–1762) aufmerksam gemacht hat (Aissen-Crewett 1997, 145; vgl. Welsch 1990, 11).

Komplementarität von sinnlicher und begrifflicher Erkenntnis

Danach bedeutet aisthesis nicht nur Sinneseindruck, Gefühl und Empfindung, sondern ebenso Verstand, Begreifen, Erkenntnis, Bewusstsein und Urteil. Sinnliches Erkennen wird verstanden als ein Handeln, das zu Erkenntnissen führt; postuliert wird eine Komplementarität von sinnlicher und begrifflicher Erkenntnis: „Ohne Sinnlichkeit würde uns kein Gegenstand gegeben, und ohne Verstand keiner gedacht werden. […] Der Verstand vermag nichts anzuschauen, und die Sinne nichts zu denken. Nur daraus, dass sie sich vereinigen, kann Erkenntnis entspringen" (Kant, KdrV, A 51, 98).

Die Welt alltäglicher Wahrnehmung und Erfahrung und die Welt als Gegenstand wissenschaftlicher Forschung werden nicht als getrennte Welten definiert, vielmehr ist das Schulcurriculum auf eine Kohärenz des Wissens angelegt.[11]

Im ästhetischen Zugang zur Welterkenntnis sieht *Aissen-Crewett* eine Schlüsselfunktion für das Lernen. Zur Erkenntnis wird das Ästhetisch-Sinnliche aber erst, „wenn es zur Kognition vordringt, wenn wir durch ästhetische Aktivität unsere Wahrnehmung der Welt mit der Intention des Verstehens dieser Welt steigern" (a. a. O., 148). Sinneserlebnisse müssen durch das Denken koordiniert und strukturiert werden. Als „ästhetisches Sehen" (a. a. O., 156) bezeichnet sie einen Sehvorgang von besonderer Aufmerksamkeit, ein offenes, intensives Anschauen und Hinsehen[12], ein sorgfältiges Betrachten und Beobachten, das ein Phänomen als solches erfasst. Das ästhetische Sehen von Phänomenen erleichtere es, naturwissenschaftliche Kenntnisse mit dem Alltagsgeschehen zu verknüpfen. Darüber hinaus werde das Sinnliche und das durch Denken erschlossene Sinnvolle und Sinnhafte zur Einheit. Mit der Öffnung des Unterrichts für Akte der Sinngebung wird – über den Wissenschaftsbezug hinaus – der Pluralität von subjektiver Erkenntnis Raum gegeben.

„Prinzipien für eine Wahrnehmungsstrukturierung", die insbesondere für die Anfänge naturwissenschaftlichen Verstehens wichtig sind, findet *Aissen-Crewett* in Goethes Farbenlehre (vgl. a. a. O., 167); uns aber geht es nicht um gegensätzliche Denkstile, sondern um didaktischen Aufbau:

- Qualitative strukturelle Beziehungen zwischen den Phänomenen gehen den erst später zu erkennenden funktionalen Beziehungen voraus. „Der unmittelbare Umgang mit den Phänomenen ist der Zugang zur Physik" (Wagenschein 1976, 97).
- Die Erklärung als Angabe von Anlässen für das Hervortreten von Phänomenen kann die spätere Erklärung als Angabe von kausalen Ursachen für Wirkungen stützen.

In der „Vorgehensweise des sorgfältigen Wahrnehmens, Beobachtens und Vergleichens von Phänomenen sowie [in der] behutsame[n] Verschränkung dieses Wahrnehmens, Beobachtens und Vergleichens mit Vorstellungen, Gedanken, Hypothesen, vorläufigen Schlußfolgerungen" sieht *Aissen-Crewett* die „epistemologische Basisfunktion der ästhetischen Erkenntnis" und zugleich das Verfahren für die „Wahrnehmungsstrukturierung als Erkenntnisprinzip im natur- und naturwissenschaftsbezogenen Sachunterricht für Kinder" (a. a. O., 168, im Original z. T. kursiv), und sie resümiert: „Die *ästhetische Erkenntnisweise* behält ihre Eigenbedeutung gegenüber der wissenschaftlichen Erkenntnis, sie ist nicht nur eine ursprüngliche, sondern zugleich eine *notwendige und durch die wissenschaftliche Erkenntnis nicht überholbare Erfahrungs- und Erkenntnisweise*" (170).

Episoden als Ansatzpunkte von Wissen und Verstehen

Gelungene Unterrichtsphasen von ästhetischer Qualität können in der Lerngeschichte von Kindern und Klassen als Episoden hervortreten. Ein Erlebnis wird zur biografisch bedeutsamen Episode, wenn es sich durch Reflexion zu einem Element des individuellen oder kollektiven Bewusstseins verdichtet. Episoden sind gleichsam eine Nährlösung der „Kristallisationen" (vgl. Wagenschein 1976, 206 ff., Gebhard 1999, 43 f.), d. h., in der Aufarbeitung dieser Episoden werden Ereignisse in Bilder der Weltsicht und in Symbolisierungen transformiert und mit Sinngebungen verknüpft; es geschieht eine Einbindung der Lerngegenstände in die eigene Welt der leitenden Vorstellungen.

Episoden sind also abgegrenzte, zeitlich und räumlich situierte Ereignisse, die zum Aufbau innerer Bilder beitragen, die in der Erinnerung bleiben und aus denen (immer wieder) elementare Denkmodelle, Einsichten und Haltungen abgeleitet werden können. Episoden, die in ihrer Intensität exemplarische Qualität gewinnen, ermöglichen „Elementarakte des Verstehens" (Wagenschein 1976, 206 f.): Akte der Sinngebung, des Entdeckens von Zusammenhängen, der Rückführung des

Episoden als Elementarakte des Verstehens

Neuen auf schon Bekanntes, der Korrektur von Irrtümern und Fehlvorstellungen, des Erkennens einer Struktur, auf die sich eine übergreifende Einsicht aufbauen lässt. Damit können sie zu Schlüsselerlebnissen der Sacherfahrungen und des Verstehens, mitunter sogar für die Identitätsbildung der Persönlichkeit werden.

In seinen Geschichten über „Kinder auf dem Wege zur Physik" berichtet *Wagenschein* von Kindern, die „mitten in ihrem Alltags-Treiben betroffen [sind] von verwunderlichen (aber wiederholbaren) Natur-Vorkommnissen". Es ist unverkennbar, dass diese Beobachtungen für das pädagogische Denken Wagenscheins selbst bedeutsam geworden sind. Ein herausragendes Beispiel[13] ist das von jener Fünfjährigen,

> „der es auffällt, dass ein Rabe, der weit entfernt auf einem Zaune sitzt, seine schöpfende Kopfbewegung vor jedem Rab-Rab-Ruf macht und *nicht* gleichzeitig. Sie denkt sich etwas aus: läuft weiter weg von dem Raben […], bleibt stehen, horcht wieder und blickt: es ist wie vermutet: die Verspätung ist etwas länger! – Das Kind ist beruhigt: *der Ruf läuft her, wie ein Ball*'" (Wagenschein 1989, 104).

Im Spiel macht das Kind einen Schritt auf dem Weg zur Erkenntnis der Welt; seine Phantasie und Intuition entzünden sich an einem Phänomen der realen Welt; die Befriedigung der geweckten Neugier gibt seiner Tätigkeit Sinn.

Episoden sind „Verdichtungen" Episoden der hier gemeinten Art zeichnen sich durch Nachhaltigkeit aus und sind damit aus einer nur punktuellen Bedeutung herausgehoben; sie können die Funktion von Bedeutungsträgern und Orientierungsmustern bekommen, damit werden sie auch zum realen Hintergrund von Begriffen und Einsichten. Im Unterricht zielen der ästhetische Zugriff und der Aufbau einer angemessenen Gesprächskultur darauf ab, dass Kinder in kommunikativem Austausch mit anderen selbst die Verfertiger ihrer Vorstellungen oder mentalen Modelle werden. Solche mentalen Modelle, die aus einer Pluralität von Betrachtungsweisen gewonnen werden, leiten das weitere Denken; sie ermöglichen es dem Individuum, Phänomene und Probleme zu erfassen, Begriffe zu bilden, weiterführende Fragen zu stellen und Vermutungen zu formulieren, Handlungspläne zu entwerfen und Informationen einzuordnen.[14]

Episoden sind „Verdichtungen" in der Lerngeschichte der Kinder, in Unterricht und Schulleben, deren Gelingen nicht erzwungen werden kann, und die dann auch die beteiligten Individuen in unterschiedlicher Weise betreffen. Unterrichtskonzeptionen und methodische

Strategien sollten durch eine Unterrichtsforschung, die nach der Qualität des Unterrichts fragt, auch daraufhin untersucht werden, in welchem Maße sie solche fruchtbaren Episoden favorisieren.

Am bekanntesten für eine Lernepisode als fruchtbarer Moment im Bildungsprozess ist wohl das „Milchbüchsenbeispiel" von *Friedrich Copei* (1962, 103 ff.).[15] Prägnant beschreibt er die Rolle des Lehrers:

Beispiel

> „Seine Aufgabe ist hauptsächlich, die Fragestellung zu verschärfen und auf nichtbeachtete Punkte das Augenmerk zu lenken, weiter eine geordnete Überlegung der Einzelfälle einzuleiten und bei der Analyse der Fälle durch Veranschaulichung zu helfen. Wesentlich ist [...], daß das Problem von Anfang an jeden der Jungen intensiv in Beschlag genommen hat, daß jeder Junge alle Schritte, auch die, welche mit einem Mißerfolge schlossen, selbst tun mußte, daß er nicht einfach einem Vormachen denkend und beobachtend folgte, sondern immer von einer Frage aus auf die nächste Beobachtung und Überlegung gestoßen wurde, und daß bei allen einzelnen Untersuchungen immer das spannende Endziel vorschwebte, bis dann endlich die lösende Einsicht kam, welche zugleich die Erklärung auch für andere Erscheinungen gab. So ist den Jungen in dem ganzen Verlauf keine Mühe, aber auch keine Spannung und Freude verkürzt worden." (Copei 1962, 105)

Jüngere Beispiele verdanken wir vor allem *Siegfried Thiel* (1973/2003) und *Michael Soostmeyer* (1998; 2002).[16] Sie sind alle – mit hier nicht zu erörternden Varianten – einer genetischen Konzeption des Unterrichts verpflichtet, die in ihren wesentlichen Akzentuierungen auf *Martin Wagenschein* zurückgeht und ihren Kern im Verstehen-Lehren hat (Wagenschein 1997).

Das Gespräch als Medium ästhetischer Bildung

In einem genetischen Unterricht ist das Gespräch Teil und Träger des erkundenden Handelns. *Wagenschein* geht davon aus, dass sich „das Erwachen der geistigen Kräfte [...] am wirksamsten im Gespräch vollzieht" (1997, 75). Dabei meint er nicht das eindringliche, gedankenleitende Fragen des Lehrers, sondern die freie, sachbezogene Kommunikation der Lernenden, aus der Beschreibungen des Sachverhaltes, Vorschläge für die Bearbeitung und Ideen für die Problemlösung hervorgehen. Der Lehrer hält sich, wenn das Problem erkannt ist, nach

141

Möglichkeit zurück; seine Aufgabe ist es, „für *sachliche* Motivation des Fragens und damit des Lernens zu sorgen" (87).[17] Sein didaktisches Potenzial bekommt das Gespräch als Vollzugsform des Verstehens.

Qualität des Gesprächs Durch die Offenheit für die Gedankengänge und Interessen der Kinder gewinnt das Gespräch ästhetische Qualität. Für *Wagenschein* ist es eine Quelle der „produktiven Findigkeit" (76), d.h. des „selbständigen Denkens" von Menschen, „denen vor neuen Aufgaben etwas Klärendes einfällt" (77). Zugleich entwickelt sich im Gespräch das „kritische Vermögen", d.h. die Fähigkeit und Bereitschaft, Sinneseindrücke und Einfälle, Argumente und Folgerungen sorgfältig zu prüfen und zu sichern (79). Im Gespräch eröffnet sich dem Menschen ein Zugang zur Wahrheit.

In einer phänomenologisch dichten Weise hat *Werner Loch* Funktionen der sprachlichen Kommunikation für die Entwicklung des Kindes beschrieben. Er begreift das „Gespräch als grundlegendes Erziehungsmittel" (1996, 165); im Unterricht verbindet es, ähnlich wie das Spiel, die Kinder einer Klasse emotional in der Gemeinsamkeit des gedanklichen Austausches, es stärkt die kommunikative Performanz und hat für das Kind „eine emanzipative, Freiheit gebende Funktion" (166), indem es ermöglicht, Situationen zu interpretieren, Erwartungen zu artikulieren, Wünsche und Hoffnungen, Fiktionen und Pläne, Sorgen und Ängste auszudrücken und mit anderen zu teilen. Sprache macht Sachverhalte auf eine nicht sinnliche Weise vorstellbar, und das Kind lernt,

> „daß leibhaftige Handlungen und mit den Sinnen wahrgenommene Wirklichkeiten im Medium der Sprache sehr verschieden gedeutet und erklärt werden können, je nach dem Standpunkt, den man einnimmt, den Vermutungen, die sich einstellen, den Täuschungen, denen man erliegt, den Annahmen, durch die ein Sachverhalt plausibel wird" (Loch 1996, 165).[18]

Seine Bedeutung für die ästhetische Erziehung gewinnt das Gespräch, wo es dem dialogischen Prinzip verpflichtet ist: Hinwendung zu fragenden Zugängen zur Welt, Bereitschaft zu nachdenklicher Unterredung, Einübung reflexiver Urteilskraft und Verbundenheit in einem mitmenschlichen Bezug. Ästhetisch ist ein erzieherisches Verhältnis, das solche Beziehungen in sich selbst verwirklicht.

Genetischer Unterricht und ästhetische Bildung

Die Konzeption des genetischen Lehrens und Lernens, die *Martin Wagenschein* entworfen und *Siegfried Thiel* für den Sachunterricht praktisch ausgearbeitet hat, ist ein geeigneter Rahmen für ästhetische Bildung, weil sie programmatisch vorgibt, was für diese notwendig ist (Thiel 2003; vgl. Köhnlein 1998). In der naturwissenschaftlichen Dimension des Sachunterrichts ist das zuerst der Aufbau der Bereitschaft und der Offenheit, sich auf die Sachen der physischen Welt intensiv einzulassen. Der ästhetische Umgang mit den Phänomenen ist gerade deshalb so bedeutsam für den Prozess der Bildung, als in ihm Gefühl und Rationalität, Sinnlichkeit und Abstraktion ebenso wie Kommunikation und Kontemplation aufeinander verwiesen sind. Immer wieder kann das Sich-Einlassen auf Phänomene und die Konstruktion von Bildern Erlebnis-Charakter gewinnen und dann als Episode aufbewahrt werden.

Exemplarische Konzentration

Das Genetische schließt das exemplarische und das sokratische Moment ein (vgl. Wagenschein 1997, bes. 75). Das exemplarische Prinzip ist für ästhetisches Lernen wichtig, weil es die Aufmerksamkeit auf erstaunliche Phänomene konzentriert und eine forschende Sachbezogenheit fordert, weil es mit einer Gangart des Unterrichts verbunden ist, die Zeit und die erforderliche Muße für Denken, Sprechen, Experimentieren, Konstruieren und Darstellen gibt, und schließlich, weil es auf Verstehen gerichtet ist. Das Gefühl, etwas – nach der Anstrengung des Begreifenwollens – zumindest vorläufig verstanden zu haben, und die damit verbundene Befriedigung schaffen dem Individuum Zustände ästhetischen Erlebens.[19]

Dialogische Verständigung

Das sokratische oder dialogische Prinzip richtet die Aufmerksamkeit auf das Gespräch als bedeutungserschließenden Prozess der Geburt und Ausarbeitung der Gedanken. Das Gespräch ist gleichsam eine Vernetzung des Denkens der beteiligten Personen. Es schafft – nach Maßgabe des jeweiligen Gelingens – Gemeinsamkeiten und stärkt in der Gruppe das Bewusstsein der Zugehörigkeit. Ästhetische Erziehung umfasst beides: die Beziehung zu den Phänomenen in ihren vielfältigen Erscheinungsweisen und Strukturen wie auch soziale Kompetenz.

Aisthesis als Unterrichtsprinzip

Aisthesis als regulatives Prinzip für Unterricht und Schulleben sollte dazu beitragen, dass nicht primär der Stundenplan erfüllt, sondern Qualität erzeugt und Schule für die Kinder zu einem umfassenden Lern- und Erfahrungsfeld wird, in dem die Kultivierung des Nachdenkens, die Freiheit des Dialogs und die Pflege gesitteten Umgangs ihren

143

Ort haben. Das wäre auch mit einer Veränderung der Schülerrolle verbunden: ernsthafte Beteiligung und nicht nur Empfang von Aufgaben.
Schule könnte Abstand gewinnen von der stressinduzierenden Choreo-
grafie eng geführter Unterrichtsskripte.

Inhaltlich bedeutet Aisthesis als Unterrichtsprinzip ein unmittel-
bares Interesse an den Sachen der natürlichen und gemachten Welt, an
den Phänomenen, die dann nicht nur „angeschaut", sondern mit der
Intention untersucht werden, sie in ihren Ursachen und Zusammenhängen zu verstehen.[20] Ich plädiere also dafür, dass das fächerübergreifende Konzept ästhetischer Bildung den Impuls des naturwissenschaftlichen Erkennens produktiv aufnimmt und dazu beiträgt, die
Anfänge naturwissenschaftsbezogenen Lernens zu sichern und zu gestalten, nicht um Fachinhalte vorwegzunehmen, sondern um mentale
Strukturen auszubilden.

Erziehung und Bildung sind auf Erträge jenseits gegenwärtiger Prozesse gerichtet. Ein Moment ästhetischer Bildung bezieht sich auf die
Fähigkeit, Naturphänomene differenziert, und das heißt auch unter bestimmten Aspekten, z. B. dem physikalischen, wahrzunehmen. Solche
Wahrnehmungen können auch im Erwachsenenalter zu Episoden, zu
Marksteinen von Erfahrungen werden. Viele literarische Beispiele zeigen, dass das forschende Interesse die Aufmerksamkeit und Empfäng-
lichkeit für den Zauber des Phänomens nicht verstellt.

Exemplarisch sei das zum Abschluss an einem kurzen Text von
Martin Wagenschein gezeigt. Die ästhetische Vergegenwärtigung einer
Erinnerung des Physiklehrers verweist einerseits darauf, was an Erleb-
barem hinter – oder vielmehr vor – abstrakten Kenntnissen steht, andererseits eröffnet sie einen phänomenalen Einstieg in die Optik.

> „Als er erwachte, schien die Sonne auf sein Bett. Er schüttelte
> die Decke zurecht, legte sich zurück und blickte in die Welt der
> Sonnenstäubchen, die er aufgewirbelt hatte. Lichtenberg fiel ihm
> ein: ‚Was man so sehr prächtig Sonnenstäubchen nennt, sind
> doch eigentlich Dreckstäubchen.' Ihr glänzendes Treiben vor
> dem Hintergrund des dunklen Schrankes erinnerte ihn an die
> Bewegungen von Schwärmen aufgescheuchter Fische. Nach und
> nach wurden sie ruhiger und einig in einem ganz langsamen
> Herniedersinken, er wunderte sich, wie langsam. Manche flim-
> merten dabei, im Wechsel hell aufblitzend und erlöschend […].
> Allmählich wurde sein Blick aber nicht mehr von den einzel-
> nen Sternchen angezogen, sondern von dem Ganzen ihrer
> Wolke, deren Grenzen er freilich nicht überschauen konnte:
> Er klopfte wieder auf die Decke, und aus dem Hellen trieben
> die Stäubchen verlöschend ins Finstere. Anderswo strömten

dafür aus der Dunkelheit neue in den auserwählten Bereich, der aus grauem Staub silberne Sterne machte. Das ganze Zimmer mußte voll von diesen Stäubchen schweben, aber leuchten durften sie nur in dem Lichtbalken, der starr und wie gleichgültig im Raume stand, während sie ihn durchspielten. Nicht gerade frei, aber doch anmutig ihrer Führung folgend; zwei Führungen: der immer neu gestalteten Strömung – fächerig oder wirbelnd – die eines ans nächste band, und der eintönigen und allen gemeinsamen Nötigung des Fallens. Aber der Lichtbalken stand unbewegt.

Solange die Sonne schien! Eine Wolke trat vor sie und alles erlosch. Der starre Balken und sein lockeres Sterngetriebe, zugleich mußten sie vergehen. Denn sie waren nicht zweierlei, das sah er jetzt. Ohne Lichtbalken gab es die Stäubchen nicht zu sehen, und ohne die Sternchen war kein Lichtbalken da. – So also, sagte er sich, ist das Licht: An sich selber ist es nicht zu sehen, nur an den Dingen; und auch die Dinge sind aus sich selber nicht zu sehen, sondern nur im Licht." (Wagenschein 1965, 215)

Anmerkungen

[1] Es ist nicht Aufgabe dieses Beitrages, eine definitorische Bestimmung für „ästhetische Bildung" vorzuschlagen. Erkennbar werden sollen aber einige Merkmale oder Aspekte der ästhetischen Dimension von Bildung. Die nachfolgenden Ausführungen folgen der von Wolfgang Welsch formulierten Leitidee, „dass ästhetisches Denken heute in besonderer Weise zum Begreifen unserer Wirklichkeit fähig ist [...] Ästhetik [...] wird zu einem generellen Verstehensmedium für Wirklichkeit." (Welsch 1990, 7) Überschritten werden dabei Ansätze, die das Ästhetische auf Kunst, Musik und Literatur beschränken oder „Kultur" auf die schönen Künste einengen. – Unter „naturwissenschaftlicher Dimension" sind hier die biologische, die physikalisch-chemische und die technische (Köhnlein 1996) zusammengefasst.

[2] Offenheit heißt nicht „gewähren lassen", sondern meint die Ermutigung zur freien Entfaltung von Gedanken und Vorschlägen; sie ist Voraussetzung für „produktive Findigkeit".

[3] Sinn ist die im Verstehen uns zugängliche Bedeutung von etwas im Hinblick auf einen größeren Zusammenhang. Erfahrbar wird Sinn als Resultat oft mühevoller eigener Denk- und Interpretationsleistungen, die sich auf Voraussetzungen, Entstehungszusammenhänge und Intentionen beziehen. Die Frage nach dem Sinn bezieht sich also auf eine grundlegende Idee, die Frage nach dem Zweck auf die Erreichung eines Ziels.

[4] Es kommt darauf an, „was denn für eine Welt der Knabe vor sich finden, beurteilen und zu behandeln sich üben werde." „Der Erzieher soll den Mut haben vorauszusetzen, er könne, wenn er es recht anfange, jene (d. h. die ästhetische, W. K.) Auffassung durch ästhetische Darstellung der Welt früh und stark genug determinieren ... Eine solche Darstellung der Welt, der ganzen Welt und aller bekannten Zeiten ... möchte wohl mit Recht das Hauptgeschäft der Erziehung heißen" (Herbart 1964, 114 f.). Die „ästhetische Darstellung der Welt" ist bei Herbart – anders als bei Schiller – nicht an das Schöne oder an die Kunst gebunden. Sie geht von einer „vom Erzieher geordneten Sinnenwelt" (106) aus; ihr Ziel ist die „Moralität als höchster Zweck des Menschen" (105).

[5] Damit ist nicht bestritten, dass z. B. beim Zustandekommen von Modellen in den Naturwissenschaften oder in der Mathematik Kriterien des Schönen (etwa Symmetriegesichtspunkte) Bedeutung haben und der Entwicklung der Theorie Impulse geben können. – Interdisziplinäre Ansätze werden durch die jeweiligen Projekte definiert.

145

6 Für die Gestaltung des Unterrichts bedeutet das: Bindung an Sache und Form, Fokussierung auf exemplarisch Bedeutsames und auf Sachlichkeit, didaktische Strukturierung und Gründlichkeit der Arbeit, zugleich aber eine überfachliche Orientierung auf jene kulturellen Werte, auf die der Begriff der Bildung Bezug nimmt. Die Wissenschaft selbst, wo sie nicht zweckrational verkürzt wird, enthält die ästhetische Vernunft (ein ästhetisches Moment): das freie Spiel des Denkens und den Übermut der Einbildungskraft, die Fantasie der Alternativen und der Umgestaltung. Hierin besteht eine ursprüngliche Bindung zwischen Wissenschaft, Kunst und Philosophie.

7 Die Garten-Metapher hat, beginnend mit dem Buch Genesis („Paradies"), eine lange Tradition, in der Luther, Rousseau, in gewisser Weise Herbart („ästhetische Darstellung der Welt", vgl. Anm. 4), Fröbel („Kindergarten") und vielleicht die Landschulerziehung zu nennen wären (vgl. Ito 1993, 31). Immer stellt sich die Frage: Wie weit ist der Garten ein „hortus conclusus", ein abgeschirmt-kultivierter Schonraum? Oder repräsentiert er eine Welt offener Gegenstandsbereiche? Was bedeutet und was bewirkt dann „Öffnung der Schule"?

8 Wagenschein spricht von „Naturerscheinungen, die uns unmittelbar (oder auf einfache, durchschaubare Weise vermittelt) sich selbst sinnenhaft zeigen; und zwar so, dass wir sie als ein Gegenüber empfinden und auf uns wirken lassen noch ohne Vorurteil und Eingriff, auch wir also unbefangen, noch nicht festgelegt auf einen bestimmten Aspekt, sei es der physikalische, der ästhetische oder sonst einer. [...] Wir nehmen das Phänomen wahr als Menschen, das heißt: als Fragende" (Wagenschein 1980, 90).

9 Die bekannten Anschauungshilfen und Modelle sind für Grundschulkinder nicht immer hilfreich; besondere Schwierigkeiten bestehen in der Übertragung vom Modell auf die Realität. – Zugänglichkeit bedeutet also immer auch, wie der Sachverhalt methodisch bearbeitet werden kann, z. B. ob eine originale Begegnung bzw. interessen- und erkenntnisfördernde Aktivitäten der Kinder möglich sind.

10 Jenseits der Grundschule wird diese Erklärung dann im Fachunterricht (Physik) zunehmend durch das mathematische Kalkül geführt und gestützt.

11 Von Seiten der konstruktiven Philosophie und Wissenschaftstheorie erinnern Wilhelm Kamlah und Paul Lorenzen daran, dass ein Kind in der Welt Erfahrungen macht, indem es lernt, was es von den wiederkehrenden Dingen und Erscheinungen zu erwarten hat, und welche Wirkungen seine Handlungen haben. Dieses vorwissenschaftliche Erfahrungswissen wird durch die Wissenschaften erweitert und präzisiert. Das unbefangene Interesse der Kinder „an der Welt, in der wir uns vorfinden und über die wir uns verwundern, geht heute ohne scharfe Grenze über in die Wissenschaften" (Kamlah & Lorenzen 1967, 182).

12 Nicht ein blindes Anstarren: „anglotzen wie ein Kalb einen Bischof" (Paracelsus, zit. n. Wagenschein 1980, 90), sondern eine freie, durch Denken gelenkte Exploration dessen, was zu sehen ist.

13 Wagenschein berichtet und kommentiert diese Episode an verschiedenen Stellen seines Werkes.

14 Mentale Modelle oder Konzepte der Welterfassung geben – obwohl sie unter dem Einfluss neuer Erfahrungen durchaus Umkonstruktionen unterliegen – dem Denken des Lernenden Kohärenz und eine gewisse Kontinuität.

15 „Auf einer Schulwanderung [in den zwanziger Jahren des zwanzigsten Jahrhunderts; Anm. W. K.] hat einer der Jungen eine Büchse kondensierte Milch mitgebracht, [...] den meisten Landkindern etwas Neues". Ein Loch wird in den Deckel gebohrt – keine Milch fließt aus. Der Luftdruck kommt schließlich ins Spiel und wird als Ursache erkannt. Ein Einstieg in die Physik ist gelungen.

16 Vgl. dazu die Beispiele in Köhnlein 1999, bes. 98–114.

17 W. Loch verweist auf Fehlformen des Gesprächs: „Die Lernhemmung des Dirigismus entsteht dadurch, dass dauernd mehr gesprochen wird, als für den praktischen Zweck der Rede erforderlich ist: von der redundanten Darstellung bis hin zur Gängelung des Kindes durch überflüssige Befehle oder andere Formen der Entmündigung durch einen seiner Würde missachtenden Sprachgebrauch. Bei der Unverbindlichkeit des Miteinanderredens (z. B. dem Geschwätz) verliert die Sprache ihre Verbindlichkeit, d. h. das Verhalten bestimmende und das Erleben artikulierende, die Dinge unterscheidende und zusammenfassende, aber auch ihre deutende, Sinn überhaupt erst schaffende Macht" (1996, 165).

18 Die Erfahrung, dass Sachverhalte in unterschiedlicher Weise dargestellt werden können, z. B. nach Maßgabe bestimmter Interessen und Absichten, ist ein wichtiges Funktionsziel des Unterrichts (vgl. Köhnlein 1996, 69).

19 Das Exemplarische hat eine genuin ästhetische Qualität, denn es meint nicht ein beliebiges Beispiel, sondern ein hervorragendes, repräsentatives, gut ausgearbeitetes, zukunftswei-

sendes. Es lässt etwas *als* etwas sehen; wir sprechen von einem *schönen* Beispiel und meinen damit ein solches, das von den Lernenden gut begriffen werden kann und in dem sich die Sache deutlich darstellt.

[20] Die Einheit von Sinnlichem und Geistigem (die auch Schiller in seinen Briefen über die ästhetische Erziehung vertritt) ist wesentliches Moment des klassischen Bildungsideals.

Literatur

Adorno, Th. (1995): Theorie der Halbbildung. In: Ders.: Gesellschaftstheorie und Kulturkritik. Frankfurt a. M., 66–93.

Aissen-Crewett, M. (1997): Ästhetische Zugänge zur Welterkenntnis bei Kindern – Überlegungen zum Natur- und naturwissenschaftsbezogenen Sachunterricht. In: Köhnlein, W. u. a. (Hrsg.): Kinder auf dem Wege zum Verstehen der Welt. Bad Heilbrunn, 144–177.

Copei, F. ([6]1962): Der fruchtbare Moment im Bildungsprozess. Heidelberg.

Duncker, L.; Maurer, F. & Schäfer, G. E. (1993): Kindliche Phantasie und ästhetische Erfahrung. Wirklichkeiten zwischen Ich und Welt. Langenau-Ulm.

Einsiedler, W. (2000): Der Sachunterricht in der Grundschule als Voraussetzung für Allgemeinbildung. In: Hinrichs, W. & Bauer, H. F. (Hrsg.): Zur Konzeption des Sachunterrichts. Donauwörth, 68–80.

Fischer, H.-J. (2004): Zur ästhetischen Dimension handelnden Lernens. In: Köhnlein, W. & Lauterbach, R. (Hrsg.): Verstehen und begründetes Handeln. Studien zur Didaktik des Sachunterrichts. Bad Heilbrunn, 117–129.

Gebhard, U. (1999): Weltbezug und Symbolisierung. Zwischen Objektivierung und Subjektivierung. In: Baier, H. & Gärtner, H. u. a. (Hrsg.): Umwelt, Mitwelt, Lebenswelt im Sachunterricht. Bad Heilbrunn.

Gesellschaft für Didaktik des Sachunterrichts (GDSU) (2002): Perspektivrahmen Sachunterricht. Bad Heilbrunn.

Giel, K. ([3]1998): Die ästhetische Darstellung der Welt im naturwissenschaftlichen Unterricht – Bemerkungen zur Didaktik Martin Wagenscheins. In: Duncker, L. & Popp, W. (Hrsg.): Kind und Sache. Zur pädagogischen Grundlegung des Sachunterrichts. Weinheim und München, 163–177.

Herbart, J. F. (1804/1964): Über die ästhetische Darstellung der Welt als Hauptgeschäft der Erziehung (1804). In: Herbart, J. F.: Pädagogische Schriften, hrsg. von W. Asmus, erster Bd. [Kleinere pädagogische Schriften]. Düsseldorf und München, 105–121.

Ito, T. (1993): Pädagogik im Bild. Idealisierte Erziehungsvorstellungen bestimmen unseren Alltag. In: Grundschule, 25, 30–32.

Jung, W. (1979): Aufsätze zur Didaktik der Physik und Wissenschaftstheorie. Frankfurt a. M.

Kahlert, J. (2005): Der Sachunterricht und seine Didaktik. Bad Heilbrunn.

Kamlah, W. & Lorenzen, P. (1967): Logische Propädeutik. Vorschule des vernünftigen Redens. Mannheim.

Kant, I. (1968): Werke in zehn Bänden. Hrsg. von W. Weischedel. Bd. 3: Kritik der reinen Vernunft. Darmstadt.

Klafki, W. (1992): Allgemeinbildung in der Grundschule und der Bildungsauftrag des Sachunterrichts. In: Lauterbach, R. u. a. (Hrsg.): Brennpunkte des Sachunterrichts. Kiel, 11–31.

Köhnlein, W. (1990): Grundlegende Bildung und Curriculum des Sachunterrichts. In: Wittenbruch, W. & Sorger, P. (Hrsg.): Allgemeinbildung und Grundschule. Münster, 107–125.

Köhnlein, W. (1996): Leitende Prinzipien und Curriculum des Sachunterrichts. In: Glumpler, E. & Wittkowske, S.: Sachunterricht heute. Bad Heilbrunn, 46–76.

Köhnlein, W. (1998): Martin Wagenschein, die Kinder und das naturwissenschaftliche Denken. In: Köhnlein, W. (Hrsg.): Der Vorrang des Verstehens. Beiträge zur Pädagogik Martin Wagenscheins. Bad Heilbrunn, 66–86.

Köhnlein, W. (1999): Vielperspektivität und Ansatzpunkte naturwissenschaftlichen Denkens. Analysen von Unterrichtsbeispielen unter dem Gesichtspunkt des Verstehens. In: Köhnlein, W.; Marquardt-Mau, B. & Schreier, H. (Hrsg.): Vielperspektivisches Denken im Sachunterricht. Bad Heilbrunn, 88–124.

Köhnlein, W. (2001): Innovation Sachunterricht – Auswahl und Aufbau der Inhalte. In: Köhnlein, W. & Schreier, H. (Hrsg.): Innovation Sachunterricht – Befragung der Anfänge nach zukunftsfähigen Beständen. Bad Heilbrunn, 299–329.

Köhnlein, W. (2004): Perspektivrahmen Sachunterricht. Überlegungen, Forschungsergebnisse und Vorschläge zur Gestaltung des Curriculums. In: Looß, M. u. a. (Hrsg.): Naturwissenschaftlich-technischer Unterricht auf dem Weg in die Zukunft. Frankfurt a. M., 55–67.

Köhnlein, W.; Marquardt-Mau, B. & Schreier, H. (Hrsg.) (1999): Vielperspektivisches Denken im Sachunterricht. Bad Heilbrunn.

Köhnlein, W. & Lauterbach, R. (Hrsg.) (2004): Verstehen und begründetes Handeln. Studien zur Didaktik des Sachunterrichts. Bad Heilbrunn.

Langeveld, M. J. (1956): Studien zur Anthropologie des Kindes. Tübingen.

Loch, W. (1996): Forschungen zur Anthropologie des Kindes. In: Bartmann, T. & Ulonska, H. (Hrsg.): Kinder in der Grundschule. Bad Heilbrunn, 147–179.

Mollenhauer, K. (1988): Ist ästhetische Bildung möglich? In: Zeitschrift für Pädagogik, 443–461.

Mollenhauer, K. (1996): Grundfragen ästhetischer Bildung. Theoretische und empirische Befunde zur ästhetischen Erfahrung von Kindern. Weinheim.

Otto, G. (Hrsg.) (1975): Texte zur ästhetischen Erziehung. Braunschweig.

Parmentier, M. (2004): Ästhetische Bildung. In: Brenner, D. & Oelkers, J. (Hrsg.): Historisches Wörterbuch der Pädagogik. Weinheim und Basel, 11–32.

Popper, K. R. (1995): Wissenschaftslehre in entwicklungstheoretischer und in logischer Sicht. In: Ders.: Alles Leben ist Problemlösen. München und Zürich, 15–45.

Rinke, E. (1990): Entstehung des Lebens – Entwicklung des Vogeleies als Thema im Sachunterricht. Unveröffentlichte Examensarbeit. Universität Hildesheim.

Roth, H. ([4]1960): Die „originale Begegnung" als methodisches Prinzip. In: Ders.: Pädagogische Psychologie des Lehrens und Lernens. Hannover.

Rumpf, H. (2002): Sich einlassen auf Unvertrautes. In: Neue Sammlung, 42, 1, 13–29.

Schiller, F. (o. J.): Über die ästhetische Erziehung des Menschen in einer Reihe von Briefen (1793/94). In: Schillers sämtliche Werke. Leipzig, Dritter Band, siebenter Teil, 166–278.

Soostmeyer, M. (1978): Problemorientiertes Lernen im Sachunterricht. Paderborn u. a.

Soostmeyer, M. ([3]1998): Zur Sache Sachunterricht. Frankfurt a. M. u. a.

Soostmeyer, M. (2002): Genetischer Sachunterricht. Baltmannsweiler.

Spreckelsen, K. (2004): Phänomenkreise als Entwicklungskerne für das Verstehen-Lernen. In: Köhnlein, W. & Lauterbach, R. (Hrsg.): Verstehen und begründetes Handeln. Studien zur Didaktik des Sachunterrichts. Bad Heilbrunn, 133–144.

Thiel, S. (2003): Grundschulkinder zwischen Umgangserfahrung und Naturwissenschaft. In: Wagenschein, M.: Kinder auf dem Wege zur Physik (1973). Weinheim und Basel, 90–180.

Velthaus, G. (2002): Bildung als ästhetische Erziehung. Bad Heilbrunn.

Wagenschein, M. (1965): Ursprüngliches Verstehen und exaktes Denken [Bd. 1]. Stuttgart.

Wagenschein, M. ([4]1976): Die Pädagogische Dimension der Physik. Braunschweig.

Wagenschein, M. (1980): Rettet die Phänomene! In: Ders.: Naturphänomene sehen und verstehen. Genetische Lehrgänge. Stuttgart, 90–104.

Wagenschein, M. ([2]1989): Erinnerungen für morgen. Eine pädagogische Autobiographie. Weinheim und Basel.

Wagenschein, M. ([11]1997): Verstehen lehren. Genetisch – Sokratisch – Exemplarisch. Weinheim und Basel.

Wagenschein, M. (2003): Kinder auf dem Wege zur Physik (1973). Weinheim und Basel.

Weizsäcker, C. F. v. ([3]1977): Der Garten des Menschlichen. Beiträge zur geschichtlichen Anthropologie. München und Wien.

Welsch, W. (1990): Ästhetisches Denken. Stuttgart.

Constanze Kirchner

Ästhetische Bildung im Fach Kunst

9

Kunstunterricht fördert einen vielseitigen Zugang zur Welt. Das bedeutet, dass die Kinder ihre ästhetischen Fähigkeiten entdecken, schätzen und erweitern. Als Äquivalent zum rational orientierten Weltzugang wird der anschauliche, emotional geprägte, bildhafte Zugriff auf die Wirklichkeit ausgebildet. Dazu gehören Kenntnisse über historische und aktuelle Kunst und über ästhetische Phänomene unserer Umwelt. Sensibilität, Fantasietätigkeit und Kreativität werden ebenso entfaltet wie kritisches, emanzipiertes Zurechtfinden und Verhalten in einer von Bildern und visuellen Medien bestimmten Welt.

Die bildnerische Produktion dient nicht nur dem Erweitern des individuellen Ausdrucksrepertoires, sondern einer Persönlichkeitsbildung, die das Entwickeln von differenzierter Wahrnehmungsfähigkeit, ästhetischer Sensibilität, Bildkompetenz sowie das Vermögen zum kritischen Urteil usw. einschließen. Selbstbestimmtes, erfahrungsoffenes und interdisziplinäres Arbeiten sind wesentliche Voraussetzungen, um Schülerinnen und Schüler für einen Kunstunterricht zu motivieren, der Intensität und Aufmerksamkeit, Auseinandersetzung und Sinnkonstitution verlangt. Zwar sind Kinder im Grundschulalter genuin an bildnerischer Produktion und Rezeption interessiert, jedoch nur dann, wenn sie in ihrer ästhetischen Praxis einem Ausdrucksbedürfnis nachkommen können, wenn sie etwas herstellen können, dem sie eine Funktion beimessen, wenn sie einem Kunstwerk Sinn zuschreiben können – mit anderen Worten, wenn der Unterrichtsgegenstand für sie persönlich bedeutsam wird. Der Kunstunterricht kann bildungswirksam werden, wenn Aufmerksamkeit und Neugier geweckt, Widerstand und Irritation erzeugt, Genuss und Sinnhaftigkeit in Aussicht gestellt werden.

Funktionen bildnerischer Produktion und Rezeption

Ästhetisches Interesse und ästhetische Erfahrung

„Ein junger Mensch tritt mit ganz individuellen, präzisen Fragen an die Umwelt heran (...); es sind hierauf auch ganz bestimmte Antworten nötig, damit sich sein persönliches System richtig ausbilden kann. Das Beste, was man also für ein Kind tun kann, ist, sorgfältig darauf zu achten, welche Fragen es stellt, und sie möglichst erschöpfend und eindeutig zu beantworten" (Singer 2004, 10).

Wenn die Aussage des Hirnforschers *Wolf Singer* richtig ist, dass am besten ausgehend von den individuellen Interessen gelernt wird, muss man sich für einen qualifizierten Kunstunterricht fragen, was die individuellen ästhetischen Interessen der Schülerinnen und Schüler sind. Oder zunächst – ein Schritt zurück: Was heißt ästhetisches Interesse?

Ästhetisches Interesse

Der Philosoph *Bernd Kleimann* stellt das ästhetische Interesse als anthropologische Konstante fest: „In der Tat … gäbe es kein Motiv dafür, sich auf die Kunst, die Natur oder die Alltagswelt in ästhetisch wahrnehmender Weise einzulassen, wenn uns nicht ein *ästhetisches Interesse* an der Erschließung der sinnlich-sinnhaften Seite der Welt umtriebe" (Kleimann 2002, 79; Hervorhebung im Original). „Das ästhetische Interesse ist … konstitutiv für die Existenz und Struktur unseres ästhetischen Weltverhältnisses" (ebd., 80). Kleimann bezieht das ästhetische Interesse gleichermaßen auf die Produktion wie auf die Rezeption künstlerischer und ästhetischer Phänomene. Mit anderen Worten: Ästhetisches Interesse ist das Verlangen, sich bildnerisch produktiv und rezeptiv zu betätigen, denn es besteht ein anthropologisch verankertes Bedürfnis, sich gestalterisch auszudrücken und sich mit den bildnerischen Gestaltungen anderer auseinanderzusetzen.

Ästhetische Erfahrung

Ästhetische Erfahrungen initiieren

Dieses Bedürfnis, das *Kleimann* ästhetisches Interesse nennt, findet seine Erfüllung in der ästhetischen Erfahrung, mit der ein besonderes Glücksgefühl einhergeht (ebd., 364 ff.). Das Streben nach diesem Glückspotenzial, das die ästhetische Erfahrung hervorbringt, motiviert letztlich das ästhetische Interesse. Dieses Glücksgefühl kann u. a. durch Empfindungen wie Staunen, Überraschung, Widerstand, Genuss usw. ausgelöst werden (vgl. Duncker 1999). Ästhetische Erfahrung gründet auf Sinnlichkeit, auf bildhaft-symbolischer Wahrnehmung, Reflexion und sinnstiftender Formgebung. Das Spezifische der ästhetischen Erfahrung im Umgang mit Kunstwerken und ästhetischen Phänomenen sowie im Herstellen von bildnerischen Produkten liegt in der Anschauung, im „sinnlich organisierten Sinn" (Boehm 1996, 149). Ästhetische

Erfahrungen können durch die Beschäftigung mit Bildern angestoßen werden. Bilder können hierbei eigene bildnerische Produkte, Werbung oder Designgegenstände, ästhetische Alltagsphänomene, Natur, Architektur oder Kunstwerke sein. Bilder können in der Vorstellung existieren, als dreidimensionale Objekte, in der Bewegung, im Tanz, im Spiel, als Performance usw.

Ihre Rolle im Kunstunterricht

Was sind nun individuelle ästhetische Interessen und Bedürfnisse von Schülerinnen und Schülern im Kunstunterricht? Kinder zeichnen und malen, formen, bauen und basteln. Sie drücken sich durch Bewegung und Tanz aus, sie sammeln unterschiedlichste Dinge, sie stellen skurrile Objekte und Fantasiefiguren aus gefundenen Materialien her, sie fotografieren, entwickeln Collagen am Computer und vieles mehr. Manche Kinder bevorzugen den zeichnerischen Ausdruck, andere malerische Darstellungen, einige wollen immer nur bauen und konstruieren, andere sich verkleiden oder tanzen etc. Das Spektrum der bildnerisch-ästhetischen Interessen ist vielfältig, individuell verschieden und ändert sich altersbedingt. Darüber hinaus verändern sich die ästhetischen Interessen und Bedürfnisse mit dem Wandel gesellschaftlicher Verhältnisse, mit der von Bildern dominierten Umwelt, dem mangelnden Naturbezug, den neuen Technologien usw. Hinzu kommt die komplexe Ausdifferenzierung der aktuellen künstlerischen Strategien in Korrelation mit den technischen Gestaltungsmöglichkeiten – beide Faktoren tragen dazu bei, dass die Fachinhalte in ihren Schwerpunkten immer wieder neu durchdacht und den Veränderungen angepasst werden müssen. Speziell im Bereich der Neuen Medien ist die Kunstpädagogik gefordert, die Gestaltungsbedürfnisse von Kindern z. B. mit Blick auf die digitale Kinderzeichnung (Kirchner 2000) ernst zu nehmen und zu fördern. Naturerfahrung, sinnliche Materialerprobung, Sammeln, Ordnen, Spielen, Bauen und Konstruieren sollten die klassischen künstlerischen Verfahren ergänzen.

Um den individuell verschiedenen ästhetischen Interessen gerecht zu werden, sollten im Kunstunterricht vielseitige Angebote ästhetischer Praxis und Reflexion unterbreitet werden. Insbesondere der Aufforderungscharakter verschiedener Materialien und Verfahren trägt dazu bei, dass manches bildnerische Interesse geweckt und entfaltet wird, denn der bildnerische Herstellungsprozess ist ein Dialog mit dem Material. Die Formensprache entwickelt sich in Abhängigkeit von dem gewählten Material und der Technik in Korrespondenz mit der Gestal-

Mit verschiedenen Materialien bildnerische Prozesse anstoßen

151

tungsidee. Materialvalenzen können somit den bildnerischen Produktionsprozess befördern und helfen, Kreativitätspotenziale aufzudecken.

Um das ästhetische Interesse nachhaltig zu wecken und zu fördern und damit zugleich Begabungen zu entdecken und zu entfalten, muss es Aufgabe des Kunstunterrichts sein, Schülerinnen und Schülern möglichst vielfältige Bereiche bildnerischer Produktion und Rezeption verfügbar zu machen. Insbesondere wenn – meist am Ende der Grundschulzeit – eine deutliche Diskrepanz zwischen dem Ausdruckswollen von bestimmten Vorstellungen bzw. bildnerischen Konzepten und dem Darstellungsvermögen zu verzeichnen ist, stagniert häufig das bildnerische Interesse. Die Kinder sind unzufrieden mit ihrem Ausdrucksrepertoire und verlagern ihre Interessen in die Bereiche Musik, Mode, Tagebuch schreiben usw. oder adaptieren Kunststile und Comic-Sprachen, sie ahmen Karikaturen, Piktogramme und verschiedene Bildklischees aus Werbung, Zeitschriften u. Ä. nach. Doch ist es durchaus denkbar, dass das ästhetische Interesse über das so genannte „Ende der Kinderzeichnung" hinaus erhalten bleibt. Dazu müssen Kinder jedoch frühzeitig ein breites gestalterisches Ausdrucksrepertoire erlernen, das Tätigkeitsformen wie Bauen und Konstruieren, Sammeln und Ordnen, Basteln und Formen, den Umgang in und mit der Natur, digitales Gestalten, Bewegung und Tanz, das unkonventionelle Nutzen von Alltagsgegenständen als Gestaltungsmittel, den Einsatz von Ready-mades (industriell gefertigten Objekten) und Objets trouvés (Fundstücken), den Gebrauch von Video-Kameras etc. einschließt.

Aufgaben und Ziele des Kunstunterrichts

Das Kennenlernen von Kunstwerken in ihrer kulturtragenden Funktion, das Erfassen der Vielschichtigkeit und Symbolkraft der Bildenden Kunst ist der eine Ausgangspunkt im Kunstunterricht. Der andere Pol ist das anthropologisch verankerte, genuine Mitteilungs- und Ausdrucksbedürfnis des Kindes. Hier folgt der Kunstunterricht den altersgemäßen Darstellungsformen, die durch bestimmte Themenstellungen, Materialangebote sowie das Erlernen spezifischer Techniken und Verfahren sukzessiv gefördert werden.

Das Hervorgebrachte als Gegenüber

Gerade für Grundschulkinder beinhaltet der nichtsprachliche, bildnerische Ausdruck die Möglichkeit, Träume, Wünsche, Ängste, Fantasien darzustellen, die sie nicht in Sprache fassen können. Das gestalterische Tun dient der Verarbeitung, Klärung und dem Verständnis von Lebenswirklichkeit. Das Erlebte findet eine nonverbale Form des Ausdrucks. Es wird vom nicht zu kommunizierenden Inneren nach außen gebracht, bildnerisch geformt und damit kommunizierbar. Das Hervorgebrachte wird auf diese Weise zu einem Gegenüber, das mit Distanz betrachtet und reflektiert, geteilt und miteinander besprochen werden kann. Diese Funktion des bildnerischen Ausdrucks bezieht sich nicht nur auf das Zeichnen und Malen, sondern auf das gesamte Spektrum bildnerischer Aktivitäten, das Raum im Kunstunterricht einnimmt.

Ein Hauptanliegen im Kunstunterricht ist es, ästhetische Erfahrungen im bildnerischen Dialog mit unterschiedlichen Materialien und Verfahren sowie im Umgang mit Kunstwerken und Alltagsobjekten bei den Kindern zu erzielen. Durch bildnerische ästhetische Praxis und durch das Sprechen über Ästhetisches werden Einsichten in gestalterische Zusammenhänge gewonnen. Diese Einsichten sind – knapp zusammengefasst – mit Bildkompetenz zu bezeichnen. Bildkompetenz entsteht, wenn sich Schülerinnen und Schüler mit der Herstellung und der Wirkung von Bildern auseinandersetzen. Im Kunstunterricht wird Bildkompetenz durch die Produktion und Rezeption von Bildern entwickelt.

Bildkompetenz entwickeln

Zudem soll die Wahrnehmung der Schülerinnen und Schüler sensibilisiert werden – vor allem vor dem Hintergrund, dass die Kinder viel Zeit vor Fernseher und Computer verbringen, dass sie von der Konsumwelt überfrachtet werden und dass ihnen wenig Zeit bleibt, sinnliche Erfahrungen zu machen. Hier knüpfen einige aktuelle kunstpädagogische Ansätze an, indem sie die Natur- und Umwelterfahrung in das Zentrum des Kunstunterrichts stellen. Darüber hinaus wird – ausgehend von den gegenwärtigen Interessen und Bedürfnissen der Lernenden, die auch im Bereich der Gestaltung computergestützte Verfahren intensiv nutzen, – immer wieder betont, dass der Ausbildung von Medienkompetenz im Kunstunterricht ein zentraler Stellenwert zukommt.

Ein weiterer entscheidender Teil des Kunstunterrichts ist die Vermittlung von historischer und zeitgenössischer Kunst. Grundlegende Kenntnisse über Künstlerinnen und Künstler und Epochen sollen erworben und die Schülerinnen und Schüler sollen befähigt werden, Kunstwerke auszulegen, zu deuten, zu interpretieren und zu beurteilen. Der Genuss an der Kunst stellt sich dann ein, wenn den Lernenden ästhetische Erfahrungen im Umgang mit den jeweiligen Werken ermöglicht werden. Hierbei ist die Verzahnung von Produktion und Rezeption im Umgang mit Kunstwerken selbstverständlich. Das heißt, dass die Lernenden sich einem Werk aktiv nähern, evtl. selbst dazu bildnerisch arbeiten usw. Im Anschluss wird Wert auf die Reflexion des ästhetisch-praktischen Tuns gelegt.

Kunstwerke verstehen

Die gegenwärtige Situation fachdidaktischen Argumentierens ist seit mindestens 35 Jahren durch Kontroversfiguren und somit durch Pluralität und Heterogenität nebeneinander bestehender didaktischer Konzepte bestimmt. Im Folgenden werden wesentliche Bereiche des Kunstunterrichts fokussiert, aufgefächert und mit ihren Begründungszusammenhängen zumindest ansatzweise entfaltet.

Kompensation und Naturerfahrung

Eine deutliche Tendenz fachlicher Begründungen für kunstpädagogisches Handeln lässt sich mit dem Begriff „Kompensation" zusammenfassen. Damit verbindet sich die These, dass gesellschaftlich erzeugte Mängel im Kunstunterricht ausgeglichen werden können. Als Defizite werden u.a. der Verlust von Sinnlichkeit durch die mediatisierte Umwelt genannt, die mangelnde Naturerfahrung durch das Aufwachsen in stark besiedelten Gegenden, der Bewegungsmangel durch zeitintensive Mediennutzung, die eingeschränkte Wahrnehmungsfähigkeit, fehlende Selbstwahrnehmung, mangelnde Integrations- und Kooperationsfähigkeit durch die Vereinzelung in unserer Gesellschaft (vgl. Wichelhaus 1995).

Entwicklungsdefizite ausgleichen

Bewegungsübungen und der haptische Umgang mit verschiedenen Materialien sollen Entwicklungsmängel ausgleichen. Besonders wird auf die Wirkung der unterschiedlichen Materialien gesetzt, die ihrerseits Widerstände bieten und denen ein spezifischer Aufforderungscharakter innewohnt, um einen Beitrag zur Identitätsbildung zu leisten. Ich-Stärke, Handlungskompetenz, und Kommunikationsfähigkeit sollen durch gemeinsame Aktivitäten ausgebildet werden, um Fehlentwicklungen und Identitätsstörungen vorzubeugen. Ebenfalls kompensatorische Kraft soll der Naturerfahrung zukommen. Der gestalterische Umgang in und mit der Natur kann anregen, das Verhältnis des Menschen zur Natur auf verschiedenen Ebenen zu reflektieren und darüber hinaus durch die Verwendung von Naturmaterialien als Gestaltungsmittel eine Beschäftigung mit Naturphänomenen einleiten (siehe Abb. 1).

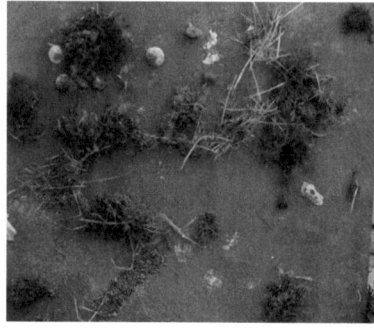

Abb. 1: Gestaltung mit Naturmaterialien, angeregt durch die Beschäftigung mit Werken von Yves Klein

154

Die kompensatorische Funktion des Kunstunterrichts ist nichts Neues in der kunstdidaktischen Diskussion, sie wird immer wieder als eine von vielen Funktionen betont. Der kompensatorische Kunstunterricht hat zwei Wurzeln: In den 1980er Jahren gab es einen kunstpädagogischen Trend, der unter dem Motto „mit allen Sinnen lernen" vielerlei Sinnesübungen und Wahrnehmungsspiele im Kunstunterricht versammelte. Die zweite Wurzel des kompensatorischen Kunstunterrichts ist die so genannte musische Erziehung. Durch freies Gestalten – vorrangig durch freies Zeichnen und Malen – sollten Kinder ihre Sinne und bildnerischen Fähigkeiten entfalten. Das schöpferische Tun war Ausgleich zu Lernfächern und Nachkriegsnöten.

Bildnerisches Gestalten

Im Anschluss an die musische Erziehung entstanden Ende der 1950er, Anfang der 1960er Jahre – ausgehend von der damals aktuellen Kunst und der Lernorientierung in den Schulen – neue Konzepte im Kunstunterricht. Vorrangig sollte durch die Aneignung bildnerischer Mittel und technischer Verfahren eine qualitätvolle Erziehung hin zur Kunst gewährleistet werden, die modernen Standards genüge. Selbstverständlich ist es auch heute noch Aufgabe des Kunstunterrichts, Lösungen für bildnerische Probleme anzubieten und den Gebrauch verschiedener Techniken zu vermitteln (siehe Abb. 2).

Allerdings wird heute versucht, ein gestalterisches Problem mit Inhalten zu füllen, die einen Bezug zu den Interessen von Kindern und Jugendlichen aufweisen. Während die Schülerinnen und Schüler im so genannten formalen Kunstunterricht zum Teil zahllose Spiele mit bildnerischen Mitteln durchführten, deren Sinn sie nicht verstanden, geht es im heutigen Kunstunterricht vor allem darum, die Darstellungsfähigkeit zu fördern, damit die gewünschten Inhalte für die Kinder und Jugendlichen angemessen zum Ausdruck gebracht werden können. Statt persönlich bedeutsame Inhalte auszuklammern, werden gestalterische Möglichkeiten angeboten, die das Mitteilen persönlich bedeutsamer Inhalte entwickeln.

Bildnerische Probleme lösen

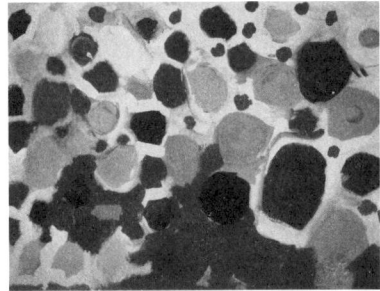

Abb. 2: Farbspiele, angeregt durch die Beschäftigung mit Werken von Ernst Wilhelm Nay

155

Umwelterfahrung und Spiel

Abb. 3:
Gestalten mit
Alltagsdingen,
angeregt
durch die
Beschäftigung
mit Werken von
Daniel Spoerri

Seit den 1970er Jahren – u.a. als kritische Reaktion auf den so genannten formalen Kunstunterricht – wird in der kunstpädagogischen Theorie der Faktor „Umwelt" fokussiert. Nicht mehr die bildnerischen Mittel sind Gegenstand des Unterrichts, sondern die Umwelt wird zum Inhalt erhoben. Heute werden die Auseinandersetzung mit der Wirklichkeit und die Aneignung der Lebenswelt noch immer als wesentliche fachliche Ziele angesehen. Nicht nur das alltägliche Umfeld der Kinder begründet die bildnerische Beschäftigung mit der eigenen Lebenswelt, auch die aktuellen künstlerischen Strategien, in denen Alltagsobjekte autonome Gestaltungsmittel sind; Performances und Installationen legen den Umgang mit der Umwelt im Kunstunterricht nahe (siehe Abb. 3).

Umwelt gestalten und szenisch spielen

Theaterspiel und Bühnengestaltung, Tanzen und Sich-Bewegen, aber auch das Herstellen von Spielobjekten gehören zu den Inhalten eines pluralen Kunstunterrichts. Zum Teil verknüpft mit dem Bereich Werken werden im Kunstunterricht Spielfiguren hergestellt, begehbare Häuser gebaut, Schattenspiele entwickelt u.a.m. Mit Handlungsweisen wie dem Sammeln und Ordnen, Spuren-Suchen und -Sichern bilden Kinder und Jugendliche Verhaltensweisen aus, die u.a. der Umweltaneignung dienen. Das Herauslösen des Objektes aus seinem originären Funktionsbereich und das Zuweisen neuer bildnerischer Eigenschaften kennzeichnen die ästhetische Praxis.

Als weiteres bildnerisches Tun erlaubt das Spuren-Sichern mit persönlich bedeutsamen Objekten, Erinnerungen zu aktivieren und Erlebnisse zu rekonstruieren. Ausgehend von der kindlichen Neugier und Wissbegier, die Umwelt zu erforschen, können Alltagsmaterialien, Fundstücke mit besonderem sinnlichen Reiz oder Gegenstände mit Erinnerungswert Teil der bildnerischen Aktivität werden. Diese Verfahren ästhetischer Praxis lassen sich nicht nur mit dem genuin kindlichen Verhalten begründen, auch zahlreiche Künstlerinnen und Künstler verwenden diese Gestaltungsformen für ihre Werke.

Wahrnehmung und Kreativität

Das ästhetische Verhalten von Kindern und Jugendlichen ist außerordentlich vielfältig und facettenreich. Einfallsreichtum, Fantasietätigkeit und Kreativität schlagen sich in den gestalterischen Aktivitäten nieder. Die Vorstellung von bestimmten Handlungsweisen oder Kombinationsmöglichkeiten ist bei Kindern und Jugendlichen häufig noch nicht so strikt festgelegt wie bei Erwachsenen. Sie finden skurrile Lösungswege und entwickeln wunderbare Fantasiegebilde. Erfahrungen im Spiel und im Experiment schlagen sich im bildnerischen Tun nieder. Das spielerische, experimentelle und unkonventionelle Nutzen von Gestaltungsmitteln, wie z.B. der ungewöhnliche Gebrauch des Scanners, führt zu neuen bildnerischen Ausdrucksweisen (siehe Abb. 4).

Abb. 4: Nackte Füße auf dem Scanner, übermalt

Ziel ist dabei, die intellektuellen und sinnlichen Erkenntnisfähigkeiten der Schülerinnen und Schüler gleichermaßen zu entwickeln. Lockerungsübungen, neue Sichtweisen auf den Gegenstand und assoziative Methoden zur Bildfindung sollen die Wahrnehmung schärfen und das Darstellungsvermögen steigern.

Kreative Prozesse anregen

Medienkompetenz

Der Computer hat – neben dem Fernsehen – in den letzten Jahren verstärkt Einzug in die Lebenswelt von Kindern und Jugendlichen gehalten. Die wachsende Bedeutung von Computertechnik und digitaler Fotografie als Gestaltungsmittel findet ihren Niederschlag auch im Kunstunterricht. Von daher gehört das Vermitteln von Medienkompetenz im Kunstunterricht mittlerweile zum selbstverständlichen Anliegen kunstpädagogischer Tätigkeit. Zugleich prägt die Medienrezeption die kindlichen Wahrnehmungsweisen sowie die Themen, mit denen sich Kinder befassen. In Kinderzeichnungen werden Medienerlebnisse mitgeteilt und verarbeitet. Das Aufwachsen mit dem Computer und damit verbunden der Gebrauch von Mal- und Zeichenprogrammen, Internet, Autorenprogrammen usw. führt zu Veränderungen im produktiven wie im rezeptiven ästhetischen Tun von Kindern und Jugendlichen (siehe Abb. 5).

Medienkompetenz schulen

Abb. 5:
Digitale
Bildgestaltung

In den letzten Jahren hat sich weitgehend die Auffassung durchgesetzt, dass im Kunstunterricht die Medienkompetenz parallel zur Ausbildung der Sinne gefördert werden soll (u. a. Kirschenmann & Peez 1998). Dennoch ist der Einsatz des Computers im Kunstunterricht der Grundschule vielfach umstritten. Zahlreiche Fragen, die den gestalterischen Umgang mit dem Computer betreffen, sind noch nicht beantwortet – wie z. B. ob am Computer überhaupt gestaltet werden kann, wenn grundlegende Kenntnisse zu Komposition, Farbe, Perspektive usf. noch nicht gelernt sind. Oder ob durch den Verlust des Materialwiderstands das Gefühl, etwas hervorzubringen, etwas entstehen zu lassen, verloren geht. Oder ob der Computer vielmehr ein Mittel zur Umgestaltung und Bearbeitung von bereits Vorhandenem ist und Bilder hauptsächlich digital manipuliert statt entwickelt werden. Oder ob durch das digitale Medium vielleicht völlig neue Ausdrucksmöglichkeiten gegeben sind usw. Es ist trotz dieser Fragestellungen jedoch davon auszugehen, dass sich die digitalen Gestaltungsmedien ebenso wie Fotografie und Video zunehmend etablieren werden.

Kunsterfahrung

Kunstwerke kennen lernen

Das Kennenlernen historischer und zeitgenössischer Kunstwerke gehört zu den grundlegenden Fachinhalten. Es werden hierdurch nicht nur Gestaltungsprozesse hinsichtlich des Motivs, der Technik oder des Materials angeregt und damit das Ausdrucksrepertoire erweitert, sondern es erfolgt auch das Entwickeln von Werkverständnis und Deutungsrepertoire. Viele Modelle für den Umgang mit Kunstwerken bevorzugen neuerdings die Beschäftigung mit zeitgenössischer Kunst – befasst sich Gegenwartskunst doch mit den Problemen unserer Zeit. Bezüge zum eigenen Lebensgeschehen können bei geeigneter Auswahl oftmals leichter geknüpft werden als bei historischer Kunst (Kirchner 1999; Uhlig 2003). Die vielfältigen Strategien zeitgenössischer Kunst können Anlass sein, das Ausdrucksvermögen zu erweitern und zu individuellen bildnerischen Kommunikationsformen zu finden. Gegenwartskunst greift aktuelle Inhalte auf, die u. a. auch Kinder betreffen; sie kann damit Auslöser für einen nachhaltigen Zugang zur Kunst sein.

Der Dialog mit Kunst und über Kunst bedeutet, dass Eindrücke in Sprache gefasst werden, dass Aussagen über Wirkungen begründet werden, Absichten abgeleitet und Einzelelemente wie Materialien, Motiv, Gegenstände, bildnerische Mittel usw. in größere Zusammenhänge eingeordnet werden. Darüber hinaus gilt es, gestalterische Strukturen zu erkennen, Motive Themen zuzuordnen, zu kategorisieren sowie gesellschaftliche Kontexte zu erschließen, in die ein Werk eingebettet ist. Genau diese Fähigkeiten verlangt die letzte PISA-Studie unter dem Stichwort „Lesekompetenz". Zukünftig soll darüber hinaus auch die „visual literacy" geprüft werden, die Fähigkeit, Bilder zu entschlüsseln, die im Umgang mit Kunstwerken geschult wird. Das heißt, die Begegnung mit Kunst beinhaltet eine Vielzahl von Bildungschancen auf verschiedenen Ebenen, weit über das Kennenlernen von Kunstwerken hinausgehend.

Aspekte der Unterrichtsgestaltung

Ästhetische Erfahrungen, die zur Subjektbildung und Kulturaneignung beitragen, benötigen Freiräume zum Experimentieren und Erforschen sowie zum intensiven Befasstsein mit symbolischen Ausdrucksformen. Die im Folgenden genannten Aspekte können den potenziellen ästhetischen Erfahrungsgewinn im Kunstunterricht unterstützen.

Prinzip „Werkstatt"

Offene Handlungsformen und Werkstattunterricht sollten die herkömmlichen Methoden des Kunstunterrichts schon lange abgelöst haben, denn gerade der Kunstunterricht bietet die Möglichkeit, Lerninhalte nicht kleinschrittig und operationalisiert zu offerieren, sondern so genannte kunstnahe Methoden anzuwenden, „werkstattorientierte" Lehrformen, die sich am experimentellen, individuellen Tun der Schülerinnen und Schüler orientieren und die die Wissbegier, Neugierde, die Lust am Experimentieren und den Forscherdrang von Kindern und Jugendlichen nutzen.

Eine „Werkstattecke" im Klassenraum ermöglicht selbstverantwortliches, erfahrungsoffenes Lernen, das Spielräume und Erprobungsmöglichkeiten mit Material und Technik für die Umsetzung eines spezifischen Themas eröffnet. Die Kinder sollten den Unterrichtsverlauf mitbestimmen und ihre spezifischen Kompetenzen und Fähigkeiten einbringen können. Der Schwerpunkt des didaktischen Prinzips einer

Offene Lernsituationen schaffen

159

Werkstatt liegt auf der Selbstorganisation der komplexen Lernprozesse durch die Kinder.

Experimentelles, erprobendes Vorgehen bedeutet allerdings nicht das Fehlen jeglicher Zielorientierung. Die Lehrintentionen müssen jedoch nicht notwendigerweise „durchgesetzt" werden. Unverzichtbar hingegen ist eine Verständigung über die Ziele mit der Lerngruppe. Der Lehrerin oder dem Lehrer kommt im Unterrichtsprozess die Aufgabe zu, Schülerinnen und Schüler zu motivieren und zu interessieren, zu beraten und ihnen zu helfen, Zielvorgaben zu akzeptieren oder Ziele zu formulieren, jedenfalls Ziele anzustreben (vgl. Kirchner & Peez 2001).

Materialvielfalt

Vielfältige Materialien anbieten Entscheidend für diese Form des offenen Kunstunterrichts ist, dass ein vielfältiges Materialangebot bereitgestellt wird. Denn die Idee für eine bestimmte Darstellungsweise bzw. für ein gestaltetes Produkt folgt einem Ausdrucksbedürfnis, das sich im Zusammenspiel mit dem Materialangebot entwickelt. Im Produktionsprozess wird das Material zwar verfügbar gemacht, jedoch nur in der Weise, wie es das Material erlaubt. Den für die ästhetische Praxis genutzten oder aber zur Verfügung gestellten Materialien und Verfahren kommt insofern eine wichtige Funktion zu: Die stofflichen oder auch immateriellen Reize fordern ebenso wie die angewandten Techniken in besonderer Weise zum ästhetischen Tun auf und können konkrete Ideen und Gedanken anstoßen. Der Gestaltungsprozess darf nicht als mechanistisches Herstellungsverfahren verstanden werden, sondern als geistige Tätigkeit, die im Umgang mit dem Material ihre Ausbildung erfährt. Das Wechselspiel von Idee, Zufall und Hervorbringung, von Materialspuren, die Assoziationen auslösen, Erinnerungen anstoßen und die Bildfindung weitertreiben, und das Suchen und Finden von Formen sind Faktoren, die den prozessualen Charakter der Werkgenese konstituieren. Das Material wirkt im Produktionsprozess als sinnkonstitutives Element, spezifische Materialreize bieten bestimmte Erfahrungs- und Erkenntnischancen.

Interdisziplinarität

Auch wenn im Kunstunterricht vorrangig das „Werkstattprinzip" dominiert, was sich unkompliziert mit Arbeitsweisen wie dem Wochenplan verbinden lässt, wird es immer wieder Phasen geben, die der klassischen

Unterrichtsstruktur (Anstoß/Motivation/Einstieg, Erarbeitung, Auswertung/Reflexion/Transfer) folgen, z. B. wenn ein Kunstwerk betrachtet wird, bestimmte Techniken und Verfahren eingeführt werden oder ein Thema gestalterisch bearbeitet und gelöst werden soll.

Im Grundschulunterricht bietet sich eine interdisziplinäre Themenwahl insbesondere dann an, wenn die verschiedenen Fächer ohnehin in der Hand einer Lehrerin oder eines Lehrers liegen. Diese Situation entschärft darüber hinaus ein spezifisches Problem des Kunstunterrichts: Führe ich zunächst ein neues Thema ein, ein bildnerisches Problem oder eine neue Technik? In jedem Fall muss der Zusammenhang zwischen gewähltem Motiv/Thema und angebotenen Gestaltungsmitteln durchschaubar und als bedeutungsvoll erachtet werden. Material, Verfahren, Komposition etc. sind sinnstiftender Teil eines ästhetischen Objekts.

Fantasie, Intensität und Vergnügen

Neben einem umfangreichen Materialangebot sollten das Fördern von Einfallsreichtum, Fantasietätigkeit und Kreativität sowie das Sensibilisieren der Wahrnehmung konstitutive Faktoren im Unterrichtsprozess sein. Schülerinnen und Schüler sollten die Möglichkeit erhalten, sowohl individuelle Fantasien zu entwickeln und auszudrücken als auch ungewöhnliche, unkonventionelle Lösungswege zu erproben. Das gestalterische Tun kann damit ein Prozess sein, der von Intensität und Flexibilität, Vergnügen und ausgeprägter Intentionalität sowie von fantasievoller Vorstellungsbildung gekennzeichnet ist. Der Prozesscharakter bindet die volle Aufmerksamkeit und Konzentration, da jede bestimmte ästhetische Handlung eine erneute ästhetische Antwort verlangt. Mit diesem Dialog geht eine gedankliche Beschäftigung einher, die sowohl kompositorische als auch inhaltliche Elemente umfasst.

Präsentation

Weiteres zentrales Element im Kunstunterricht ist die Präsentation. Schülerarbeiten werden ausgestellt, diskutiert und reflektiert. Das ist möglich in Form von Spielsequenzen, Bühnenaufführungen, Schülerzeitungen, Plakatentwürfen, dem Gestalten von Info-Tafeln, der Ausgestaltung des Schulgebäudes, des Web-Auftritts usw. Ausstellen und Ausstellungen machen, Präsentationen entwickeln und inszenieren sind elementarer Bestandteil bildnerisch-ästhetischen Handelns.

Präsentationen inszenieren

161

Leistungsbewertung

Schülerarbeiten bewerten Als besonderes Problemfeld im Kunstunterricht erweist sich die Leistungsbewertung. Gerade im Grundschulalter divergieren die zeichnerischen Fähigkeiten der Schülerinnen und Schüler erheblich. Zudem gibt es unterschiedliche ästhetische Interessen – im Bauen und Konstruieren, im szenischen Spiel, im Sammeln und Ordnen, im Umgang mit Farbe usw. zeigen sich die vielfältigen Talente, Ideen und Lösungen. Nicht alle Aufgabenstellungen lassen sich bewerten oder müssen bewertet werden. Aufgaben, deren bildnerische Kriterien transparent gemacht werden können und die zu bewertende Lösungswege beinhalten, eignen sich zur Beurteilung oftmals besser als stark subjektbezogene, den persönlichen Ausdruck betreffende Themen. In eine Beurteilung der bildnerischen Leistung sind mehrere Faktoren einzubeziehen: Zu reflektieren ist immer das eigene ästhetische „Vorurteil", der persönliche „Geschmack". Darüber hinaus ist der individuelle Leistungsfortschritt des Kindes vorrangig zu berücksichtigen, denn das Darstellungsvermögen der Kinder unterscheidet sich z. T. erheblich. Maßstab für eine Bewertung der bildnerischen Leistung sollte keinesfalls die Fähigkeit zur abbildgenauen Darstellung der Wirklichkeit sein, sondern vielmehr sollten Kriterien wie Ideenfindung, Komposition, Ausdruck, Verwendung bildnerischer Mittel, Mitarbeit, Sozialverhalten etc. für eine Bewertung herangezogen werden. Außerdem ist eine Gesamtnote ausgewogen aus allen Bereichen ästhetischer Praxis zu ermitteln (Zeichnen, Malen, plastisches Gestalten, Bauen und Konstruieren, Umgang mit Medien, Szenisches Spiel usw.).

Praxisbeispiel:
Hexengeschichten im Papiertheater

Der nachfolgend skizzierte Unterricht zeigt ein Segment einer über mehrere Wochen durchgeführten Sequenz in einem zweiten Schuljahr zum Thema Hexen (vgl. zu einigen Ideen Radel & Weinhold 1995). Ein Ziel war dabei, dass sich die Schülerinnen und Schüler auf spielerischem, ästhetischem Weg mit dem positiven Bild der mutigen, klugen und kundigen Hexe identifizieren, die über magische Zauberkräfte verfügt und somit verborgene Wünsche, Träume und Sehnsüchte realisieren kann. Zugleich sollte das Wissen der Kinder um die Geschichte des Hexenwahns vertieft, Vorstellungen von Hexen differenziert und erweitert werden – weniger um historische Sachkenntnisse zu erlangen, sondern vielmehr um tradierte Vorstellungsmuster zu reflektieren, einen Teil der eigenen Geschichte zu erfahren und besonders um Ängste abzubauen, die mit Hexen und vor allem mit der Vorstellung des Teufels einhergehen.

Fächerübergreifende Bezüge

- Im Deutschunterricht stehen Hexengeschichten aus der Kinderliteratur im Zentrum, die zum Gesprächsanlass werden oder als Anregung dienen, Geschichten selbst zu schreiben und zu spielen, es werden Zaubersprüche gereimt, Gedichte entwickelt usw.
- Im Musikunterricht werden Hexen-Instrumente gebastelt, es wird das Lied von der Moorhexe geübt etc.
- Magische Quadrate und das Hexeneinmaleins begleiten den Mathematikunterricht.
- Dem Kunst- und dem Sachunterricht kommt die Aufgabe zu, zum einen die historischen Bezüge zur Hexenverfolgung aufzugreifen und zum anderen die sachliche und die ästhetische Dimension des Hexenwesens zu entfalten.

Hexencharakteristika und Sachinformationen

- Ausgehend von Hexenfiguren, die die Kinder aus Märchen oder Kinderkultur kennen, werden im Kunstunterricht wesentliche Charakteristika einer Hexe, die in unterschiedlicher Weise ihre Zauberkräfte einsetzt, herausgefunden: Böse sind Hexen im Märchen, etwa bei Hänsel und Gretel oder im Comic bei Donald Duck, wo Menschen in Tiere oder Gegenstände verwandelt werden. Frech, mutig und witzig sind die heutigen Hexen der Kinderliteratur oder auf Hörspielkassetten, Bibi Blocksberg oder Hexe Lilli, die mit Hexerei ihre Wünsche und Träume verwirklichen. Als freundlich und den Menschen wohlgesonnen beschreibt Otfried Preußler seine „Kleine Hexe" usw.
- Anhand historischer Grafiken, die Darstellungen von Hexen zur Zeit der Hexenverfolgungen zeigen (siehe Abb. 6) wird erarbeitet, dass heilkräuterkundigen, klugen Frauen häufig übernatürliche Kräfte zugesprochen und gesellschaftliche Außenseiterinnen für das Unglück der Leute bei Unwetter oder Krankheit verantwortlich gemacht wurden. Sie wurden beschuldigt, mit dem Teufel verbündet zu sein, sie wurden als Hexen verfolgt und auf dem Scheiterhaufen verbrannt (z. B. Staschen 1990).

Abb. 6: Hans Baldung: Vorbereitung zum Hexensabbat, 1510. Holzschnitt. Staatl. Museen Preußischer Kulturbesitz, Berlin

• Eingehend standen Fantasievorstellungen von Hexen und Teufeln im Mittelpunkt, die der Legende nach gemeinsam die Walpurgisnacht auf dem Blocksberg feiern. Brennende Ungewissheiten der Kinder zeigten sich in Fragen wie „Gibt es Hexen wirklich? Du hast doch gesagt, die Letzte wurde vor ca. 200 Jahren verbrannt, dann gibt's doch welche!" „Gibt's den Teufel?" etc. Diese wurden intensiv diskutiert.

Ästhetisch-praktische Zugänge

Der offene Unterricht mit Werkstattcharakter und die Wochenplanarbeit erlauben, dass sich die Schülerinnen und Schüler intensiv und selbstständig mit dem Hexen-Thema befassen und ihre individuellen ästhetisch-praktischen Schwerpunkte festlegen. Im Klassenzimmer gibt es hierfür verschiedene Arbeitsplätze, an denen sich entsprechende Materialien und Arbeitsblätter befinden. Je nach Interesse können sich die Schülerinnen und Schüler dem Thema mit verschiedenen Zugangsweisen nähern:

• Unterschiedliche Hexendarstellungen werden zeichnerisch entwickelt, in denen sich die besprochenen Hexencharakteristika spiegeln.
• Einige Kinder sammeln Kräuter, die sie bestimmen und in der Klasse aufhängen.
• Heilkräuterrezepte werden zu Hause und in der Apotheke erfragt, notiert und erprobt.
• Andere mischen Flugsalbe mit kuriosen Zutaten und erfinden Fantasierezepte für Flugsalben.

- Nach dem Essen aufbewahrte Hähnchenknochen dienen als „magische Zutat" im Zaubertrank oder als Schmuckelement für Ohrgehänge oder Hexenketten, die Zauberkräfte in sich bergen sollen.

Papiertheater

Mit dem Papiertheater lernen die Schülerinnen und Schüler ein spezifisches ästhetisches Ausdrucksmedium kennen. Darüber hinaus soll ihnen die Funktion der Figuren als Darsteller im Theater bewusst werden, mit der die Gestaltungsmerkmale „Prägnanz" und „typische Pose" verbunden sind. Die Kinder erhalten zudem die Anregung, ihre eigenen Fantasievorstellungen von Hexen und Teufeln sowohl bildnerisch auszudrücken als auch spielerisch umzusetzen. Mit diesen ästhetischen Aktivitäten geht ein Reflexionsprozess einher, der die Zweitklässler befähigt, eigene Vorstellungen zu entwickeln, das Ausdrucksrepertoire zu erweitern und sich Wünschen und Ängsten, die mit diesem Themenbereich einhergehen, bewusst zu werden (vgl. zum Papiertheater Grünewald 1991).

Herstellen von Bühne und Figuren

Die vielfältigen Geschichten um den „Hexensabbat auf dem Blocksberg" sind Anlass, die Walpurgisnacht in ein Bühnenbild zu verwandeln.

- Im dreidimensionalen Bildraum leuchtet ein Feuer, das aus transparenten Flammen besteht. Diese werden mit einer kleinen batteriebetriebenen Glühlampe hinterleuchtet. Von beiden Seiten sind die an Holzleisten befestigten Flammen manuell beweglich, sodass ein Flackern von den Kindern simuliert werden kann.
- Als Bühnenhintergrund dient die Grafik eines unbekannten Künstlers zum Hexensabbat, mit der sich die Kinder bereits eingehend beschäftigt hatten.
- Vollendet wird die Ausgestaltung der Papierbühne mit aufgemalten und angeklebten Hexenfiguren, die – meist rückwärts auf einem Ziegenbock reitend – zum Fest stürmen.
- Zur Vorbereitung des Spiels lernen die Kinder zunächst eine historische Papiertheaterbühne kennen, auf der das Märchen vom gestiefelten Kater gespielt wird (siehe Abb. 7). Die Darstellung wird insbesondere hinsichtlich der Bühneninszenierung, in der Papierflachfiguren als Darsteller auftreten, erörtert.

165

• Die Diskussion dient als Impuls für die Überlegung, wie die Hexenfiguren bewegt werden können. Wir einigen uns auf die Führung der Papierfiguren an dünnen Drähten von oben – durch einen Schlitz im Karton der Papierbühne. Zum Theaterspiel sollen Papierflachfiguren entworfen und produziert werden, mit denen die bereits bekannten oder frei erfundenen Geschichten, Lieder und Dialoge aufgeführt werden.

• Wichtige Kriterien für die Gestaltung von Bühnenfiguren werden herausgearbeitet: Sie sollten gut erkennbar sein (leuchtende Farbigkeit) und eine typische Haltung einnehmen, da ihre Glieder nicht beweglich sind. Ihre Größe zu-

Abb. 7:
Papiertheater,
um 1870.
Ca. 50 x 40 cm.
Münchner
Stadtmuseum

einander soll nicht zu sehr differieren; deshalb erhalten die Schülerinnen und Schüler später ein Papierformat, das die Größe in etwa vorgibt. Anschließend wird die technische Realisierung erläutert (festes Papier, Filzstifte, Befestigung des Drahts). Exemplarisch wird vorgeführt, wie die Figuren in der Bühne bewegt werden können. Daraus ergibt sich die Frage nach der Ansicht der Figur: frontal oder seitlich, je nach gespielter Sequenz, am besten als Wendefigur, d. h. Vorder- und Rückseite werden farbig angelegt (vgl. hierzu den Info-Text zum Papiertheater auf S. 169 f.).

Entwickeln des Theaterspiels

Zwar steht die Gestaltung der Papierflachfiguren in dieser Phase im Zentrum des Unterrichts, doch das Herstellen der Figuren ist untrennbar mit dem Inhalt des Spiels verknüpft. Die Kinder lassen sich auf das Geschehen der Walpurgisnacht ein, da wir uns bereits zuvor eingehend mit dem Thema befasst haben: Sie schlagen Hexenfiguren und Teufel vor, die dort spielen sollen. Spezifische, den Kindern bekannte Hexenpersonen, wie etwa Gundel Gaukeley (Walt Disney), die kleine Hexe, die Oberhexe, die alte Moorhexe, Hexe Lilli oder Bibi Blocksberg

166

sollen auf dem Blocksberg auftauchen. Spielideen werden genannt sowie Requisiten, die dann hergestellt werden. Da sich die Ideen auch noch während des ästhetischen Prozesses entfalten und mit den Figuren spielerisch erprobt werden können, wird darauf verzichtet, bereits feste Spielszenen festzulegen, diese werden sukzessive entwickelt.

Die ästhetisch-praktische Tätigkeit führt dazu, dass die Kinder in Kleingruppen Spielideen diskutieren, was wiederum die Fantasietätigkeit für das Produzieren ihrer Figuren anregt. Kreativität steigert sich im gruppendynamischen Prozess (Burow 1999). Schülerinnen und Schüler, die keine Idee für ihre Papiertheaterfigur haben, werden unterstützt, indem sie schriftliche Anregungen zur Auswahl für kleine spielerische Aktionen, die auf dem Blocksberg stattfinden könnten, bekommen und ausgehend von dem Inhalt eine Vorstellung ihrer Papierfiguren entwickeln können.

Abb. 8: Papiertheateraufführung, 2. Schuljahr, Rabanus-Maurus-Schule, Oestrich-Winkel

Hexenfest

Interdisziplinär werden zum Abschluss des Hexenprojekts Sequenzen szenischen Spiels zu Ereignissen auf dem Blocksberg entwickelt, in denen Papiertheaterszenen, kurze Rollenspiele, Lieder und Vorleseauftritte kombiniert sind, um sie anschließend auf einem „Hexenfest" den Eltern zu präsentieren.

Papiertheater

Info-Text

Traditionelles Papiertheater bedeutet, dass in einer ca. 40 x 50 cm großen Guckkastenbühne aus Karton mit einseitig gestalteten Papierflachfiguren Theaterstücke aufgeführt werden, die dem Personentheater entsprechen. Das Papiertheater kam in der Romantik zur Vermittlung bürgerlichen Bildungsgutes auf: Zu Hause wurden die klassischen Aufführungen in originalgetreu nachgebauten, meist barocken Bühnen dargestellt. Sogar die Gesichtszüge der Figuren glichen damals berühmten Schauspielern. Die Personen werden zwar mit Drahtstäben von oben, unten oder der Seite geführt, sodass sie sich im Bühnenraum bewegen können, sie sind in ihrer Haltung jedoch nicht veränderlich. Deshalb ist eine für sie typische Pose notwendig, die prägnant einen bestimmten Ausdruck vermittelt. Geräusche, Musik und Sprache unterstützen das Bühnengeschehen. Die heutige pädagogische Funktion des Papiertheaters resultiert aus den vielfältigen kommunikativen, spielerischen, ästhetisch-praktischen und sozialen Möglichkeiten, die das Herstellen einer Bühne sowie der Figuren und das Entwickeln einzelner Spielszenen bieten. In andere Rollen zu schlüpfen, ermöglicht, andere Lebensmuster zu erproben, Wünsche und Ängste auszudrücken sowie die Wirkung des eigenen Ausdrucks auf ein Publikum zu prüfen. Vergleichsweise introvertierten Kindern bietet das Verborgensein hinter der Bühne die Chance, sich auszudrücken, ohne sich als Person selbst in Szene setzen zu müssen. Sachinhalte, wie beispielsweise das Wissen um Hexen und Heilkräuter, um Kinderliteratur zum Thema Hexen u.a., werden während des Spiels vertieft.

Literatur

Boehm, G. (1996): Bildsinn und Sinnesorgane. (Originalausgabe 1980). In: Stöhr, J. (Hrsg.): Ästhetische Erfahrung heute. Köln.

Burow, O.-A. (1999): Die Individualisierungsfalle. Kreativität gibt es nur im Plural. Stuttgart.

Duncker, L. (1999): Begriff und Struktur ästhetischer Erfahrung. Zum Verständnis unterschiedlicher Formen ästhetischer Praxis. In: Neuß, N. (Hrsg.): Ästhetik der Kinder. Interdisziplinäre Beiträge zur ästhetischen Erfahrung von Kindern. Frankfurt am Main.

Grünewald, D.: Papiertheater. In: Kunst+Unterricht 154/1991.

Kirchner, C. (1991): Kinder und Kunst der Gegenwart: Zur Erfahrung mit zeitgenössischer Kunst in der Grundschule. Seelze.

Kirchner, C. (2000): Digitale Kinderzeichnung. Annotationen zum derzeitigen Forschungsstand. In: Kunst+Unterricht 246/247/2000.

Kirchner, C. & Peez, G. (Hrsg.) (2001): Werkstatt: Kunst. Anregungen zu ästhetischen Erfahrungs- und Lernprozessen im Werkstattunterricht. Hannover.

Kirschenmann, J. & Peez, G. (Hrsg.) (1998): Chancen und Grenzen der Neuen Medien im Kunstunterricht. Hannover.

Kleimann, B. (2002): Das ästhetische Weltverhältnis. Eine Untersuchung zu den grundlegenden Dimensionen des Ästhetischen. München.

Radel, J. & Weinhold, A. (1995): Hexen und Zauberer. Ein Mitmachbuch für Hexenschülerinnen und Zauberlehrlinge. Würzburg.

Singer, W. (2004): „Sorgfältig darauf achten, welche Fragen ein Kind stellt". E & W im Gespräch mit Prof. Dr. Wolf Singer. In: Zeitschrift der Bildungsgewerkschaft GEW, E & W 1/2004.

Staschen, H. (1990): Verraten, verteufelt, verbrannt. Hexenleben. Reinbek bei Hamburg.

Uhlig, B. (2003): Kunstrezeption in der Grundschule. Untersuchung zur rezeptiven bildnerischen Tätigkeit jüngerer Schulkinder in der Auseinandersetzung mit Gegenwartskunst. Eine theoretische und empirische Studie. Diss. Leipzig.

Wichelhaus, B. (1995): Kompensatorischer Kunstunterricht. In: Kunst+Unterricht 191/1995.

Gunter Kreutz & Ulrike Wingenbach

Lernbereich Musik

10

Ästhetische Bildung in und durch Musik – Luxus oder Notwendigkeit?

Grundlagen und Bedeutungen ästhetischer Erziehungs- und Bildungs-prozesse sind Gegenstand zahlreicher Studien aus der zweiten Hälfte des vergangenen Jahrhunderts, die sich, von Philosophien des 18. und 19. Jahrhunderts ausgehend, um Aktualisierungen des ästhetischen Bildungsbegriffs bemüht haben. So betrachten etwa *Elenor Jain* (1993), *Karin-Sophie Richter-Reichenbach* (1998), *Doris Schuhmacher-Chilla* (1995) oder *Regine Köhler* (2002) ästhetische Erziehung und Bildung vor changierenden philosophischen Hintergründen und weisen durch ihre Studien historische Wandlungen in den Konzeptionen ästhetischer Bildung nach. Eine empirische Behandlung der „Grundfragen ästhetischer Bildung", so der Titel einer Studie unter der Leitung von *Klaus Mollenhauer*, ist in der vorliegenden Literatur dagegen eher selten zu finden (Mollenhauer 1996). Solche Studien belegen insbesondere die spezifischen Bedeutungen ästhetischer Bildung in und durch Musik, da sie die Potenziale der Rezipientinnen und Rezipienten und der mit ästhetischer Bildung verbundenen Prozesse plastisch vor Augen treten lassen.

Ästhetische Bildung als Forschungs-gegenstand

Mit Blick auf die heutige Arbeitswelt, „die lange Ausbildungswege verlangt und die das Dasein des Menschen wohl mit am entscheidendsten bestimmt", schreibt *Gerhard Velthaus*, mag der „Gedanke einer ästhetischen Erziehung demgegenüber als Luxus erscheinen" (Velthaus 2003, 191). Wenngleich der Diskurs auf idealtypischen Subjektkonstruktionen aufgebaut ist, die auch in der Musikpädagogik weithin anzutreffen sind (vgl. Kreutz & Wingenbach 2003, 68 ff.), so wird deutlich, dass Fragen zur ästhetischen Bildung nicht jenseits gesellschaftlicher, kultur- und bildungspolitischer Annahmen und Entscheidungen zu behandeln sind (Bastian 2003). Zu beachten ist, dass Musik unter dem Aspekt ästhetischer Erziehung gerade nicht in andere Fächer zu integrieren, sondern im Gegenteil auf eine eigenständige, hoch qualifizierte Pädagogik und Didaktik angewiesen ist (z.B. Lemmermann 1987). Doch die Realität des Musikunterrichts, die sich vielerorts durch ein

Kultur-und bildungs-politische Motive

hohes Maß an Unterrichtsausfall und fachfremdem Unterricht auszeichnet, unterstreicht die von Velthaus festgestellten ambivalenten Haltungen bildungspolitischer Entscheidungsträger gegenüber ästhetischer Bildung. Diese Haltungen betreffen das Fach Musik in besonderem Maße, wie etwa verschiedene Beiträge in der Zeitschrift „Diskussion Musikpädagogik" zum Thema „Musikunterricht nach PISA" nahelegen (Richter 2003).

Ästhetische Bildung durch Musik

Kinder erfahren ästhetische Bedeutungen von Musik und Musiklernen im Allgemeinen durch die parallel und interagierend verlaufenden musikalischen Sozialisationen innerhalb und außerhalb der Schule. Ästhetische Erziehung und Bildung in und durch Musik in der Grundschule provoziert folglich Fragen nach kindgerechten pädagogisch-didaktischen Vermittlungsstrategien (z. B. Venus 1969). Erschwert wird die Beschreibung, Umsetzung und Evaluation solcher Strategien in der Praxis durch die angesprochene Randstellung des Faches Musik sowie durch den fortwährenden Wandel musikpädagogischer Konzeptionen seit dem 2. Weltkrieg (Helmholz 1995), die häufig zu Novellen von Rahmen- und Lehrplänen, bislang aber selten zu empirischen Klärungen beigetragen haben (z. B. Bastian 1984, Kreutz & Wingenbach 2003, Kaiser 2004).

Musik-pädagogische Forschung

Musik- und anderer künstlerischer Unterricht lassen sich kaum allein mit Verweis auf Tradition und Geschichte, noch weniger mit einen impliziten Anspruch der Gesellschaft auf die Ausbildung von künstlerischen Eliten zum Erhalt des kulturellen Lebens ausreichend legitimieren. *Hermann Josef Kaiser* (2004) sieht das Problem im Mangel empirischer musikpädagogischer Forschung, die zudem als Ergänzung der gegebenen Ausbildungsstruktur benötigt wird. Er fordert: „Die Re-Integration des Moments *Musikpädagogische Forschung* als gleichwichtiger und gleichgewichtiger Bestandteil neben der Musikpraxis, der Musikpädagogik und der (den) Musikwissenschaft(en) in die Musiklehrerausbildung ist längst überfällig" (Kaiser 2004, Emphase im Original).

Ziele und Aufgaben des Musikunterrichts in der Grundschule

Ziele und Aufgaben, Lehrpläne

Ziele und Aufgaben des Musikunterrichts sind in Lehrplänen formuliert, die sich aufgrund zahlreicher Faktoren zwischen Bundesländern, Staaten und Regionen (vor allem der westlichen Welt bis in den asiatischen Raum) deutlich voneinander unterscheiden (Schlegel 2001).

Neben erziehungswissenschaftlichen und lernpsychologischen Erkenntnissen (Spychiger 2003), die durch systematische musikpädagogische Forschungen ergänzt und spezifiziert werden müssen (Kaiser 2004), spielen regionale und kulturelle Besonderheiten für die inhaltliche Formulierung der Lehrpläne eine erhebliche Rolle (Schlegel 2001).

In der Unterrichtspraxis bieten Lehrpläne notwendige Orientierungen, um prinzipiell die Vermittlung elementarer Kompetenzen sicherzustellen. An dieser Stelle knüpfen in den letzten Jahren verstärkt Expertendiskussionen zu Neubewertungen an, die, in Anlehnung an den im Zuge der PISA-Studie entwickelten Kompetenzbegriff, etwa folgendermaßen formuliert sind: „Das Ziel dieses Kompetenzerwerbs ist […] die Fähigkeit, Musik für verschiedene Zwecke (auch ausübend) sachgerecht zu gebrauchen, klingende Musik unterschiedlicher Art in ihren Aussichten, ihren Absichten und ihrer formalen Struktur zu verstehen, sowie die Fähigkeit, sie in einem größeren sinnstiftenden Zusammenhang einzuordnen" (Bähr et al. 2003).

Unterrichtspraxis und -ziele

Nach Erkenntnissen der musikalischen Entwicklungspsychologie sind die meisten Kinder im Einschulungsalter etwa zum Erwerb rhythmisch-tonaler Vorstellungen, dem Singen in der Tonart und mit korrekter Intonation sowie zu verbesserter Bewegungskoordination zu Musik befähigt. Hier setzt sich die Erkenntnis durch, dass wesentliche (musikalische) Lernprozesse bereits im Vorschulalter angestoßen werden und den musikalischen Akkulturationsprozess bestimmen (Gruhn 2003, Kreutz & Schork 2005).

Entwicklungspsychologische Erkenntnisse

Ästhetische Bildung und Musik – außermusikalische Wirkungen

Musik und Musiklernen tragen zur allgemeinen Entwicklung des Kindes in der Grundschule in mehrfacher Hinsicht bei. Gewöhnlich werden musikalische oder musikimmanente von außermusikalischen oder musikemanenten Wirkungen unterschieden (Bastian 2000). Worin liegen nun die Mehrwerte oder Transfereffekte musikalischer Bildung jenseits des spezifisch musikalischen Kompetenzerwerbs?

Unterschiedliche Wirkungen

Die fortwährende Auseinandersetzung des Kindes mit Musik bzw. musikalischen Elementen bereits in der Interaktion mit der Mutter (Dis–sanayake 2000) setzt schon frühzeitig ein Wahrnehmungslernen in Gang, welches vielfältige perzeptuell-motorische, emotive und kognitive Komponenten umfasst. Die tiefgreifende Wirkung von Musik und

Verhältnis Musik -und Sprachkompetenzerwerb

Musiklernen auf die zerebrale Entwicklung ist heute unstrittig (Gruhn 1998, Koelsch et al. 2003). Insbesondere Fähigkeiten zur auditiven Wahrnehmung von zeitlichen und tonhöhenmäßigen Veränderungen sowie ihre Koordination mit visueller Wahrnehmung und Motorik bedingen als so genannte Low-Level-Kompetenzen die Sprachentwicklung (z. B. Warnke 2001). Das Wahrnehmungslernen durch eine Reihe von Entwicklungsstufen hindurch (Gruhn 2003, Stadler Elmer 2000) scheint unabdingbar zum Erwerb musikalischer Kompetenz (Deliège & Sloboda 1997) sowie zur ästhetischen Erfahrung von Musik, die wahrscheinlich nicht wesentlich vor der Pubertät voll ausgereift ist (Hargreaves 1986, Gembris 1998).

Begründungen des Musikunterrichts Ohne die fortwährende Fachdiskussion hier abschließend bewerten zu wollen, stehen sozialpädagogische, ästhetische, entwicklungspsychologische und bildungstheoretische Begründungen (Bastian 2003) weit im Vordergrund. Fähigkeiten zur Konzentration, Kommunikation und Selbstreflexion sind selbstverständlich Voraussetzung für jedes Lernen. Es liegt auf der Hand, dass solche allgemeinen Lernkompetenzen durch einen so anspruchsvollen Gegenstand wie das Musizieren besonders gebraucht und im Zuge des Lernens intensiviert werden. Die perzeptuell-motorischen Koordinationsleistungen, die mit Singen, Musizieren und Tanzen verbunden sind, sorgen für einen hohen Informationsaustausch zwischen den Hemisphären und eine entsprechend simultane und verteilte Beanspruchung unterschiedlicher, musikspezifischer und nicht musikspezifischer Netzwerke im Gehirn.

Einflüsse auf Intellekt, Persönlichkeit Der Einfluss der Musik auf die intellektuelle und Persönlichkeitsentwicklung wird, ungeachtet methodischer Kritik an existierenden Untersuchungen, überwiegend positiv bewertet. Dem Musikunterricht erwächst daraus eine besondere Bedeutung. Das Erleben von Musik dient als Selbst-Zweck, also zur Selbsterprobung und -erfahrung, sowie als Medium zur Kommunikation mit anderen. Ästhetische Musikerfahrungen sind aufgrund ihrer gemeinsamen und umfassenden Ansprache perzeptuell-motorischer, emotionaler und kognitiver Systeme in den sich entwickelnden Persönlichkeiten jedes einzelnen Kindes unverzichtbare und unersetzbare Elemente der allgemeinen und musikalischen Sozialisation.

Gestaltungsprinzipien des Unterrichts

Gestaltungsprinzipien des Unterrichts sind unterschiedlichen Einflüssen ausgesetzt, die in den pädagogischen und fachspezifischen Diskus-

172

sionen fortlaufend neu bewertet werden. Dies gilt auch für den Musikunterricht (z. B. Schneider 1995, Bähr et al. 2003). Wir konzentrieren
uns in der folgenden Darstellung auf eine knappe Skizze zentraler Aspekte, die nach unserem Ermessen besonders häufig in den musikdi-
daktischen Diskussionen wiederkehren und daher innerhalb eines weiten Expertenkreises konsensfähig erscheinen. Sie können jedoch nicht
ein empirisch begründetes Modell des Musiklernens im Grundschulunterricht mit seinen Gestaltungsprinzipien ersetzen, das mittels dezi-
dierter Begabungs- und Entwicklungsstudien (Gembris 1998) erst entwickelt werden müsste. Widersprüche über die inhaltliche Auslegung
der Prinzipien sind so wenig auszuschließen wie nötige Präzisierungen
für die Praxis. Es liegt zudem nahe, dass sich verschiedene Prinzipien
wechselseitig ergänzen und teilweise überlappen.

- *Handlungsorientierung:* Musiklernen beruht auf dem Erwerb symbo- **Gestaltungs-**
  lischer und nicht symbolischer Wahrnehmungsmuster und Wissens- **prinzipien**
  strukturen aus Handlungserfahrungen. Dabei bildet die eigene körperliche Aktivität des lernenden Individuums das vielleicht wichtigste
  Merkmal von Handlungsorientierung. Deren Qualität ist etwa in aktiver Rezeption, im Gesang, Tanz und Instrumentalspiel vor allem in
  Gruppenprozessen verwirklicht, die den schulischen Musikunterricht
  wesentlich bestimmen.
- *Kulturelle Offenheit:* Musikunterricht in einem Einwanderungsland
  hat vielerorts Kinder verschiedener Nationalitäten und kultureller
  Hintergründe zu versorgen. Daraus resultieren Herausforderungen
  und Chancen, die ohne eine prinzipielle kulturelle Offenheit nicht zu
  bewältigen bzw. wahrzunehmen sind. Die Entdeckung des Fremden
  in der eigenen Kultur – und umgekehrt – eröffnet gerade durch die
  kommunikativen Aspekte der Musik Gestaltungsräume, die besonders in der Grundschule ein nachhaltiges Kennenlernen von Kultur
  auf kognitiver, emotionaler und sozialer Ebene ermöglichen.
- *Rezipientenorientierung:* Musiklernen wird als mehrstufiger Prozess
  der Akkulturation – d. h. der Aneignung spezifischer Wissensstruk-
  turen in einem soziokulturellen Kontext – verstanden, in dem das
  rezipierende Subjekt den Dreh- und Angelpunkt pädagogischer Intentionen darstellt. Während das Alter nach jüngeren Erkenntnissen
  eine nur grobe Orientierung an vorhandenen Potenzialen zur Strukturierung von Inhalten, Methoden und Lernzielen bietet, so ist die
  Richtung und Sequenzierung der Lernprozesse Gegenstand ausführlicher Fachdiskussionen.
- *Themenorientierung:* Alltags- und Lebenswelt lassen sich offenbar
  besonders einfach anhand fest umrissener Gegenstände und Themen
  mit Musik und Musiklernen verbinden. Diese pädagogisch-didak-

tische Selbstverständlichkeit sollte nicht den Blick darauf verstellen, dass die Vergegenständlichung ästhetischer Bildungsprozesse der Aneignung abstrakter Wertesysteme nicht widerspricht, sondern geradezu notwendig ist, um genau diese Aneignungsprozesse in Gang zu setzen und fortzuentwickeln.

- *Interdisziplinarität:* Dieses Prinzip ist logische Folge einer ganzheitlichen Vermittlung von Lerninhalten. Lieder implizieren eine Auseinandersetzung mit Sprache; einen Rhythmus zu erschließen, kann zu Reflexionen algebraischer Operationen führen. Das Erlernen einer Melodie kann musikimmanentes wie auch -emanentes Wissen generieren. Es scheint zweifelhaft, ob und inwiefern Musikunterricht als ein allein auf sich selbst gerichtetes, von Dingen des Alltags und der Erfahrung entkoppeltes Lernen als erstrebenswertes Szenario überhaupt denkbar ist.
- *Multisensorische Wahrnehmungsangebote:* Musiklernen beruht auf einer fein abgestimmten Integration auditiver, visueller und kinästhetischer Wahrnehmungen, wobei körperlich-motorische Rückmeldungen mit der perzeptuellen Integration musikalischer Informationen interagieren. Aufmerksamkeits- und Lernprozesse können aufgrund der Redundanz, die durch die synchrone und konvergente Informationsverarbeitung auf verschiedenen Sinneskanälen und mit Unterstützung durch die Motorik entsteht, wesentlich erleichtert werden.

Unterrichtsbeispiele

Gestaltungs-spielräume Die skizzierten Prinzipien eröffnen Lehrenden und Lernenden im Musikunterricht ein weites Spektrum konkreter Gestaltungsmöglichkeiten, die hier kaum erschöpfend dargestellt werden können. Einige Beispiele sollen nun solche Gestaltungsspielräume andeuten. Schließlich führen ästhetische Lernvorgänge in aller Regel komplexe und prinzipiell unvorhersehbare Erfahrungen mit sich, die von den menschlichen Akteuren, Rahmenbedingungen und situativen Variablen wesentlich bestimmt werden. Gleichwohl ist das Lernen von Musik, wie wir ausgeführt haben, aufgrund der spezifisch angesprochenen Potenziale des Kindes unter eigenständigen Gesichtspunkten zu betrachten und allein deshalb nicht in früher vorgeschlagene, integrative Konzepte ästhetischer Erziehung subsumierbar. Stattdessen bauen die hier vorgelegten Beispiele auf allgemein pädagogische und fachdidaktische Kompetenzen von Lehrerinnen und Lehrern als unerlässliche Voraussetzungen, um nachhaltiges Lernen von Musik zu ermöglichen. Ein weiteres wichtiges Charakteristikum der ausgewählten Beispiele ist, dass sie einerseits bereits auf umfangreiche Unterrichtserfahrungen begründet, andererseits offen für Weiterentwicklungen gestaltet und somit als „work in progress" zu verstehen sind.

Beispiel 1

Thema: „Morgenstimmung" von Edvard Grieg
Jahrgangsstufe: Klasse 1
Umfang: 1 Unterrichtsstunde
Material: Hörbeispiel, Ausmalbild, Stifte, Papier, Schere, Klebstoff, Tapete
Lernziele: Die Kinder sollten …
- die musikalische Steigerung der ersten 30 Takte von Edvard Griegs „Morgenstimmung" mit einem Sonnenaufgang assoziieren,
- sich in eine Erzählung hineinversetzen,
- auf den Verlauf der Musik achten und passende Bewegungen ausführen,
- ein Ausmalbild mit einer aufgehenden Sonne gestalten,
- ihr Bild zur Musik betrachten und mit der musikalischen Steigerung verbinden können.

Stundenverlauf:
Für den Unterricht eignet sich vor allem die musikalische Steigerung am Anfang des Stückes. Hier können die Kinder durch Hören, Bewegen und Malen den Sonnenaufgang „hörbar" nachempfinden. Einführend wird eine kleine Erzählung vorgeschoben, in die sich die Kinder hineinversetzen, etwa von kleinen Sonnenstrahlen oder Tieren, die schlafend auf den Morgen warten. Solche Vorstellungen können auch von den Schülerinnen und Schülern im Gespräch über die gehörte Musik selbst entwickelt werden.

Der Bewegungsablauf könnte ungefähr so aussehen:
Takt 1–8:   Die Kinder liegen im abgedunkelten Raum verteilt und spielen kleine, schlafende Sonnenstrahlen.
Takt 9–16: Sie wachen nacheinander auf, gähnen, räkeln und strecken sich in Sitzposition. Wenn möglich wird das Licht im Raum dabei ganz allmählich erhellt.
Takt 17–20: Gemächlich stehen die Kinder nacheinander auf, räkeln und strecken sich erneut.
Takt 21–30: Sie bilden langsam einen Kreis, fassen sich an den Händen, gehen herum und schwingen die Arme dabei hin und her. Beim Schlusston des Hörbeispiels haben alle die Arme nach oben gestreckt und verkörpern gemeinsam die Sonne.

Abb. 1:
Sonnenaufgang

Anschließend malen die Kinder ein Bild zum Thema „Sonnenaufgang". Hilfreich für die Kinder kann dabei ein Ausmalbild (siehe Abb. 1) sein, mit dem sie die aufgehende Sonne in vier unterschiedlichen aufsteigenden Positionen darstellen. Als Alternative bietet sich eine Collage aus vielen ausgeschnittenen Sonnen an, die deren Verlauf auf einer Tapete abbildet. Beim nochmaligen Hören des Stückes kann so der Weg der Sonne auch mit den Augen verfolgt werden.

Beispiel 2

Thema: Der Kuckuck
Jahrgangsstufe: Klasse 2
Umfang: 1 Unterrichtsstunde
Material: Hörbeispiel mit Vogelstimmen, Hörbeipiel „Allegro" aus
                 Leopold Mozarts „Cassatio ex G – Kindersinfonie", Stab-
                 spiele
Lernziele: Die Kinder sollten …

• Vogelstimmen hören, erkennen und nachahmen,
• sich als Vögel bewegen,
• den Kuckucksruf in Mozarts „Kindersinfonie" heraushören, nachsingen und in der Bewegung darstellen,
• den Kuckucksruf auf Stabspielen finden und nachspielen,
• das Lied „Dieser Kuckuck, der mich neckt" lernen und erkennen, dass die Pausen mit der Kuckucksterz ausgefüllt werden sollen,
• Bewegungen zum Liedtext finden und beim Singen ausführen.

Stundenverlauf:

Die Kinder hören Vogelstimmen, äußern sich dazu, erzählen und überlegen, wo das Stück aufgenommen sein könnte. Einige können vielleicht schon bestimmte Vogelstimmen erkennen und imitieren diese. Die Schülerinnen und Schüler ahmen große und kleine Vögel schließlich auch in der Bewegung nach.

Die Kinder hören einen Ausschnitt aus dem Allegro von Leopold Mozarts „Cassatio ex G – Kindersinfonie" mit dem Auftrag, einen bestimmten Vogel (Kuckuck) herauszuhören. Der Kuckucksruf wird nachgesungen, die beiden Tonhöhen werden durch Bewegung (etwa mit der Hand oder mit dem ganzen Körper) unterstützend dargestellt.

Die Kinder suchen die Kuckucksterz auf Stabspielen, die frei im Raum verteilt sind. Die Lehrkraft geht von Kind zu Kind, bestätigt und hilft; die Kinder können sich auch gegenseitig unterstützen (Partnerarbeit). Haben alle ihren Ruf gefunden, stellt die Lehrkraft den ersten Kuckuck dar, der einen zweiten besucht und ihn singend mit dem Kuckucksmotiv begrüßt. Der andere Kuckuck antwortet, vielleicht kommt es sogar zu einem kleinen Dialog. Alternativ kann auch ein Kind mit verbundenen Augen einen bestimmten „Kuckuck" suchen, der allein auf seinem Instrument spielen darf.

Jetzt wird ein neuer Kuckuck bestimmt, der mit Hilfe des im späteren Rhythmus gesprochenen Liedtextes abgezählt wird. Nach einigen Wiederholungen des Spiels können die Kinder mitsprechen.

Die Lehrkraft singt das Lied „Dieser Kuckuck, der mich neckt" langsam vor und lässt dabei die Pausen, in denen der Kuckucksruf er-

Abb. 2:
Dieser Kuckuck,
der mich neckt

177

klingen soll, noch unbesetzt. An diesen Stellen lauscht der Lehrer oder die Lehrerin und tippt den „Kuckuck" rhythmisch in die Luft. Die Kinder erkennen, dass diese Pausen mit dem Kuckucksmotiv gefüllt werden sollen. Allmählich singen sie mit und spielen in die Pausen den Kuckucksruf hinein. Zur harmonischen Abrundung ist darauf hinzuarbeiten, dass sich die Kuckucksterzen an der Tonart des gesungenen Liedes orientieren. Man kann die Klasse auch in zwei Gruppen, die „Liedsänger" und die „Kuckuckskinder", aufteilen oder ein einzelnes Kind das Motiv spielen lassen. Zusätzlich bieten sich Bewegungen an, die den Liedtext unterstützen und von einer dritten Gruppe übernommen werden.

Beispiel 3

Thema: Bedrich Smetana „Die Moldau"
Jahrgangsstufe: Klasse 4
Umfang: 6 bis 8 Unterrichtsstunden
Material: je nach Auswahl der Unterrichtsvorschläge
Lernziele: Die Kinder sollten …
• die einzelnen Episoden der „Moldau" kennen lernen,
• die Musik beschreiben können,
• die Musik musizierend nachspielen können,
• sich passend zur Musik bewegen,
• eigene Kunstwerke zu den Episoden herstellen,
• beim Hören der „Moldau" als Gesamtwerk erfahren, dass Musik bestimmte ästhetische Vorstellungen erzeugen kann, indem sie sich entsprechend zur Musik bewegen oder eigene Bilder betrachten.

Inhalte der Unterrichtseinheit:
Smetanas symphonisches und programmatisches Werk „Die Moldau" besteht aus zehn voneinander klar abgegrenzten Teilen:
 1. Quellen (Takt 1–13)
 2. Moldauthema (Takt 39–80)
 3. Jagd (Takt 81–118)
 4. Bauernhochzeit (Takt 119–180)
 5. Nymphenreigen (Takt 181–238)
 6. Moldauthema (Takt 239–271)
 7. St.-Johann-Stromschnellen (Takt 272–332)
 8. Moldauthema (Takt 333–358)
 9. Prag und die Felsenburg Vysehrad (Takt 359–373)
10. Moldau strömt weiter, entschwindet den Blicken (Takt 374–427)

Die Komposition bietet für fächerübergreifendes und die Künste verbindendes Arbeiten umfangreiches Potenzial, das anhand von zahlreichen Beispielen und Unterrichtsideen erläutert werden soll (vgl. auch Engbarth 1988, Druxes 1987). Je nach Schwerpunktsetzung und Auswahl der Vorschläge können die einzelnen Stunden unterschiedlich gestaltet werden, orientieren sich aber jeweils an den Themenstellungen der „Moldau" und sind sinnvoll aufeinander aufzubauen. Die Unterrichtsinhalte können und sollen verschiedene Ansätze verknüpfen, d. h. Musizieren, Hören, Bewegen und Malen wechseln sich ab. Ziel am Ende der Unterrichtseinheit sollte jedoch immer das Hören und Erleben des gesamten Werkes sein, um die Kinder ästhetische Vorstellungen zur Musik entwickeln zu lassen.

Musizieren
Einführend werden die Kinder mit der Thematik „Fluss" vertraut gemacht. Dazu können eine kleine Geschichte oder Bilder eines Flusses dienen. Sie erzählen von den „Erlebnissen" eines Baches, und was an seinem Ufer geschieht. Die Kinder vertonen die Geräuschszenen mit Orff-Instrumenten und finden passende Notationsmöglichkeiten.
Mit Glockenspielen und Metallofonen kann der Verlauf der beiden Quellen dargestellt werden. Kleine Cymbeln und Triangeln versinnbildlichen dabei das Aufspritzen des Wassers. Darauf folgend bietet es sich an, das Moldauthema auf Flöten und kleinem Schlagwerk nachzuspielen.

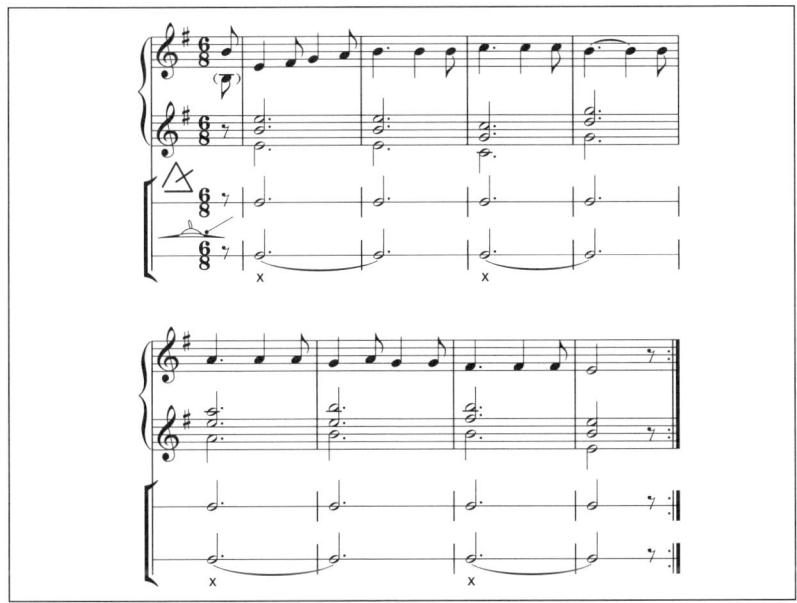

Abb. 3:
Moldau-Melodie

179

Auch die anderen Szenen der Moldau lassen sich musizierend darstellen: Eine Trompete symbolisiert das Jagdhorn (vielleicht kann ein Kind sogar ein kleines Jagdmotiv darauf spielen), Schlaginstrumente verklanglichen das Weglaufen der Tiere. Mit einigen Orff-Instrumenten können die Schülerinnen und Schüler zur „Bauernhochzeit" rhythmisch mitspielen. Leise Schwebeklänge auf Triangel oder Glockenspiel versinnbildlichen den Nymphenreigen, wobei dunkle Töne der Pauke oder eines Bass-Klangstabs die Dunkelheit darstellen.

Hören

Wichtige Bereiche bilden das Hören und Reflektieren der einzelnen Szenen. Klänge werden beschrieben, Instrumente benannt und der Charakter der Musik geschildert. Kleine Hörrätsel können höchst motivierend auf die Schülerinnen und Schüler wirken.

Bewegen

Alle Szenen lassen sich durch Bewegung darstellen und am Ende sogar zu einer szenischen Gestaltung des gesamten Werkes zusammensetzen. Mit entsprechenden Kostümen und Kulissen bietet sich eine Aufführung an.
– Zwei Quellen vereinigen sich: Zwei Kinder hüpfen und springen aus verschiedenen Richtungen aufeinander zu.
– Der Fluss wird breiter: Vier Kinder kommen hinzu und ziehen als Sechsergruppe im Gleichschritt durch den Raum.
– Die Jagd: Pantomimisch wird das Jagdhorn geblasen, einige Kinder spielen pantomimisch Treibjagd zu Pferde.
– Bauernhochzeit: Aufzug des Brautpaares und der Gäste, die zur Musik einen einstudierten Tanz vorführen.
– Nymphenreigen: Kinder bewegen sich langsam und frei improvisierend mit Chiffontüchern zur Musik.
– Der Fluss fließt breit weiter: Zur anfänglichen Sechsergruppe gesellen sich mehr Kinder hinzu und ordnen sich in die Reihe ein.
– Stromschnellen: Die Kinder laufen und wirbeln wild durcheinander.
– Prag und die Burg: Zwei Kinder schreiten würdevoll herein.
– Der mächtige Strom verschwindet aus den Augen: Die „Flusskinder" schreiten langsam durch den Raum und lassen sich – wenn die Musik leiser wird – auf den Boden sinken.

Malen und Gestalten

Die einzelnen Ereignisse und Themen des Werkes bieten sich für die Gestaltung einer Collage an. Auf eine große Pappe wird der Fluss aufgemalt. Die Kinder fertigen die einzelnen Szenen detailliert in Einzel- oder Partnerarbeit an und kleben ihre Bilder an den Fluss.

Eine weitere Möglichkeit besteht in der gemeinsamen Herstellung eines plastischen Sandkastenmodells. In Gruppen arbeiten die Kinder am Nachbau der einzelnen Szenen (z. B. mit kleinen Kartons) und stellen diese entsprechend an den „Sandkastenfluss".

Für das Hören des Gesamtwerkes (rund 12 Minuten) sollte den Kindern eine anschauliche Stütze gegeben werden. Dies kann durch das Betrachten eigener Bilder geschehen, die die Schülerinnen und Schüler als kleine Dias fantasievoll gestalten. Durchscheinendes Architektenpapier wird auf Diarähmchen gespannt, auf das sie mit dünnen Filzstiften eine gewählte Episode der „Moldau" zeichnen (ein Thema ist mehrfach besetzt). Die Schülerinnen und Schüler sehen und erleben ihre Bilder im Rahmen einer Dia-Schau gemeinsam zur gehörten Musik, wobei alle Bilder von jedem Kind und der Lehrkraft einzeln durch die Betrachtung gewürdigt werden. Die kleinen Gemälde erfahren durch die vielfache Vergrößerung auf der Leinwand eine stark beeindruckende Veränderung und verhelfen den Kindern zu einer ästhetischen Sichtweise für die Musik.

Literatur

Bähr, J.; Gies, S.; Jank, W. & Nimczik, O. (2003): Kompetenz vermitteln – Kultur erschließen. Musiklernen in der Schule. Diskussion Musikpädagogik, 19, 2003, 26–39.

Bastian, H. G. (1984): Unterrichtsforschung in der Musikpädagogik. Erkenntniskritische Aspekte und forschungspraktische Perspektiven. In: Arbeitskreis Musikpädagogische Forschung (Hrsg.): Musikpädagogische Forschung Band 5. Laaber, 339–359.

Bastian, H. G. (2000): Musik(erziehung) und ihre Wirkung. Mainz.

Bastian, H. G. (2003): „Ohne Musik ist die Schule ein Irrtum". Nachdenken über Humanisierungspotenziale von Musik(erziehung). In: Bastian, H. G. & Kreutz, G. (Hrsg.): Musik und Humanität. Mainz, 73–88.

Deliège, I. & Sloboda, J. A. (Hrsg.) (1997): Musical Beginnings. Origins and Development of Musical Competence. Oxford.

Dissanayake, E. (2000): Antecedents of the Temporal Arts in Early Mother-Infant Interaction. In: Wallin, N. L.; Merker B. & Brown S. (Hrsg.): The Origins of Music. Cambridge, Mass., 389–410.

Druxes, C. (1987): „Die Moldau". Unterrichtseinheit für das 4. Schuljahr. In Musik und Bildung. Heft 9. Mainz, 677–679.

Engbarth, K. (1988): Die Moldau – ein fächerübergreifendes Projekt für das 4. Schuljahr. In: Musik und Bildung. Mainz 1988, 892–894.

Gembris, H. (1998): Musikalische Begabung und Entwicklung. Augsburg.

Gruhn, W. (1998): Der Musikverstand. Neurobiologische Grundlagen des musikalischen Denkens, Hörens und Lernens. Hildesheim.

Gruhn, W. (2003): Kinder brauchen Musik. Musikalität bei kleinen Kindern entfalten und fördern. Weinheim.

Hargreaves, D. J. (1986): The Developmental Psychology of Music. Cambridge.

Haselbach, B.; Nykrin, R. & Regner, H. (Hrsg.) (1985): Musik und Tanz für Kinder. Unterrichtswerk zur Früherziehung. Kinderheft 2. Mainz.

Helmolz, B. (1995): Musikdidaktische Konzeptionen nach 1945. In: Helms, S.; Schneider, R. & Weber, R. (Hrsg.): Kompendium Musikpädagogik. Regensburg, 42–63.

Jain, E. (1993): Das Prinzip Leben. Lebensphilosophie und Ästhetische Erziehung. Frankfurt.

Kaiser, H. J. (2004): Über die Schwierigkeit, musikpädagogischer Forschung Aufmerksamkeit zu verschaffen. Eine Bestandsaufnahme und ein Plädoyer. In: Kreutz G. & Bähr, J. (Hrsg.): Anstöße – Musikalische Bildung fordern und fördern. Festschrift Hans Günther Bastian zum 60. Geburtstag. Augsburg, 15–24.

Köhler, R. (2002): Ästhetische Erziehung zwischen Kulturkritik und Lebensreform. Eine systematische Analyse der Motive ästhetischer Erziehungskonzeptionen. Hamburg.

181

Koelsch, S.; Grossmann, T.; Gunter, T. C.; Hahne, A.; Schröger, E. & Friederici, A. D. (2003): Children Processing Music: Electric Brain Responses Reveal Musical Competence and Gender Differences. Journal of Cognitive Neurosciences, 15/2003, 683–693.

Kreutz, G. & Wingenbach, U. (2003): Musikunterricht in der Grundschule – Ja! Aber wie? Zur Bedeutung musikpädagogischer Forschung. In: Huber, L. & Kahlert, J. (Hrsg.): Hören lernen – Musik und Klang machen Schule. Braunschweig, 66–79.

Kreutz, G. & Schork, L. (2005): Musikalische Früherziehung aus Sicht von Lehrkräften. Ergebnisse einer Pilotstudie. Diskussion Musikpädagogik, 26/2005, 49–55.

Küntzel, B. (Hrsg.) (2003): Kolibri – das Musikbuch 1/2. Materialien für Lehrerinnen und Lehrer. Hannover.

Lemmermann, H. (1987): Über den Umgang mit dem Lied. In: Matthies, K.; Polzin, M. & Schmitt, R. (Hrsg.): Ästhetische Erziehung in der Grundschule. Integration der Fächer Kunst/Musik/Sport. Frankfurt a. M., 58–69.

Mollenhauer, K. (1996): Grundfragen ästhetischer Bildung. Theoretische und empirische Befunde zur ästhetischen Erfahrung von Kindern. München.

Richter, C. (Hrsg.) (2003): Diskussion Musikpädagogik, Bd. 17. Seelze.

Richter-Reichenbach, K.-S. (1998): Ästhetische Bildung. Grundlagen ästhetischer Erziehung. Aachen.

Schlegel, C. M. (2001): Europäische Musiklehrpläne im Primarbereich. Eine vergleichende Inhaltsanalyse. Augsburg.

Schneider, E. K. (1995): Prinzipien der Erziehung und des Unterrichts. In: Helms, S.; Schneider, R. & Weber, R. (Hrsg.): Kompendium Musikpädagogik. Regensburg, 84–94.

Schuhmacher-Chilla, D. (1995): Ästhetische Sozialisation und Erziehung. Zur Kritik an der Reduktion von Sinnlichkeit. Berlin.

Spychiger, M. B. (2003): Lernforschung. Ein Blick in ihre Grundlagen und Anwendungen im Wechsel der psychologischen Paradigmen. Diskussion Musikpädagogik, 19/2003, 3–25.

Stadler Elmer, S. (2000): Spiel und Nachahmung. Aarau.

Velthaus, G. (2002): Bildung als ästhetische Erziehung. Bad Heilbrunn.

Venus, D. (1969): Unterweisung im Musikhören. Wuppertal.

Warnke, F. (2001): Was Hänschen nicht hört. 5. Auflage. Freiburg.

Wittmoser, L. (1991): Friedrich Smetana „Die Moldau". In: Schüler im Konzert, Heft 13. Hrsg. v. Musikausschuss der GEW Hamburg. Altenmedingen.

Reiner Hildebrandt-Stramann & Andrea Probst

Ästhetische Erziehung im Sportunterricht der Grundschule

11

Ästhetisches Verhalten als Ausdruck produktiver Sinnlichkeit

„Aber auch die Leiblichkeit und Sinnlichkeit der Kinder ist, anders als der Kümmerleib des erwachsenen Zeitgenossen, von der intensiven Freude des Einsatzes von Gliedern und Sinnen bestimmt, dem unerschöpflichen Erkunden und Schauen. Kinder wollen dabei sein, wollen die Möglichkeiten des eigenen Leibes erfahren, verlängern, trainieren. Sie wollen Wälder und Felder, Müllhalden und Bauplätze erforschen; über Zäune klettern, Abkürzungswege finden. Sie schlagen sich durch fremde Gärten. Bauplätze oder Materialien sind Anziehungspunkte von hohem Reiz. Kletterbäume und Baumgehäuse, Verstecke im Knick sind ihr Revier. Überall möchten sie Zeugen sein, bei Feuerwehreinsätzen, Verkehrsunfällen, bei Umzügen und Versammlungen, beim Einsatz von großen Baumaschinen. Unersättlich ist ihr Bedürfnis nach Verkleidung, Maskierung, Auftritten und Drama, nach Tanz, Szene und Bewegung. Unerschöpflich auch ihre Bereitschaft, ihrem Körper etwas hinzuzutun, ihre Organe zu verlängern und sich mit Prothesen aller Art, mit Schlappen oder Stiefeln der Erwachsenen, mit Rollschuhen, Stelzen, Skiern oder Schlittschuhen zu versehen, auf Balken, Baumstämmen oder Gartenmäuerchen zu balancieren, zu gleiten, ihre Geschicklichkeit zu üben, ihre Kräfte zu steigern" (Flitner 1986, 120).

Diese Sätze von *Flitner* sind deshalb so ausführlich zitiert, weil es uns bemerkenswert erscheint, wie ein kindorientierter Pädagoge Kindererfahrungen betrachtet und dabei auf die sinnengebundenen Potenziale von Kindern aufmerksam macht. In diesem Sinn plädiert *Bräuer* für eine „Ästhetik von unten" (1989, 39). Das bedeutet für den Unterricht in der Grundschule, eben nicht nur für den Sportunterricht, bei den

Sinne als Erkenntnis- und Ausdrucksorgan

183

weltoffenen, lernfähigen Sinnen der Kinder anzusetzen. Dabei sind die Sinne nicht als Werkzeuge zu verstehen, die man nach dem Einsatz weglegen kann, die dem Menschen also äußerlich bleiben, „sondern sie sind vom Leib selbst wachstümlich hervorgebrachte, dem Organismus im Ganzen zugehörende und an seinem Eigenrhythmus teilnehmende Erschließungsorgane" (ebd., 38). Aber es kommt nicht nur darauf an, an den Sinnen der Kinder anzusetzen, sondern diese auch als Erkenntnis- und Ausdrucksorgan zu vervollkommnen.

Sinnliche Erkenntnis als ästhetisches Verhalten

„Vervollkommnung der sinnlichen Erkenntnis" lautet die Leitidee einer ästhetischen Erziehung für die Grundschule, wie sie schon in den 1980er Jahren zum Beispiel vom Arbeitskreis Grundschule formuliert wurde (vgl. Schmidt 1987, 8). Sinnliche Erkenntnis ist kein passiver Vorgang, sie basiert vielmehr auf einer aktiven, einer handelnden Auseinandersetzung des Menschen mit der Welt, die *Fritsch* auch als „ästhetisches Verhalten" (1989, 11) bezeichnet. „Ziel jeglicher ästhetischen Erziehung wäre – allgemein formuliert – die Bildung, Übung und Ausdifferenzierung ästhetischen Verhaltens" (Fritsch 1989, 11). Ästhetisches Verhalten ist eine grundlegende Weise, sich seine Welt symbolisch zu vergegenwärtigen. Es zeigt sich zum einen in der „Aisthesis", der sinnengetragenen reflexiven Wahrnehmung, die in uns Empfindungen weckt und Erkenntnischarakter trägt, und zum anderen in der „Poiesis", der Fähigkeit, subjektivem Empfinden und Erleben durch Gestaltung Ausdruck zu verleihen (vgl. Fritsch 1989).

Diese Fähigkeiten entwickeln sich – wie bereits zuvor angedeutet – nur in Abhängigkeit von aktiv praktischem Tun. Dieses ist bei Kindern unweigerlich mit Bewegung und Körper verbunden. Insofern hängen elementare ästhetische Lernprozesse immer mit Bewegung und Körper zusammen. Deshalb ist die Grundlage für elementare ästhetische Lernprozesse in der Grundschule in einer pädagogischen Bewegungs- und Leibeserziehung zu sehen, die allerdings nicht Bestandteil und Aufgabe nur eines Faches sein kann, sondern integraler Bestandteil von Unterricht und Schule überhaupt ist. Zum besseren Verständnis sollen beide Bereiche kurz vorgestellt und ihre Verbindung zu Leiblichkeit und Bewegung aufgezeigt werden.

Aisthesis: sinnengetragene Wahrnehmungsfähigkeit

Eine subjektive Form der Weltaneignung

Aisthesis oder sinnengetragene Wahrnehmungsfähigkeit ist die Basis für eine besondere Weise zum Begreifen unserer Wirklichkeit, für ästhetisches Denken, wie es *Welsch* (1998) beschreibt. Sie ist Grundlage

184

für eine subjektive Form der Weltaneignung im Gegensatz zu einem objektiv-beschreibenden Zugang.

Als Beispiel möchten wir eine Szene aus dem Film „Mona Lisas Lächeln" reflektieren: Als eine neue Kunstprofessorin das erste Mal eine Klasse in einem Eliteinternat unterrichtet, konnten ihre Schülerinnen zu jedem Kunstwerk wie aus der Pistole geschossen einen Kommentar abgeben – doch alle denselben. Die Mädchen hatten das Lehrbuch vor der Veranstaltung auswendig gelernt, das ihnen lediglich einen objektiv-beschreibenden Zugang vermittelt hatte. Keines der Mädchen hatte die Bilder wirklich mit eigenen Augen betrachtet. Keines war in der Lage, eine eigene Meinung über ein Bild zu entwickeln oder darin einen persönlichen Sinn zu entdecken. Die Bilder werden für die Schülerinnen so immer bedeutungslos bleiben.

In diesem Beispiel waren die Schülerinnen nicht in der Lage, ästhetisch zu denken. Ästhetisch zu denken bedeutet, alle wahrnehmbaren Zusammenhänge eines Sachverhaltes zu erkennen, nicht nur die Lokalisierung und Aufnahme der von außen auf den Menschen einströmenden Reize, wie Farben, Geräusche oder Gerüche. Es bedeutet ein „Gewahr-Werden" der Gesamtheit von Geschehnissen oder Dingen, für das alle Wahrnehmungen, insbesondere innerleibliche, ausschlaggebend sind. Ihnen wird in diesem Verständnis eine originäre Wirklichkeit zugesprochen. Sie sollen nicht der Vernunft gegenübergestellt oder bevorzugt werden (aiesthesis versus logos). Vielmehr korrelieren und ergänzen sich beide Bereiche. Wahrnehmungen können nicht durch Reflexionen ersetzt werden, sondern tragen zu deren weiterer Klärung bei.

Ästhetisches Denken als Gewahr-Werden

Dem Leib kommt als Sitz der Sinne und Ort der Verarbeitung eine besondere Bedeutung für Aisthesis zu. Durch seine Sinne nimmt der Mensch Kontakt zu seiner Umgebung auf und liefert die Daten für ästhetisches Denken. Dazu kommt die Wahrnehmung körperlicher Reaktionen, durch den so genannten „Kreis der zuständigen Modalitäten" (Plessner zit. nach Müller 1998, 236). Dazu gehören u. a. Schmerzempfinden, Gleichgewichtssinn oder Kraft- und Muskelsinn. Sie dienen der Übermittlung des Zustandes des Leibes und sind somit, wie *Welsch* (1998) betont, ebenso bedeutend für ästhetisches Denken wie z. B. Wahrnehmungen des Auges oder des Ohres. Sie übermitteln innere Reaktionen auf äußere Reize. So empfindet man z. B. Abscheu beim Betrachten schockierender Bilder o. Ä.

Die Funktionsweisen der einzelnen Sinnesorgane lassen sich physiologisch erklären, aber es gibt keine Ordnung oder Erklärung, warum was wie von welchem Sinnesorgan wahrgenommen wird. Jedes für sich

Leibgebundenheit der Sinne

stellt eine spezifische Verbundenheit von Ich und Welt dar. Jedes für sich beinhaltet eine bestimmte Kommunikationsweise mit Welt (vgl. Straus, 1956).

Die Art des Zusammenspiels der Sinne ist ein innerleiblicher Prozess. Dinge oder Erlebnisse bekommen Sinn und Einordnung durch ihre leibliche Manifestierung. Der Leib filtert und verarbeitet die auf ihn einströmenden Wahrnehmungen und stellt so eine individuelle Bezugnahme zur Welt her. Erst durch den Leib ist ästhetisches Denken möglich. Damit kommt auch Bewegung ins Spiel.

Einheit von Wahrnehmung und Bewegung

Wie *Victor von Weizsäcker* (1973) beschrieben hat, sind Wahrnehmung und Bewegung als Einheit zu verstehen, die sich gegenseitig bedingen. Bewegungen lösen Wahrnehmungen aus, und umgekehrt lösen Wahrnehmungen Bewegungen aus. Er beschreibt, dass die Formgenese einer Bewegung, also die Automatisierung einer Bewegung, Wahrnehmung verändert. Angst verringert sich z. B. mit zunehmender Bewegungssicherheit. Umgekehrt können veränderte Wahrnehmungen eine bisher gut beherrschte Bewegung verändern, wenn z. B. beim Anlauf zum Pferdsprung ein plötzliches lautes Geräusch ertönt. „Die Sensomobilität wurde schließlich als eigentümliche Funktionsweise herausgestellt, um zu betonen, dass die Bewegung in der richtigen Weise nur unter Mitwirkung der Sinne zustande kommen kann. Aber auch das Umgekehrte, die Abhängigkeit der Sinneswahrnehmungen von Bewegung ist immer wieder nachgewiesen und als bedeutsam beurteilt worden." (v. Weizsäcker 1973, 38)

Sensibilisierung für die Möglichkeiten des eigenen Leibes

Somit eröffnet Bewegung Möglichkeiten, einen Zugang zu den eigenen Sinnen zu verschaffen, der über ein bloßes Registrieren von Reizen hinausgeht. Insofern stellt sich für ästhetische Bewegungserziehung die Aufgabe nach einer Sensibilisierung für den eigenen Leib und seiner sinnlichen Möglichkeiten. Ein Mensch, der seinen Körper „wahr" nimmt, ist offen für die sinnlichen Botschaften, die ihm leiblich übermittelt werden und die grundlegend für ästhetische Prozesse sind.

Poiesis: ästhetisches Handeln

Sich ausdrücken, formen und gestalten

Der zweite grundlegende Bereich ästhetischer Erziehung ist der Bereich der Poiesis, des ästhetischen Handelns. Er umfasst den expressiven Bereich des ästhetischen Verhaltens, also die Befähigung des Menschen, sich auszudrücken, zu formen und zu gestalten. Gedanken, Gefühle, Erlebnisse oder Ideen werden in expressive Formen umgewandelt und so anderen Menschen zugänglich gemacht. Ein Erlebnis wird bearbeitet, indem die ursprüngliche Erfahrungsgestalt in eine neue „übersetzt" wird, z.B. in einen Tanz, ein Bild oder eine schauspielerische Darstellung" (Bernd 1990, 306).

Solche Transformationsprozesse lassen sich in Anlehnung an *Langer* (1979) in diskursive (sprachlich-logische) oder präsentative (individuell-künstlerische) Formen unterteilen. Diskursiv-wissenschaftliche Formen des Ausdrucks liefern eine einmalige, allgemein gültige Erklärung für Wirklichkeit. Präsentative Transformationsprozesse vereinen objektive und subjektive Komponenten und liefern individuelle Anschauungen von Wirklichkeit. Beide besitzen ihre eigene spezifische Bedeutung: „Präsentativ-symbolische Transformationen sind somit keine minderqualifizierten, sondern andere Formen, das In-der-Welt-Sein zu bearbeiten." (Bernd 1990, 306)

Präsentative Ausdrucksformen sind der Schlüssel zu einer differenzierten Anschauung von Welt, da sie Alternativen zur gegebenen Wirklichkeit aufzeigen. Der Mensch kann in Bezug auf ästhetisch reflektierte Erfahrungen, etwas vorher nicht Dagewesenes entstehen lassen, das andere dazu anregt, sich differenzierter mit dem Gegebenen auseinanderzusetzen. So wird dem Menschen verdeutlicht, dass er in der Lage ist, Welt selber zu gestalten, und ihr nicht ausgeliefert ist.

Schlüssel zur differenzierten Anschauung

Unser Verständnis von Poiesis geht dabei noch über das Schaffen von Kunst oder kulturellen Gütern hinaus. Es geht um eine grundsätzliche Befähigung, eigene Ideen zu entwickeln und präsent zu machen, also eine Fähigkeit zur aktiven Einflussnahme, z.B. auch auf lebens- oder arbeitsweltliche Bedingungen. Der Leib ist ein wichtiges Kommunikations- und Ausdrucksmedium. Bewegung ist die Sprache des Leibes, sie kann sogar gesprochene Sprache ersetzen. Wahrgenommenes (Inneres) wird gewollt oder ungewollt mittels des Körpers nach außen für andere sichtbar. „Der Mensch ist ja, ebenso wie das Tier, fähig, die innerlich erlebten virtuellen Bewegungen ungehemmt in seinem Leib sichtbar werden zu lassen. Er allein kann diese Bewegungen auch unterdrücken. Auch ist es nur dem Menschen gegeben, durch Bewegung etwas vorstellen, wiedergeben, darstellen zu können und durch Gebärden zu sprechen." (Buytendijk 1956, 240)

Bewegung ist in höchstem Maß gestaltbar und ist somit ein gut geeignetes Medium für präsentative Transformationsprozesse, z.B. im Tanz, Theater oder anderen Bewegungskünsten. Indem Bewegung nach individuellen Maßstäben geformt wird, entsteht eine sinnlich-ästhetische Entschlüsselung von Bedeutungszusammenhängen und die Entwick-

Gestaltbarkeit von Bewegung

187

lung einer eigenen motorischen Form des In-der-Welt-Seins (vgl. Röthig 1992).

„Beim Menschen ist jedoch noch eine andere Schönheit möglich. Er ist ja durch seine Freiheit fähig, der Natur seiner Leiblichkeit, wenigstens insofern er diese Bewegung beherrscht, selbst Form zu geben, und auch diese Form ist schön." (Buytendijk 1963, 9)

Diese Formgebung könnte auch stattfinden, in dem vorhandene Formen einfach übernommen werden – im Bewegungsbereich entspräche dies der Übernahme vorhandener Bewegungstechniken. Doch dann wäre Bewegungsgestaltung kein Beitrag zu ästhetischer Bildung. Es entstünden Formen ohne Inhalt (vgl. Roscher 2004). Erst wenn wir die Bewegungsform als etwas subjektiv zu Gestaltendes ansehen, kann man von Formgebung im ästhetischen Sinn sprechen. Übertragen auf eine Bewegungserziehung bedeutet dies, dass vor allem ein subjektiv kreativer Umgang mit Bewegung einen ästhetischen Bildungsbeitrag leistet.

Begründung für eine ästhetische Erziehung durch Bewegung – anthropologische Zugänge

Bewegung und das Entstehen von Vorstellungsbildern

In einem anthropologischen Verständnis bildet Bewegung den für Kinder grundlegenden Zugang zur Welt (vgl. Laging 1995, 52). Kinder begegnen der Welt, dem, was sie umgibt, mit Neugierde, sie wollen ihre Lebenswelt aktiv, also bewegungsmäßig, erobern und die Dinge, die sie umgeben, entdecken und erkunden. Dabei trachten sie unentwegt danach, die Gegenstände zu befühlen, zu betasten, zu riechen und zu begreifen. Durch solche sinnlichen Erfahrungen verschaffen sie sich so etwas wie Bilder von der Welt. Sie begreifen, dass dieses oder jenes Ding ein Gegenstand mit bestimmten Eigenschaften und Gesetzmäßigkeiten ist, das Spuren in der Emotionalität, im Wissen und Denken und in der Motorik hinterlässt.

Eine Brücke auf dem Weg zur Wirklichkeit

Bewegung ist die kindliche Form der Auseinandersetzung mit der sozialen und materialen Welt. Der spielerische Umgang mit den körperlichen Bewegungsmöglichkeiten bildet eine Brücke auf dem Weg zur Wirklichkeit. Sich bewegen können und durch die Bewegung den Körper erleben, das sind wesentliche Schritte in die Selbstständigkeit eines Kindes.

So wie „Sprechen" und „Denken" ist auch das „Sich-Bewegen" ein fundamentales Medium der Vermittlung zwischen Kind und Welt,

188

zwischen Innen und Außen. Sich-Bewegen ist eine Lebensform des Kindes und bedeutet für die meisten Kinder die lustbetonte Vergegenwärtigung des Seins.

Ihre Erfahrungen sind begleitet von vielen kinästhetischen Sensationen: Schwere und Leichtigkeit, Geschwindigkeit und Rhythmus, Zusammenspiel äußerer und innerer Kräfte, Wechsel der körperlichen Lage von Raum und Zeit (vgl. Faust-Siehl u.a. 1996, 96). Diese Sensationen realisieren sich, wenn Kinder laufen, hüpfen und springen, schwingen und schaukeln, sich drehen und tanzen, sich überschlagen oder balancieren. Soziale und ästhetische Bewegungserlebnisse gewinnen Kinder, wenn sie etwas pantomimisch darstellen und jemandem eine Szene machen, in die Gruppe eintauchen, mit ihr einen Prozess gestalten und sich wieder von ihr trennen, explorierend zum Raum ein Verhältnis gewinnen, durch Rhythmisierung eine zeitliche Ordnung schaffen. In solchen Fällen machen sie vielfältige soziale, materiale, kinästhetische und ästhetische Erfahrungen, die für den Prozess der Selbst- und Weltwahrnehmung unersetzlich sind.

Die Entwicklung und Ausbildung der Bewegung ist demnach ein wichtiger Bestandteil für die Gesamtentwicklung des Kindes. Da sie so eng mit ästhetischem Verhalten verbunden ist, ist eine ästhetische Erziehung mittels Bewegung in der Grundschule unabdingbar.

Eine ästhetische Bewegungserziehung trägt der anthropologischen Tatsache Rechnung, dass ein Kind Selbst- und Welterfahrung primär über seine leiblich-sinnlich-praktische Auseinandersetzung mit der Umwelt macht. Unterricht muss bei den weltoffenen, lernfähigen Sinnen der Kinder ansetzen und auf deren Grundlage erst zu bildhaften und symbolhaften Lernformen übergehen. Auf der theoretischen Ebene geht sie von der Einheit von Körper und Geist, von Subjekt und Objekt, von Mensch und Welt aus.

Ästhetisches Verhalten durch Bewegung entfalten – Vorschläge für den Unterricht

Wenn Bewegungs- und Wahrnehmungserfahrungen Ausgangs- und Bezugspunkt von ästhetischen Lernprozessen sein sollen, wie ist dann (Sport-)Unterricht in der Grundschule zu organisieren? Wie könnte die Schulung ästhetischen Verhaltens mittels Bewegung in andere Fächer integriert werden? Hierzu werden im Folgenden allgemeine

Konsequenzen für den Sportunterricht

Gestaltungsprinzipien genannt und deren Anwendung nachfolgend an zwei Praxisbeispielen verdeutlicht.

Gestaltungsprinzipien für die Entfaltung ästhetischen Verhaltens

Zur Inszenierung eines entsprechenden Unterrichts schlagen wir folgende Gestaltungsprinzipien vor:

- Begrenzung der Bewegungsaufgabe auf ein Körperteil, ein Sinnesorgan, das zum Thema wird:
  So hat z. B. *Hildebrandt-Stramann* (1999, 54–73) jeweils die Füße und Hände zum Thema von Wahrnehmungs- und auch Gestaltungsprozessen gemacht.
- Erschwerungen des Sich-Bewegens mittels Kostümierungen oder vorgegebener Raumsituationen:
  Rothmaier (1989) hat beispielsweise mit ihren Schülern und Schülerinnen Bewegungsgestaltungen mit dem Thema „Stoff" entwickelt, bei denen die Kinder sich in geschlossenen Säcken befanden.
- Verfremdungen/Verwandlungen in verrückte, ungewohnte Bewegungssituationen, durch merkwürdige Klänge, dazwischengeschaltete Materialien etc.:
  Ein Beispiel hierfür sind die „Traumgeschichten", die *Bannmüller* (1998, 37–39) mit Grundschülerinnen und Grundschülern im Rahmen von Figuren- und Körperschattenspiel entwickelt hat. *Polzin* (2001, 43–45) führt uns über Phantasiereisen in die Welt(T)räume von Kindern ein.
- Transformationen von Bildern, Plastiken, Musik, Gedichten in Bewegung und umgekehrt:
  So erarbeitet *Forytta* (1992) am Beispiel von Märcheninszenierungen den Zusammenhang von Sprache bzw. Textverstehen und Bewegungen. *Bannmüller* (1987, 47) zeigt an der Figur des Pinocchio, wie es Kindern gelingt, bei der spielenden Auseinandersetzung mit der Figur diese im Spiel ihrer Bewegungen lebendig werden zu lassen. *Deutsch* u. a. (2001) und *Hildebrandt-Stramann* (2003) stellen am Beispiel des szenischen Spiels Chancen eines bewegungsorientierten Umgangs mit Kinderbüchern dar und verdeutlichen damit Möglichkeiten eines bewegungsbezogenen Textverstehens über ästhetische Verhaltensweisen.
- Kontrastieren des Sich-Bewegens, z. B. Verschnellern, Verlangsamen oder Anhalten des Bewegens:

Gewahrwerden von inneren und äußeren Vorgängen des eigenen Körpers lässt sich unterstützen, wenn Kinder spüren lernen, dass beim Laufen das Herz schneller schlägt (vgl. Dietrich 1982) oder wenn z.B. beim Balancieren hohe oder niedrige, breite und/oder schmale, feste und/oder wackelige Balanciersituationen bewältigt werden sollen (vgl. Bannmüller 1987; Hildebrandt-Stramann & Stramann 2004).

Beispiel 1:
Förderung ästhetischen Verhaltens im Sportunterricht

Sportunterricht im herkömmlichen Sinne, der Bewegungstechniken vermittelt, dient nicht der Förderung ästhetischen Verhaltens. Das Konzept einer ästhetischen Bewegungserziehung geht von der pädagogischen Zielvorstellung einer „Erziehung zur Selbständigkeit in einem erziehlichen Milieu" aus (vgl. Funke-Wienecke 1999, 20). Ein solches erziehliches Milieu ist gekennzeichnet durch die Gestaltung der personalen Bezüge, der Umgebung und der Lebens- und Lernumstände. In einem erziehenden Unterricht wird die Bedeutungs- und Gestaltungsvielfalt des Sich-Bewegens zum Thema gemacht. So ist z.B. ein Tanzunterricht, dem per se ästhetisch bildende Werte zugeschrieben werden, in dem allerdings lediglich das Erlernen vorgefertigter Choreografien thematisiert wird, nicht als ästhetisch bildend zu betrachten. Erst wenn diese Abläufe oder Techniken nicht einfach blind übernommen, sondern von den Schülerinnen und Schülern individuell verändert und selbstständig in einen anderen Kontext gebracht werden, wird ästhetisches Verhalten geschult.

Erziehender Unterricht

Dies lässt sich problemlos auch auf andere Bewegungsbereiche des Sportunterrichts übertragen. Wir möchten ein Beispiel aus dem Turnunterricht vorstellen (vgl. Probst 2002; Probst 2004; Hildebrandt-Stramann & Stramann 2004).

Das Thema lautete „Kopfunterpositionen finden, erlernen und gestalten". Der Unterricht gliederte sich demnach in drei Phasen: Finden und Erfinden, Lernen und Üben, Gestalten und Aufführen von Kopfunterpositionen.

191

Spielerisches Finden und Erfinden von Kopfunterpositionen

Kunststücke finden und üben (1–5)

1. „Kopf/Bauch/Fuß"
In der Halle sind Barren, Recks, Ringe, Bänke, Kästen etc. aufgebaut. Alle Schülerinnen und Schüler laufen zu einer peppigen Musik durch die Halle, beim Musikstopp, ruft der Lehrer/die Lehrerin „Kopf", „Füße" oder „Bauch" – die Schülerinnen und Schüler reagieren entsprechend: Sie dürfen den Hallenboden nicht mehr berühren.
„Kopf": Der Kopf ist das tiefste Körperteil.
„Füße": Die Füße sind das tiefste Körperteil.
„Bauch": Nur der Bauch darf das gewählte Gerät berühren.

2. Ideensuche
In der Halle werden Recks, Ringe, Taue, Kästen etc. aufgebaut. Die Schülerinnen und Schüler sollen zu zweit an den vorgegebenen Geräten selbstständig Kopfunterpositionen finden und üben.

Mögliche Lösungen an den Recks:
- „Schweinebaumeln": an den Knien kopfunter eingehängt
- Handstand bzw. Kopfstand gegen die Stange
- Mit dem Bauch über der Stange hängen und unter der Stange hindurchschauen
- Sturzhänge
Mögliche Lösungen an den Ringen:
- mit den Knien eingehängt hängen
- an den Seilen vorwärts oder rückwärts eindrehen und in Kopfunterposition stoppen
Mögliche Lösungen an den Kästen:
- Handstand gegen den Kasten
- Rad über die Kastenteile
- Schulterstand auf den Kastenteilen
- Handstand auf dem Kasten
Einzelne Ideen könnten aufgegriffen und von allen probiert werden.   ▶

3. Kopfunter-Standbilder
Die Schülerinnen und Schüler sollen in Kleingruppen an den verschiedenen Geräten Standbilder mit mindestens zwei Kopfunterpositionen bauen. Dabei können Ideen aus der vorherigen Aufgabe einfließen. Alle Gruppenmitglieder sollen an den Bildern beteiligt sein.

4. Kopfunter-Kunststücke lernen
Rad, Handstand oder Schulterstand etc. können eingeführt und geübt werden.

5. Kunststücke erweitern
Mögliche Aufgaben:
„Turnt Räder übereinander, miteinander, bezieht Kleingeräte, z. B. einen kleinen Kasten ein etc."
„Baut Kopfunter-Standbilder, in denen mindestens eine Person Handstand turnt. Ihr dürft alle Geräte benutzen."

Kunststücke gestalten (6)
6. Erarbeitung einer Gestaltung für den Preis des „Goldenen Gummibären"
Diese Gestaltungsaufgabe steht unter dem Motto der Verleihung des „Goldenen Gummibären". Für eine Preisverleihung sollen in Kleingruppen von drei bis fünf Personen kleine Gestaltungen entwickelt werden. Dabei sollen die drei bis vier besten Ideen aus den vorherigen Übungen, z. B. Rädervariationen oder Kopfunter-Standbilder eingebaut werden. Die ausgewählten Kunststücke sollen dabei nicht einfach aneinandergereiht, sondern durch gestaltete Übergänge verbunden werden. Wichtig sind auch ein guter Anfang und ein gelungener Schluss.

Kunststücke aufführen (7)
7. Preisverleihung
Um das Siegerteam des Wettbewerbes zu ermitteln, können sich die Teams ihre Vorführungen gegenseitig zeigen. Die Lehrkraft kann die einzelnen Choreografien mit passender Musik unterlegen. Am Ende sollte aber jedes Teammitglied gewinnen und ein Tütchen mit Gummibären überreicht bekommen.

Auswertung In diesem Beispiel werden insbesondere ästhetische Fähigkeiten im Bereich der Poiesis gefördert. Die Schülerinnen und Schüler gehen kreativ mit Bewegung um und erkennen sie als gestaltbares Medium. In der ersten Phase, dem Erfinden, wird die Bewegungsaufgabe auf das Finden von Kopfunterpositionen eingegrenzt. Durch den Einbezug der verschiedenen Geräte werden diese Positionen in verschiedenen Varianten erlebt. Die Schülerinnen und Schüler erweitern ihr Bewegungsrepertoire durch Erlernen neuer Techniken, erfahren aber gleichzeitig, wenn sie ihren Beitrag zur Verleihung des „Goldenen Gummibären" inszenieren, dass diese Bewegungsformen wandelbar und somit gestaltbar sind. Die neu erlernten und die neu erfundenen Bewegungsformen werden in einen neuen Kontext gebracht.

Beispiel 2:
Das szenische Spiel als Methode zum Textverstehen in einem bewegungsorientierten Deutschunterricht

Immer dann, wenn man sich im Deutschunterricht der Grundschule auf Texte bezieht, geht es vor allem um deren Wahrnehmung, ihr Verstehen und ihre Umsetzung in Handlungen. Das szenische Spiel ist eine Methode, in der Kinder durch aktives Tun und Agieren ihre eigenen Eindrücke und Deutungen konkretisieren können. Wir werden im Folgenden den Inhalt eines geeigneten Buches vorstellen, dann den Einsatz des Buches kommentieren und schließlich aufzeigen, wie die Schülerinnen und Schüler eines zweiten Schuljahres sich den Inhalt dieses Buches über Bewegung erschlossen haben.

Inhalt des Buches „Elmar"
Das Buch handelt von dem Elefanten Elmar, der sich durch seine Vielfarbigkeit von den anderen Elefanten seiner Herde abhebt. Elmar war ein lebenslustiger Elefant, der oft die anderen Elefanten zum Spielen und Lachen animierte. Doch eines Tages dachte Elmar, die anderen Elefanten lachen über ihn und machen sich über ihn lustig, weil er so andersartig aussah. Er hatte keine Lust mehr, so anders zu sein als die anderen Elefanten. Deshalb beschloss er, sich von seiner Herde zu entfernen. Auf seinem Weg durch den Dschungel begegnete er vielen anderen Tieren, die ihn erkannten und freundlich grüßten. Schließlich fand Elmar einen Baum mit elefantenfarbenen Beeren. Er schüttelte den Baum, sodass alle Beeren auf den Boden fielen. Elmar wälzte sich so lange in dem Beerensaft, bis er genauso grau aussah wie jeder Elefant. Auf dem Rückweg zu seiner Herde begegnete er denselben Tieren wie auf dem Hinweg. Doch niemand erkannte Elmar. Genauso erging

194

es ihm in seiner Herde, alle standen stumm und still da. Nach einer gewissen Zeit hielt Elmar jedoch diese Stille und Gleichförmigkeit nicht mehr aus. Er brüllte so laut er konnte „Buhh". Im selben Moment kam ein Gewitter, und es prasselte ein gewaltiger Regenguss auf die Erde, der Elmars Farbe abspülte und seine vielfarbige Färbung wieder zum Vorschein kommen ließ. Die Elefantenherde dachte, Elmar hätte sich „verkleidet", um ihnen einen Streich zu spielen. Jedenfalls fanden sie diese Idee äußerst lustig und freuten sich riesig, dass Elmar wieder unter ihnen weilte. Seit diesem Tag feiern sie jedes Jahr um diese Zeit das Elmar-Fest: Die Elefanten verkleiden sich mit bunten Kostümen, und Elmar wird elefantenfarben.

Kommentar

Dieses Buch beinhaltet ein tiefgründiges und aktuelles Thema: Es geht um Individualität, Ausgrenzung und Integration. Elmar ist einzigartig, anders als die anderen Elefanten und insofern fremd unter Seinesgleichen. Er glaubt, dass sich die anderen über sein Aussehen belustigen. Insofern ist er sich seiner Andersartigkeit bewusst und fühlt sich nicht ernstgenommen. Es stimmt ihn traurig und nachdenklich zugleich. Sein Versuch der Integration läuft über Anpassung und „Gleichmacherei". Dabei bemerkt Elmar jedoch die Eintönigkeit und Langweiligkeit seiner Herde bzw. der Welt, wenn alle gleich aussehen und keine Individuen erkennbar sind. Elmar gibt sich zu erkennen. Die Gruppe und Elmar sind froh und glücklich, Elmar als Individuum reintegrieren zu können.

Individualität und Integration

Für eine szenische Darstellung sowohl der Gefühle als auch der Verhaltensweisen eignen sich Formen wie Verklanglichung, Standbilder und Gruppenspiel mit Spielverlaufsplanung und -umsetzung.

Wie haben sich die Kinder den Inhalt dieses Buches erschlossen?

Die Auseinandersetzung mit dem Inhalt erfolgte insgesamt in 16 Schritten an zwei Unterrichtstagen:

1. Bildbeschreibung: Das Bild zeigt einen typischen Urwald, die verschiedenen Urwaldtiere und den bunt karierten Elmar. Elmar ist zunächst jedoch abgedeckt.
2. Frage der Lehrkraft: Welche Tiere leben noch im Urwald bzw. in der Steppe, die im Bild nicht abgebildet sind? ▶

3. Elmar wird aufgedeckt. Wie reagieren die Kinder auf den bunt karierten Elefanten? „Das ist kein Elefant." – „So'n Tier gibt's gar nicht." – „Quatsch, der hat doch die Form eines Elefanten!" Gemeinsam kommt man zu dem Ergebnis, dass es sich bei der Abbildung aufgrund der Form um einen Elefanten handelt, jedoch die Buntheit absolut untypisch ist. Der Elefant ist anders als die anderen Elefanten in der Abbildung.

4. Elmar wird als ein Elefant vorgestellt, der aufgrund seines Aussehens schon einiges erlebt hat.

5. Kinder und Lehrkraft lesen die Geschichte von Elmar abwechselnd vor.

6. Unterrichtsgespräch: Worum geht es in der Geschichte? Um wen geht es? Welche Tiere wirken hauptsächlich mit?

7. Erstes szenisches Spiel (Stehgreifspiel): „Mein rechter, rechter Platz ist frei".
Der Rufende bestimmt, als was für ein Tier der Gerufene zu dem freien Platz kommen soll. Der Gerufene hat die Aufgabe, das Tier in seinen Bewegungen nachzuahmen, sich ihm anzuähneln (mimetische Bedeutung): der katzenhafte Gang des Tigers, der gestreckt aufrechte, steife Gang der Giraffe, das beidfüßige Springen des Affen, der trampelnde, schwerfällige Gang des Elefanten mit dem Arm als Rüssel usw.

8. Zweites szenisches Spiel (Verklanglichung): Die Schülerinnen und Schüler lernen das Lied „Ein Elefant trampelt durch das Land".
Beim Singen gehen sie im Elefantengang (schwerfällig tapsend mit dem Arm als Rüssel) durch den Klassenraum.

9. Ausmalen eines Elefantenumrisses (Hausaufgabe).

10. Ein Vergleich des bunten Elefanten mit grauen Elefanten (Herausarbeiten der Adjektive): Elmar: farbig, kariert, lustig, fröhlich; andere Elefanten: einfarbig grau, eintönig, langweilig, traurig.

11. Gruppenarbeit: Welche Gefühle tauchen bei den Elefanten in der Geschichte auf? Erarbeiten der Beziehung zwischen Aussehen, Verhalten und Gefühlen.

12. Unterrichtsgespräche im Gesprächskreis: Kennt ihr solche Gefühle? Erzählt von Situationen, in denen ihr solche und andere Erlebnisse hattet. Kinder berichten z. B. von Spielsituationen, in denen sie ausgegrenzt wurden. ▶

13. Drittes szenisches Spiel in Partnerarbeit: Körperhaltung/Körperausdruck/Standbilder, mit denen die Schülerinnen und Schüler solche Emotionen, wie zuvor erarbeitet, ausdrücken sollen.
    Hinweis auf Mimik, Gestik, Körperhaltung. Der Partner sollte den Darsteller formen können, um seinen emotionalen Ausdruck deutlich zu veranschaulichen.

14. Unterrichtsgespräche über Andersartigkeit: Elmar ist anders als alle Elefanten, weil er bunt ist. Die anderen Elefanten sind alle gleich. Gibt es diese Art der Andersartigkeit auch bei den Menschen? Zur Veranschaulichung wählt die Lehrkraft zwei Schülerinnen oder Schüler aus, die von den anderen beschrieben werden sollen. Merkmale: groß, klein, Haarfarbe, Haarlänge, Brillenträger, dick, dünn etc.
    Gesprächsthema: Auch Menschen sind verschieden. Jeder ist ein Ich. Niemand darf auf Grund seines Aussehens oder seiner Einstellungen von anderen ausgelacht, geärgert oder gar ausgegrenzt werden.

15. Platztauschspiel: Über ein Platztauschspiel sollen die im Gespräch genannten unterschiedlichen Eigenschaften von Menschen noch einmal veranschaulicht werden. Alle Schülerinnen und Schüler sitzen im Stuhlkreis, ein Schüler/eine Schülerin steht in der Mitte und gibt Spielanweisungen, z. B. alle mit blonden Haaren/die Spagetti mögen/die Angst vor Hunden haben usw., tauschen die Plätze.

16. Viertes szenisches Spiel (Spielpläne entwerfen und umsetzen):
    Die Klasse wird in zwei Gruppen eingeteilt. Aufgabe: Jede Gruppe soll sich eine Szene ausdenken, in der die grauen Elefanten zunächst unter sich sind und Elmar wegen seiner Andersfarbigkeit ausgrenzen. In einer zweiten Szene sollte Elmar auf Grund seiner Andersartigkeit in die Gruppe aufgenommen werden. Alle Schülerinnen und Schüler erhalten die Aufgabe, sich mit Hilfe von grauen Müllsäcken in Elefanten zu verwandeln. Zwei Müllsäcke sollen mit buntem Papier beklebt werden und als Verkleidung für Elmar dienen. Die Szenen sollen ausnahmslos körpersprachlich, also ohne Worte, dargestellt werden.

Lösung:

- 1. Gruppe: Die grauen Elefanten spielen mit einem einfachen Ball aus Papier ein Fangspiel. Elmar stößt nach kurzer Spielzeit zu diesen Elefanten und will mitspielen, aber die Gruppe grenzt ihn aus. Nach einiger Zeit finden sie das Spiel langweilig. Sie stehen traurig im Raum und wissen keinen Rat. Die Gruppe erinnert sich an Elmar und ruft ihn. Elmar schlägt vor, mit bunten Luftballons zu spielen. Freudig nimmt die Gruppe seinen Vorschlag auf und experimentiert mit dem neuen Ball.
- 2. Gruppe: Eine Elefantengruppe malt mit Bleistiften Bilder. Sie sind damit jedoch unzufrieden, weil alle Bilder eintönig und grau sind. Sie verlieren die Lust am Malen. Da kommt Elmar in die Gruppe. Elmar hat einen Kasten voller Buntstifte. Die grauen Elefanten erkennen, dass Elmar mit seinen Buntstiften eine Bereicherung für die Gruppe darstellt, weil jetzt alle motiviert sind, ein buntes Bild zu malen.

Auswertung

Ziel dieses Lehrgangs war es, die Schülerinnen und Schüler über ein bewegtes Lesen in eine handelnde Auseinandersetzung mit einem Text zu verwickeln und dadurch das Verstehen der Hauptaussage dieses Textes zu erleichtern.

Ästhetisches Verhalten wird auf vielfältige Weise gefördert: Der Text wird in ein anderes Medium, in Bewegung, transformiert, Kostüme werden selbst entworfen, und die Kinder inszenieren selbstständig kleine Szenen zu der vorgestellten Thematik. Dadurch sind sie an der Gestaltung des Lehr- und Lernmilieus in entscheidender Weise beteiligt.

Abschließende Bemerkung

Bewegung ist für ein Schulkonzept unabdingbar, das von dem pädagogischen Bewusstsein geprägt ist, Bewegung und Leiblichkeit als Merkmal einer Schul- und Unterrichtsentwicklung zu etablieren, die das Aufwachsen der Kinder in der heutigen Welt pädagogisch und didaktisch begründet begleitet. Das Bemühen ist dabei u. a. darauf ausgerichtet, Kinder möglichst „sinnessicher" werden zu lassen. Sinnessicher zu sein, bedeutet im Sinne von *Wagenschein* (1968), dass sich das Subjekt von der Macht, die die Dinge der äußeren Realität über es haben, ein Stück weit zu befreien mag, und es in der Lage ist, ästhetisch zu denken und zu handeln.

Literatur

Bannmüller, E. (1987): Bewegungserziehung und ästhetische Erfahrung. In: DIFF (Hrsg.): Bewegungserziehung und ästhetische Erfahrung. Tübingen, 6–67.

Bannmüller, E. (1998): Geschichten aus dem Traumland. In: sportpädagogik 13, 5, 37–41.

Bernd, Ch. (1990): Lernen durch Verkörpern – Theaterspielen als Gegenstand der Bewegungserziehung. In: Bannmüller, E. & Röthig, P. (Hrsg.): Grundlagen und Perspektiven ästhetischer und rhythmischer Bewegungserziehung. Stuttgart, 301–315.

Bräuer, G. (1989): Zugänge zur ästhetischen Elementarerziehung. In: DIFF (Hrsg.): Zugänge zur ästhetischen Elementarerziehung. Tübingen, 31–103.

Buytendijk, F. J. J. (1956): Allgemeine Theorie der menschlichen Haltung und Bewegung. Berlin, Göttingen, Heidelberg.

Buytendijk, F. J. J. (1963): Über die menschliche Bewegung als Einheit von Natur und Geist. Schorndorf.

Deutsch, P.; Kleindienst-Cachay, Ch.; Schwan, D. & Westermann, Ch. (2001): Bewegung und Spiel mit Max und den „Wilden Kerlen". In: Lehrhilfen für den Sportunterricht 50, 5, 1–8.

Dietrich, J. (1982): Beim Laufen schlägt das Herz schneller. In: sportpädagogik 6, 3, 24–30.

Faust-Siehl, G.; Garlichs, A.; Ramseger, J.; Schwarz, H. & Warm, U. (1996): Die Zukunft beginnt in der Grundschule. Empfehlungen zur Neugestaltung der Primarstufe. Reinbek.

Flitner, A. (1986): Die Leier des Apoll – über die Zukunft der Künste in der Erziehung. In: Neue Sammlung, 26, 1, 113–124.

Forytta, C. (1992): Märcheninszenierung: Sprache und Bewegung. In: Polzin, M. (Hrsg.): Bewegung, Spiel und Sport in der Grundschule. Fachliche und fächerübergreifende Orientierung. Beiträge zur Reform der Grundschule, Band 85. Frankfurt a. M., 143–153.

Fritsch, U. (1989): Ästhetische Erziehung: Der Körper als Ausdrucksorgan. In: sportpädagogik 13, 5, 11–18.

Funke-Wieneke, J. (1999): Erziehen im Sportunterricht. In: sportpädagogik 23, 4, 13–22.

Hildebrandt-Stramann, R. (1999): Bewegte Schulkultur – Schulentwicklung in Bewegung. Butzbach-Griedel.

Hildebrandt-Stramann, R. (2003): Vom Kopf auf die Füße – Lehren und Lernen in einer bewegten Lernkultur. In: Zimmer, R. (Hrsg.): Kindheit in Bewegung. Kongressbericht. Im Druck.

Hildebrandt-Stramann, R. & Stramann, B. (2004): Nur nicht runterfallen – Balancieren üben an selbst gebauten Balancierstationen. In: sportpädagogik 28, Heft 2.

Laging, R. (1995): Sich Bewegen als Zugang zur Welt? Körpererziehung 45, 130–138.

Langer, S. (1979): Philosophie auf neuem Wege. Mittenwald.

McKee, D. (1993): Elmar. Stuttgart, Wien, Bern.

Müller, H.-R. (1998): Ästhesiologie der Bildung. Bildungstheoretische Rückblicke auf die Anthropologie der Sinne im 18. Jahrhundert. Würzburg.

Polzin, M. (2001): Welträume – Weltträume. In: Grundschule 33, 10, 43–45.

Probst, A. (2002): Die ganze Welt steht Kopf. In: Sportpraxis 43, 2, 38–39.

Probst, A. (2004): Kinderträume – Bewegungsräume. Baustein: Wir zeigen, was wir können. Landessportbund Hannover (Hrsg.): ÜL C Spezialblock. Hannover.

Roscher, M. (2004): Von der Form zur Gestaltung. In: Roscher, M. (Hrsg.): Lernen und Lehren im Turnen, Hamburg, 47–52.

Rothmaier, D. (1989): Experimenteller Tanz: Durch Reduktion zur Vielfalt. In: sportpädagogik 13, 5, 46–49.

Röthig, P. (1992): Bewegungsgestaltung und ästhetische Erziehung im Sport. In: Altenberger, H. & Maurer, F. (Hrsg.): Kindliche Welterfahrung in Spiel und Bewegung. Bad Heilbrunn, 39–52.

Schmitt, R. (1987): Einführung. In: Matthies, K.; Polzin, M. & Schmitt, R. (Hrsg.): Ästhetische Erziehung in der Grundschule. Integration der Fächer Kunst/Musik/Sport. Beiträge zur Reform der Grundschule, Band 69. Frankfurt a. M., VII–XI.

Straus, E. (1956): Vom Sinn der Sinne. Berlin, Göttingen, Heidelberg.

Wagenschein, M. (1968): Verstehen lehren. Weinheim und Basel.

Weizsäcker, V. v. (1973): Der Gestaltkreis. Theorie der Einheit von Wahrnehmen und Bewegen. Baden-Baden.

Welsch, W. (1998): Zur Aktualität ästhetischen Denkens. In: ders.: Ästhetisches Denken. Stuttgart, 41–78.

Albert Mühldorfer

12

Soziales Lernen und szenisches Spiel

Soziales Lernen als Voraussetzung und Ziel

**Gemein-
schaftsfähiges
Verhalten**

Soziales Lernen ist ein komplexer Begriff, der sowohl eine Zielsetzung als auch eine Voraussetzung beinhaltet. Ziel des sozialen Lernens in der Grundschule ist in erster Linie, das eigene gemeinschaftsfähige Verhalten auf der Basis eines zunehmenden Verstehens, Akzeptierens und Respektierens des anderen mit seinen jeweils anderen Eigenschaften, Bedürfnissen, Vorlieben bewusst zu machen und zu fördern. Gleichzeitig wird soziales Verhalten in seinen Grundzügen als Voraussetzung für Schulfähigkeit gesehen, da Schule nur mit gemeinschaftsfähigen Individuen realisierbar ist.

Es geht um die Klärung von Beziehungen zwischen Menschen im Rahmen von Normen und Werten. Diese zwischenmenschlichen Beziehungen auf verschiedenen Ebenen werden von Grundschülerinnen und -schülern empfunden und wahrgenommen: Mitschüler/Mitschüler, Schüler/Lehrer, Schüler/Hausmeister, Lehrer/Lehrer, Lehrer/Rektor, Vater/Mutter, Bruder/Schwester u. a. m.

Es ist Aufgabe der Grundschule, im sozialwissenschaftlichen Lernbereich „Einsichten für das Verständnis sowie Fähigkeiten und Verantwortung für die bewusste Gestaltung sozialer Beziehungen grundzulegen." (Kahlert 2005, 588)

All das ist nicht in einzelnen Lektionen lehrbar, sondern nur im Laufe eines längerfristigen Prozesses subjektiv erlernbar.

**Szenisch-
spielerische
und theater-
pädagogische
Arrangements**

Dieser Prozess muss – um sich entsprechend entwickeln und lernwirksam werden zu können – in ein schulisches Arrangement eingebettet sein, das auf dem Prinzip der positiven Atmosphäre lagert. Als wesentliche Komponenten einer positiven Atmosphäre können Angstfreiheit und Vertrauen, Achtsamkeit und Anerkennung genannt werden, die nur mit erhöhter sozialer Wahrnehmungsfähigkeit erreichbar sind.

Ansätze mit szenisch-spielerischen, theaterpädagogischen Arrangements haben dabei einen besonders hohen Stellenwert, da mit ihnen eine große Palette von unmittelbaren, erfahrungs- und erlebnisorientierten, also sehr intensiven Verfahren zum sozialen Lernen zur Verfügung steht. Beispielhaft genannt seien hier Formen szenischer Erkundung soziorelevanter Situationen und Themenbereiche, wie Sprache, Gestik, Mimik, Status, Habitus, Raum usw. nach *Scheller* (1998), und Formen von Interaktionsübungen nach *Gudjons* (1997), in deren Zentrum die Kultivierung der Wahrnehmung steht.

Die konkrete, praktische Auseinandersetzung mit den Mikroprozessen sozialer Beziehung im sanktionsfreien Rahmen szenisch-spielerischer Arrangements ist ein bestens geeignetes Verfahren für das soziale Lernen im Grundschulalter.[1]

Begegnungsintensives Lernen und soziale Grundakte

Eine selbstverständliche Erwartung an Schulanfängerinnen und -anfänger ist, dass sie einige für das Verhalten in der Klasse wichtige soziale Grundakte auf elementarem Niveau beherrschen oder zumindest schnellstmöglich erlernen können – und auch wollen. Zu diesen Grundakten gehören:

Elementare soziale Kompetenzen

- in die Augen schauen
- zuhören, zuschauen, nachmachen
- fragen, antworten
- sprechen, nachsprechen, ansprechen
- danken, bitten, grüßen
- zustimmen, ablehnen
- trösten, loben
- sich einordnen, warten, sich gedulden und zurückhalten
- Grundordnungsschemata kennen und einhalten
- Sauberkeit beachten und herstellen
- hilfsbereit sein; Hilfsbedürftigkeit erkennen; Hilfe aus eigenem Antrieb und nach Aufforderung gewähren; Hilfe suchen und annehmen
- zeigen, vormachen, erklären, beraten
- Grundstimmungen und Grundbedürfnisse bei sich und anderen erkennen, ausdrücken

Nicht selten haben Grundschullehrkräfte den Eindruck, die Schule selbst müsse zunehmend dafür sorgen, diese Fähigkeiten der Schülerinnen und Schüler zu entwickeln und zu einem zufriedenstellenden Niveau zu führen. Gerade beim sozialen Lernen in der Grundschule ist schon der Weg das Ziel. Dabei geht es nicht darum, alle Schülerinnen und Schüler – trotz ihrer Unterschiedlichkeit – durch Instruktion in

201

mehr oder weniger gleicher Zeit zu einem gleichen und feststehenden Ziel bringen zu wollen. Vielmehr sollen durch ein hohes Maß an Interaktivität, Selbstbestimmung, persönlichem Einbezug und Betroffensein motiviertes Lernen und entsprechende Lernfortschritte ermöglicht werden.

Begegnungs-intensive Auseinander-setzung Persönliche Inanspruchnahme soll dabei durch eine intensive, möglichst authentische Begegnung mit der Lern-Sache erreicht werden. Diese begegnungsintensive Auseinandersetzung mit dem Lern-Gegenstand sollte

- die subjektive Konstruktion der Wirklichkeit im Rahmen des vorgegebenen Lernbereichs ermöglichen,
- auf ein hohes Maß an selbstbestimmten Erfahrungsqualitäten bauen,
- das Lernen durch Unterstützung, Sicherheit und Orientierung entlasten.

Besonders geeignet scheinen dafür die verschiedenen Formen des szenischen Spiels mit seinem Chancenreichtum für unmittelbare Selbst- und Fremderfahrung innerhalb eines Schonraums. Er entsteht durch:

- soziale Effekte einer weitgehend ensemble-abhängigen Kunstform
- unterschiedliche Proben-, Inszenierungs- und Regiestile beim Theaterspiel
- öffentliche Aus- und Rückwirkungen einer Theateraufführung
- differenzierte Spiel- und Ausdrucksformen
- vielfältige theaterpädagogische, interaktive Übungen und szenische Etüden und Erkundungen
- individuelle, gruppendynamische, ästhetische, prozess- und produktbezogene Nuancenvielfalt

Das Theaterspiel

Darstellung von menschlichen Beziehungen Das Wesen dieser Kunstgattung besteht darin, den Menschen als personales Wesen in Szenen und Vorgängen seiner sozialen Interaktion spielerisch darzustellen (darstellendes Spiel), im Spiel schauen zu lassen (Schauspiel), ihn in seiner sozialen Wesenheit zu dramatisieren und damit zu ästhetisieren, d. h. in aufeinander bezogenen Rollen und szenischen Situationen durch verbale und nonverbale Handlungen, Aktionen, Reaktionen, Interaktionen deutlich und bewegt der Wahrnehmbarkeit auszusetzen.

Im personalen Theaterspiel kommt es zu einer unmittelbaren Begegnung zwischen Spieler und Zuschauer. Die Wahrnehmung der sozialen Situationen und Ereignisse ist medial vergleichsweise ungefiltert. Daher stößt Theater Gefühle an, echte Erlebnisse, intensiven Eindruck. Es schafft eine dichte Begegnung sowie ästhetische Erfahrung durch verbalen und nonverbalen Ausdruck subjektiver, objektiver, körperlicher, geistiger, seelischer und gefühlsbezogener Vorgänge und Ereignisse, die soziale Beziehungszustände bzw. -verläufe in der Unwirklichkeit eines künstlerischen Bühnengeschehens exemplarisch definieren.

Vom Spieler (Grundschüler) fordert es für die Bewältigung seiner Spielaufgabe die Aneignung komplexer Darstellungskompetenz, zu der unter anderem Artikulationsfähigkeit, Ausdruckswillen und -kraft gehören sowie Präzision, Präsenz und Reaktion, Konzentration, Kooperation, Koordination, Verantwortung, Vertrauen, Selbstbeherrschung, Toleranz, Wahrnehmungsfähigkeit, Empfindsamkeit, Sensibilität, Sinnlichkeit, emotionale Bewusstheit und Intelligenz. Nur mit dieser sozialen Kompetenzdichte des einzelnen Ensemblemitglieds kommt die nötige Ensembleleistung zustande.

Hohe soziale Kompetenzdichte

An der Publikumsreaktion erfahren die Spielerinnen und Spieler ihre (Mit-)Wirksamkeit im Zusammenspiel und damit sich selbst als wirk-lich, wirk-sam, wirkungs-voll. Diese skizzierten Prozesse fördern die Bewusstheit des Selbst und des Fremden, die Fremdwahrnehmung, die Selbstwahrnehmung, das Selbstbewusstsein, die Selbstsicherheit und damit auch die Selbstverantwortung und Selbstständigkeit. Aus pädagogischer Sicht werden damit im Theaterspiel basale Komponenten der Gemeinschaftsfähigkeit geschult.

Eine besondere methodische Bedeutung kommt dabei dem Inszenierungsstil zu.

Zur Bedeutung des Inszenierungsstils

Traditionelles Regietheater

Ein verbreitetes Missverständnis ist die Auffassung von Schultheater als dem kleinen Bruder des professionellen Schauspielhauses, womöglich genährt durch einen entsprechenden Habitus der Schulspielleitung. In Unkenntnis der möglichen Vielfalt unterschiedlicher Theaterformen und Inszenierungsstile wird schulische Theaterarbeit häufig eng mit traditionellem Regietheater assoziiert. Die Lehrkraft besorgt ein fertiges Stück, verteilt fixierte Rollen, lässt fremde Texte vorlagentreu auswendig lernen und gibt direktive Anweisungen, die von den Schülerinnen und Schülern unreflektiert ausgeführt werden. So entstehen mustergültig einstudierte Aneinanderreihungen von Szenen vor „schöner" Kulisse, die auf einer Guckkastenbühne abgespielt oder gar abgespult werden. Das mag bis zu einem gewissen Grad amüsant sein, birgt aber die Gefahr, ästhetische und soziale Bildungschancen zu vergeuden, z.B. weil die darstellenden Schülerinnen und Schüler zu keinem authentischen Ausdruck in der Rolle finden oder weil einige wenige exponierte Hauptrollen einen gemeinschaftlichen Spielprozess unterlaufen.

Armes Kreatives Theater

Authentischen Ausdruck finden

Als exemplarischer Gegenentwurf zum traditionellen Regietheater mit illusionistischem Bühnenbild und aus der Gruppe herausgehobenen „Bühnenstars" wird hier alternativ ein Inszenierungskonzept skizziert, das vom Verfasser wiederholt mit Grundschülerinnen und -schülern realisiert wurde und als „Armes Kreatives Theater" (AKT) bezeichnet werden kann. Es setzt sich auf der Ebene des darstellenden Spiels intensiv mit Elementen des sozialen Lernens auseinander, indem es sie im Rahmen von Fantasie und Fiktion im sanktionsfreien Spielraum erkundet und erprobt, der Spieler im Schutz der Rolle alternative, mehr oder weniger extreme Verhaltensweisen erfahren kann und die Gruppenleistung betont. Wesentliche Kennzeichen des AKTs sind:

Vereinfachung als pädagogischer Gewinn

- Der bewusste Verzicht (Armut) auf medialen und materiellen Aufwand sowie das Training der Wahrnehmung all dessen, was (zufällig) schon vorhanden, brauchbar und einbeziehbar ist. Was brauchen wir alles nicht zum Spielen? Was ist schon da?
- Eine Orientierung am gemeinschaftlichen Entstehungs- und Gestaltungsprozess, nicht am Produkt. Statt eine existierende, bereits artikulierte Geschichte bzw. Figur darstellend zu spielen, geht es darum, darstellerische Ausdrucksmöglichkeiten – angestoßen durch ein Motiv – zu finden, zu kreieren, in ihrer Vielfältigkeit zu sammeln, gelten zu lassen und letztlich zu einer „dramatischen Gestalt" zu formen. Deren Dramaturgie und kommunikative Qualität, deren „Verständlichkeit" für ein Publikum kann im wahrsten Sinne des Wortes auch fragwürdig sein.
- Das Motiv hat die Funktion des Impulses. „Motivtreue" und „Texttreue" stellen keine bindenden Kriterien dar. Der experimentelle Bruch von ästhetischen und sozialen Konventionen, die kritische Sicht auf das Übliche, die Erprobung des Unüblichen, die Konfrontation mit Emotionen, die kreative Krise werden zu sozialen Lernzielen

204

und sind Bestandteil der Auseinandersetzung im sanktionsfreien Raum des Theaters. Für viele Schülerinnen und Schüler bedeutet es die Erschließung bisher unbekannter, anderweitig nicht erfahrbarer ästhetischer Qualitäten, die Förderung einer vorurteilsfreien Weltanschauung, die Öffnung und Erweiterung des Wahrnehmungswinkels und eine Bereicherung des eigenen Daseins durch Offenheit und Aufgeschlossenheit.

Nur am Rande sei hier erwähnt, dass der Spielleitung für die Realisierung der sozial- und spielpädagogischen Anliegen eine besondere Bedeutung zukommt und die Qualifizierung dazu nicht aus dem Ärmel zu schütteln ist, sondern einer entsprechenden Ausbildung bedarf.

Begegnung und Inszenierung – praktische Beispiele

Beispiel I – Schwerpunkt Begegnung

Begegnungen erfordern keinen großen Aufwand. Soziale Arrangements und Anforderungen begegnen einem gerade in der Schule auf Schritt und Tritt. Man muss Schülerinnen und Schülern nur die Möglichkeit geben, sie wahrzunehmen, zu erkennen und so hinter ihren Sinn zu kommen – zum Beispiel anhand der mal mehr, mal weniger implizit eingeforderten Garderobenordnung.

Soziale Lernanlässe auf Schritt und Tritt

So sollte man zum Beispiel mit Schulanfängerinnen und -anfängern nicht nur im Klassenzimmer über die Ordnung am Schuhregal, in den Garderobenschränken draußen im Flur sprechen. Besser ist es, am „Originalschauplatz" eine intensive Begegnung mit der „sozialen Lern-Sache" (hier Kleider-/Schuh-Ordnung) handlungsorientiert zu inszenieren. Der abstrakte, gleichwohl sozial besonders relevante Begriff „Ordnung" wird so durch Anschauung verständlich. Er umfasst eine bestimmte Reihenfolge, Befestigungsart, Kennzeichnungsform und anderes mehr. Diese Elemente werden benannt und durch entsprechende Ausführungen (anfassen, aufhängen, aufstellen, umhängen, umstellen) vor allem auch lernschwächeren Schülerinnen und -schülern begreifbar gemacht.

Die Begegnungsintensität in dieser Szenerie ist hoch, weil in mehrere wahrnehmungsbedeutsame, also ästhetisch relevante Kanäle des lernenden Kindes Reize strömen. Das Gemeinte wird sichtbar (visueller

205

Kanal), greifbar (haptischer Kanal), „zugänglich" (motorischer Kanal) und zudem emotional begleitet: Hier geht es um meinen Anorak, der mir von Oma gekauft wurde.

Im weiten Sinne handelt es sich um szenisches Lernen, weil bewusst ein szenisches Arrangement zur Begünstigung des Lernens genutzt wird: mit Kulisse (Kleiderkästen, Schuhregal), mit Requisiten (Kleidungsstücke, Schuhe), mit Akteuren: Kinder, die die Kleider bzw. Schuhe spielerisch handelnd in Unordnung bringen und wieder ordnen.

Hierbei handelt es sich um szenisches Lernen als Unterrichtsmethode, nicht um Theater mit künstlerischem Darstellungsanspruch. Zur didaktischen Begegnungsintensivierung und Präsentation werden aber theatrale Mittel und theaterpädagogische Prinzipien benutzt, um die Lernwirksamkeit zu steigern.

Der didaktischen Fantasie sind hier keine Grenzen gesetzt. So lässt sich das ordnende Handeln als märchenhaftes Unterrichtsthema artikulieren: Warum ist Ordnung wichtig? – Die Zwerge lernen von Schneewittchen.

Beispiel II – Schwerpunkt Inszenierung

Stilisierte szenische Arrangements sozialer Situationen

Da es nicht immer möglich und sinnvoll ist, dem Lerngegenstand (z. B. Familienkonflikt) mit Grundschülerinnen und -schülern idealtypisch in authentischen Situationen (z. B. Fahrt zum Einkaufen) an realen Schauplätzen (z. B. im Auto, im Laden) original zu begegnen, sollte man die Situation zumindest fiktiv, mit Fantasie spielerisch „in Szene" setzen, statt ersatzlos darauf zu verzichten.

Um zum Beispiel den ordnungsgemäßen, an parlamentarischen, demokratischen Prinzipien orientierten Ablauf einer Stadtratssitzung „spielend" zu vermitteln, kann der Sitzungssaal, in dem sich die Versammlung „abspielt", szenisch stilisiert nachempfunden werden. Den vergleichsweise unzulänglichen Umbau des Klassenzimmers als Wirklichkeit eines Sitzungssaals anzunehmen, wird Grundschülerinnen und -schülern nicht schwerfallen. Weitere einfache „szenische Stilisierungsbeispiele":

• durch Springseile auf dem Klassenzimmerboden markierte Straßeneinmündungen zur szenisch-spielerischen Erprobung der Vorfahrtsregel
• ein die Haltestelle darstellender Kartenständer zur szenischen Darstellung der sozial konfliktträchtigen Schulbus-Wartesituation

- die Schulbank, die den realen Kiosk ersetzt, zur szenischen Darstellung der Pausensituation
- die zur Postkutsche arrangierten Schulmöbel zur szenischen Erkundung der unbequemen, gemeinschaftlichen Reisesituation ganz früher
- der Sendestudioraum zwischen den aufgeklappten Tafelflügeln zur szenischen Darstellung einer manipulativen Talkshowsendung
- die zu Autositzen gruppierten Schülerstühle zur Darstellung der eingeengten, hierarchischen, wenig kommunikativen Sitzordnung in einer Limousine, deren Lenkrad, das dem Fahrer die Hände bindet, ein großer Blumentopfuntersetzer ist.

In methodischer Reihe kann damit begonnen werden, die Situation in statuenhaften Standbildern zu bauen, dann jeder Figur einen Satz zuzuordnen, dann entsprechende (Zeitlupen-)Bewegungen zu entwickeln. Diese Sezierung der Situation ermöglicht ein Art Mikroskopie des sozialen Beziehungsgefüges.

Mündliche Kommunikation als sozialer Grundakt

Etwas spezieller auf kommunikative Fähigkeiten bezogen, bestehen die sozialen Anforderungen an ein Kind in einer Grundschulklasse u. a. aus kommunikativen Grundakten, wie wahrnehmen und sich ausdrücken, agieren und reagieren, verstehen und sich verständlich machen, sich (gewaltfrei) verständigen, sich mitteilen, Mitteilungen an andere machen. Kommunikative Kompetenz als Teilbereich sozialer Kompetenz kann in dem Maße als erreicht angesehen werden, wie dies auch bewusst geschieht, angestrebt wird und letztlich gelingt.

Verständigungsmittel untersuchen und üben

Zur Kommunikation gehört neben dem Inhalt der Mitteilung (die „Sache") auch die „Formulierung", also die Formgebung des Ausdrucks der Mitteilung. Z. B. kann es dadurch zu einer Deformation der Sache (Beispiel: Lüge, Akzentverschiebung, Verschweigen von Teilen) und entsprechenden Folgen für die Kommunikation kommen. Eine mündliche Mitteilung kommt, unter „normalen" Umständen eines persönlichen Gesprächs (Interaktion), verbal und nonverbal zum Ausdruck. Der Träger dieses Ausdrucks ist der Körper, verbal über die Stimme und nonverbal über das Gesicht (Mimik), die Hände (Gestik) – und den Gesamtkörper (Pantomimik). Die stimmliche und körperliche Gestalt bzw. Gestaltung (Lautstärke, Tempo, Melodie, Rhythmus, Artikulation, Haltungen, Bewegungen u. a.) und auch deren Wahrnehmung sind geprägt durch die Gefühle und durch das Temperament des Sprechers. Der Zusammenhang zwischen den Begriffen „Stimme" und „Stimmung" erinnert daran.

Bedeutung der räumlichen Position

Als weitere Ausdruckskomponente kann der Raum einbezogen werden. Die Qualität einer mündlichen Mitteilung verändert sich durch die Raumposition des Sprechers nicht nur physikalisch, sondern auch psychologisch. So macht es einen großen Unterschied, ob z. B. ein „Bitte, komm mit!" ins Ohr geflüstert oder aus fünf Metern Entfernung zugerufen und wahrgenommen wird.

Variationen

Überlegt und erprobt man paarweise spielerisch-szenisch handelnd zu diesem „Bitte, komm mit!" Gestaltungsvariationen des stimmlichen, mimischen, gestischen Ausdrucks und deren Kombinationsvielfalt, erschließt sich augen- und ohrenfällig eine Fülle emotional unterschiedlich geprägter, nuancierter sozialer Qualitäten einer minimalen Kommunikationssituation.

Im komplexen sozialen Beziehungsgeflecht eines Schultages treten zwar unzählige mündliche Kommunikationssituationen auf, in denen mündliche Kommunikation als sozialer Grundakt erlebnishaft, handlungs- und erfahrungsorientiert gelernt werden kann. Ehe man diese authentischen Situationen didaktisch nutzt, sollte man jedoch bedenken, dass die unmittelbar betroffenen Kinder im Grundschulalter in der Regel noch keine ausgeprägte Sprach- und Ich-Distanz besitzen. Sie werden daher möglicherweise stärker emotionalisiert, als dies für den hier angestrebten Lernprozess zuträglich ist.

Schutz der Rolle

Für Lern- und Trainingszwecke eignen sich „künstliche", überschaubare, themenzentrierte Situationen, die Lehrkraft oder Schülerinnen und Schüler bereitstellen, selbst kreieren oder aus literarischen Texten filtern. Mit ihnen kann das kommunikative Geschehen in spielerisch-szenischen Handlungen ungezwungen und sanktionsfrei im Schutz der Rolle erkundet und erprobt werden. Aktuelle Bezüge sind damit nicht ausgeschlossen.

Soziale Daseinsgrundsituationen

Eine Fundgrube für emotional angereicherte „soziale" Spielszenen mit beziehungsrelevanten Daseinsgrundsituationen bieten Märchen. Hänsel und Gretel, Aschenputtel, Die Bremer Stadtmusikanten, Rumpelstilzchen, Froschkönig, Dornröschen u. a. m. lassen sich regelrecht als Sozialdramen betrachten. Sie zeigen vereinfachte soziale Beziehungen und enthalten viele kommunikativ handlungsreiche, dialogische Situationen, die als in sich geschlossene Einzel-Szenen „ausgeschnitten" und als Material für eine szenische Kommunikations-Spielwerkstatt genutzt werden können.

Um die wichtigsten Elemente mündlicher Kommunikation einsichtig und bewusst zu machen, kann man an einer ausgewählten Märchensituation szenisch-spielerisch arbeiten.

Im Kontext sozialen Lernens liegt ein Werkstatt-Schwerpunkt z. B. auf der Vermittlung „sozialen Einblicks" in den kommunikativ relevanten Zusammenhang zwischen Stimmung, Gefühl, Emotion und Ausdruck, Expression (Expressivität bis Aggressivität) und Rückwirkung (Reaktion).

Umgang mit Emotionen

Interessant ist dabei die Bedeutung der Emotion als Handlungsimpuls. Ein Merkmal zivilisierten Umgangs miteinander ist die Abpufferung und Kultivierung von Emotionen als Handlungsimpuls; Emotionen führen nicht zwangsläufig zu manifesten Reaktionen. Physiologische Details und Rudimente erinnern uns noch an die überlebenswichtige Steuerungsfunktion von Emotionen: „Bei Zorn strömt Blut zu den Händen, was erleichtert, zur Waffe zu greifen oder einen Feind zu schlagen; der Puls nimmt zu, und ein Ausstoß von Hormonen wie Adrenalin erzeugt einen Energieschub, der für eine energische Aktion ausreicht. Bei Furcht fließt Blut zu den großen Skelettmuskeln, vor allem in die Beine, und sorgt dafür, dass man leichter fliehen kann – und dass das Gesicht bleich wird, da das Blut von ihm fortgeleitet wird … Gleichzeitig erstarrt der Körper … Die zerebralen Schaltungen in den emotionalen Zentren lösen eine Woge von Hormonen aus, die den Körper in einen allgemeinen Alarmzustand versetzen, so dass er gereizt und handlungsbereit wird, während die Aufmerksamkeit sich auf die vorliegende Gefahr konzentriert …" (Goleman 1996, 22; vgl. auch den Beitrag Kahlert, Lieber & Binder in diesem Band).

Emotion und körperliche Reaktion

Vereinfacht und generalisiert kann man sagen, die sinnliche Wahrnehmung eines Phänomens löst aus einem (evolutionsgeschichtlich begründeten) vorhandenen Repertoire an Emotionen einige spezielle heraus. Diese sind der Impuls zu einer (vielleicht vorerst noch unterdrückten) Handlung (Aktion). Je kleiner das emotionale Repertoire eines Lebewesens ist, umso „primitiver" und undifferenzierter fällt seine Reaktion aus. Ist die Wahrnehmungsfähigkeit reduziert, fällt auch die Aktion undifferenzierter aus, weil keine entsprechenden Emotionen ausgelöst werden.

Stimmungen

Gehen wir nun davon aus, dass jedes Verhalten und Handeln ganz entscheidend von „Stimmungen" (auf der Basis von Emotionen als Ursache von Motiven, Beweggründen) gesteuert bzw. ausgelöst ist, sind folgende Lernziele für den Erwerb sozialer Kompetenz wesentlich:

* den Zusammenhang zwischen Emotion / Stimmung und Verhalten / Handeln erkennen,
* lernen, wie und wodurch Emotionen / Stimmungen erkennbar (wahrnehmbar) werden,
* Wahrnehmungsfähigkeit üben, Empfindungen bewusst machen,
* einschätzen, welche „sozialen" Folgen emotionale Äußerungen / Verhalten / Handlungen haben können, und wie man auf sie angemessen reagieren kann,
* erkennen, dass es sozial sein kann, auf Handlungen zu verzichten bzw. sie durchzuführen (z. B. auf der Basis von Selbstbeherrschung gegen die Emotion Zorn, auf der Basis von Selbstüberwindung gegen die Emotion Ekel,
* erkennen, dass es für eine zivilisierte, humane Welt wichtig ist, sich für oder gegen eine Handlung möglichst „emotionsbewusst" nach ethisch-moralischen Kriterien zu entscheiden bzw. entscheiden zu können – auch gegen Widerstand (Demokratie, Mündigkeit, Emanzipation, Urteilsfähigkeit).

Wie ist der Zusammenhang zwischen Emotion / Stimmung und Verhalten / Handlung anschaulich und kindgemäß zu vermitteln?

Zusammenhänge von Emotionen und Stimmung am Märchen erarbeiten

Emotionale Handlungsbeispiele szenisch erkunden

Wohl am besten gelingt dies zunächst elementar und exemplarisch durch spielerisch erprobende Untersuchungen, „szenische Erkundungen" situativer, emotionaler Handlungsbeispiele. Zu finden sind solche – durchaus isolierbaren und generalisierbaren – Situationsbeispiele, wie schon gesagt, u. a. in Märchen, beispielsweise in Dornröschen:

Situation in der Märchenfassung
Die dreizehnte, nicht eingeladene, weise Frau platzt in die Festgesellschaft und ruft zum Entsetzen der Anwesenden – zwölf geladene weise Frauen, Eltern, Dienerschaft – mit lauter Stimme: „Die Königstochter

soll sich in ihrem fünfzehnten Jahr an einer Spindel stechen und tot hinfallen!" Ohne ein weiteres Wort verschwindet sie wieder.

Situation in generalisierter Fassung:
Eine nicht geladene Person platzt in eine Festgesellschaft, spricht zum Entsetzen der Anwesenden einen sehr unfreundlichen Satz zu einem wehrlosen Adressaten und macht sich wortlos wieder aus dem Staub.

Es folgt der Auftrag darzustellen, wie diese Person sich verhält, wie sie ihre Äußerung sagt, was sie sagt. Mehrere Kinder dürfen in der Rolle sprechen und agieren. Wenn alle das Märchen kennen, wird es kein Problem sein, einen Begriff für die Emotion/Stimmung des Überraschungsgastes zu finden („Kernemotion" Zorn, zu der „Emotionsfamilienmitglieder" wie Ärger, Wut, Hass gehören).

Vertiefend wird weiter ausprobiert, szenisch erprobt, wie die Märchenfigur bzw. deren Darsteller in der Rolle sich verbal/nonverbal ausdrücken kann, sodass für die Zuschauer wahrnehmbar wird, aus welcher Stimmung heraus sie sich ausdrückt. Verschiedene Schülerinnen und Schüler werden verschiedene Ausdrucksmodelle kreieren und vorführen und dabei spontan neben den sprachlichen auch nicht sprachliche Ausdrucks- und Gestaltungsmittel einsetzen.

Alternative Handlungs- und Sprechmuster

Aufgabe der Leitung ist es nun, am dargestellten Bei-Spiel beobachten zu lassen, worin genau sich die Stimmung der Figur darstellt. So werden die Vielzahl der Träger emotionalen Ausdrucks und die Vielzahl an Möglichkeiten zur Gestaltung wahrnehmbar (z.B. Stimmlage, Sprechmelodie, Sprechtempo, Sprechpausen, Lautstärke, Betonung, Artikulation, Gesichtsausdruck, Handbewegungen, Körperhaltung, Stellung und Bewegung im Raum). Ferner sollte die Wirkung auf Zuschauer/Beobachter reflektiert werden.

Mit der Erkundung des Ausdrucks ist es aber noch nicht getan. Die „soziale Frage" ist nicht nur damit zu beantworten, dass das aggressive, gewaltsame Ausdrucksverhalten seine Wurzel in der Stimmung bzw. Emotion hat, sondern auch damit, worin der Grund für die Stimmung/Emotion dieser Figur liegen könnte. Die Erkundung führt zum Ereignis, das die Verärgerung hervorrief: Dieser Person wurde aus sehr banalem Grund (z.B. Geschirrmangel) eine Einladung zum Fest vorenthalten. Wie muss sie sich fühlen, wenn sie als Einzige einer Dreizehner-Gruppe vom Fest – von der Gemeinschaft – ausgeschlossen bleibt? Wir stoßen bei dieser weiterführenden Erkundung auf die Kernemotion Trauer mit emotionsrelevanten Derivaten wie Nieder-

Wurzeln des Verhaltens

211

geschlagenheit, Einsamkeit, Verzweiflung, Selbstmitleid ... (vgl. Goleman 1996, 363).

Eine soziale Situation (alle freuen sich über die eingehende Einladung – einer geht leer aus) wird zum Gegenstand szenischer Erkundung. Das szenische Spiel kann relativ einfach komplexe Beziehungs-Zusammenhänge anschaulich, leibhaftig (nach-)empfindbar, (nach-)erlebbar, erfahrbar, also intensiv wahrnehmbar machen, ästhetisieren.

Wahrnehmungsfähigkeit und Empfindsamkeit

An diesem Beispiel sollte aufgezeigt werden, wie an einem Märchenausschnitt exemplarisch, elementar und fundamental Entstehung, Entwicklung und katastrophale Eskalation einer sozialen Störung spielerisch begreifbar gemacht werden können – ausgehend von der sensiblen Wahrnehmung des Ausdrucks. Die ästhetisch-emotionale Empfindsamkeit als Komponente sozialer Kompetenz lässt sich dadurch fördern, dass sowohl die Wahrnehmung der (gespielten) Emotion anderer erprobt wird als auch dadurch, dass der emotionale Ausdruck von einem selbst szenisch darstellend erprobt wird (spielerisches Selbsterfahrungstraining).

Soziales Lernen durch szenisches Spiel – praktische Anregungen für den Unterricht

Polyvalente Handlungsformen

Für erfolgreiches, also verhaltenswirksames soziales Lernen in der Grundschule ist eine Bedingung, dass es nicht separiert und abgehoben, isoliert als Lernbereich neben andere Lernbereiche tritt, sondern lernbereichsintegrativ realisiert und als Unterrichts- und Handlungsprinzip gesehen wird. Im Rahmen dieser Ausarbeitung kann keine umfassende Didaktik des szenischen Lernens dargestellt werden. Die Verfahren und szenisch-spielerischen Handlungsformen müssen als polyvalent gesehen werden, da sie sich jeweils mehreren sozialpädagogischen Zielkategorien, Bezugsfeldern und Funktionsbereichen zuordnen lassen.

Immer wieder zu hörende Argumente von Lehrerseite gegen die Realisierung innovativer Ansätze in der Schule sind der chronische Zeitmangel, die Stofffülle und der Leistungsdruck in den kognitiven Bereichen. Diese Bedenken sind ernst zu nehmen, sprechen aber nicht gegen die Nutzung vorhandener Möglichkeitsräume.

Um das spielerisch-szenische Lernen für das soziale Lernen – auch unter dem Blickwinkel von Innovation – im Schulalltag praktikabel zu machen, wurden im Folgenden Vorschläge ausgewählt, die keine zeitaufwändigen Zusatzmaßnahmen sind. Werden sie bei der Unterrichtsplanung beachtet, dann lassen sie sich mit grundschulgemäßen Unterrichts- und Erziehungsthemen verknüpfen. Da Grundschulunterricht von seinem Selbstverständnis her prinzipiell erziehender Unterricht ist, müssen bei seiner Gestaltungsplanung Inhalte und Methoden nicht nur auf ihre fachspezifische Eignung, sondern grundsätzlich – vielleicht sogar vorrangig – auf ihre erzieherische Wirksamkeit hin überprüft werden. Soziales Lernen ist fachübergreifendes Unterrichtsprinzip. Durch die planvolle Verknüpfung von fachlichen und pädagogischen Zielvorstellungen lässt sich soziales Lernen in den Unterricht integrieren, ohne dass nennenswerter, zusätzlicher Zeitbedarf und Aufwand entstehen.

Mit wenig Aufwand machbar

Hinweis zum Verhalten der Spielleitung

Da als Spielleitung in der Regel eine Grundschullehrkraft agiert, die keine diagnostisch-therapeutische Qualifizierung besitzt, müssen in pädagogischer Verantwortung entsprechende Grenzen des szenischen Lernens mit Grundschülerinnen und -schülern gezogen werden.

Je nach Intensität rufen Spiel- und Übungsformen Empfindungen, Gefühle, körperliche Reaktionen wach. Das ist Absicht, da über Wahrnehmung bewusst gelernt werden soll. Die Spielleitung muss professionell moderieren, d.h. einfühlsam führen, die Befindlichkeiten der Teilnehmenden im Auge behalten, den Anspruch auf individuelle Intimität im Schutz der Rolle gewährleisten, die Reflexion akzentuieren.

Eine Konfliktsituation sprachlich bewältigen

- Fach- und Lernbereiche
  Übergreifend: Schulung von Umgangsformen, Sozialformen, Methodenkompetenz
  Sachunterricht: Gemeinschaft
  Deutsch: sich sprachlich ausdrücken ▶

213

- **Spielerisch-szenisches Verfahren**
  Zu einer vorgegebenen oder gefundenen, überschaubaren alltäglichen Konfliktsituation (Verspätung, unverstandene Arbeits-
  anweisung o. Ä.) in der Gruppe Verhaltensweisen entwickeln
  und formulieren, diese spielerisch erproben, mit alternativen
  Verhaltensmustern vergleichen, diese erproben, reflektieren

- **Erwarteter Lerneffekt**
  Wortwahl, Sprachmelodie, Mimik und Gestik, Blickkontakt,
  Artikulation des Anliegens, Präzision der Formulierung, emo-
  tionale Befindlichkeit und situationsbedingte Bedürfnisse
  der Kommunikationspartner (z. B. Ängstlichkeit, Erschöpfung,
  Überforderung)

**Mit Partnern ein Informationsplakat
zu einem Lebewesen gestalten und vorstellen**

- **Fach- und Lernbereiche**
  Schulung von Umgangsformen, Sozialformen, Methodenkom-
  petenz
  Sachunterricht: Natur
  Deutsch: Texte verfassen und darstellen

- **Spielerisch-szenisches Verfahren**
  Schülerinnen und -schüler werden in die Rollen von Mitglie-
  dern eines Naturparkteams versetzt, das einen Lehr- und Gehe-
  gepfad beschildern soll. In „Rollengruppen" werden auf der
  Basis beschaffter Informationen und Gestaltungskriterien Pla-
  kate gestaltet (Querverbindung Kunst) und im Team vor den
  anderen Gruppen arbeitsteilig „moderierend" präsentiert. Das
  „Publikum" wird durch Rückfragen, Kontrollfragezettel, Quiz-
  fragen, kleine Denk-Aufträge etc. einbezogen. Vorstellung in der
  Nebenklasse (die sich bei Gelegenheit durch ein anderes Vorha-
  ben revanchiert), Ausstellung im Schulhausflur.
  Die spielerisch-szenische Situation ist übertragbar auf andere
  Bereiche, in denen Schülerinnen und Schüler Kenntnisse und
  Fähigkeiten in Gruppenarbeit erwerben und präsentieren kön-
  nen, z. B. als Forschungs-, Museums-, Werbeteam oder Varieté-
  Künstler-Gruppe: ▶

1. Sport/Akrobatik:
Menschenpyramiden und andere akrobatische „Nummern" entwickeln, Gruppenergebnisse nach dramaturgischen Gesichtspunkten (theatrale Moderation, Vorprogramm, Steigerung, Finale, zirzensisch musikalische Untermalung u. a. m.) zu einem Programm arrangieren und Vorstellung/Auftritt ankündigen (Plakat, Ansage durch einen Zirkusdirektor), durchführen, reflektieren

2. Deutsch/Literatur, Sprecherziehung, Sprache betrachten und untersuchen:
Zu einem Rahmenthema (z. B. „Kann man mit Sprache spielen?" Zungenbrecher, Witze, konkrete Poesie, Unsinnstexte etc.) in Gruppen Texte finden/auswählen, aneignen, Vortrag üben

3. Integration der Beispiele 1. und 2. zu einem „Varieté-Programm" (erweiterbar mit Musik-Darbietung, Kunst-Auktion u. a. m.)

- **Erwarteter Lerneffekt**
Rollendistanz, Selbstdarstellung, Erfahrung auf Metaebenen, Ambiguitätstoleranz, Gruppendynamik, Koordination, Kooperation, verbale und visuelle Kommunikation, Elemente von Rezeptionsfreundlichkeit (beim Plakat z. B. Blickfang, Platzierung im Raum, Schriftgröße, -form, Farben, Text-Bild-Verhältnis, Gesamtkomposition und -größe), Aufwand (Kosten, Zeit, Gedanken) für andere, Feedback der „Bedienten"

Empfindung, Besinnung – sich selbst erleben

- **Fach- und Lernbereiche**
Sachunterricht: der eigene Körper, Sinnesorgane

- **Spielerisch-szenisches Verfahren**
Mit geschlossenen Augen im Sitzen einige Minuten auf Geräusche draußen hören, dann auf Geräusche drinnen – Reflexion

- **Erwarteter Lerneffekt**
Differenzierendes Hören, Sinnesbewusstsein, Selbsterfahrung, Hörfähigkeits- und Deutungsunterschiede, Wahrnehmungsunterschiede bei Mitmenschen

215

Empfindung, Besinnung – sich und den anderen erleben

• **Fach- und Lernbereiche**
Sachunterricht: der eigene Körper, Sinnesorgane
Deutsch: miteinander sprechen, sich verständigen

• **Spielerisch-szenisches Verfahren**
A führt „blinden" B schweigend an der Hand/durch akustische
Signale/betont langsam und kollisionsfrei durch verschiedene,
hindernisfreie Räume – Wechsel, Gedankenaustausch der Part-
ner

• **Erwarteter Lerneffekt**
Haptische Wahrnehmung des anderen (Hand, Temperatur, Griff-
festigkeit)
Verantwortungsgefühl, Vertrauensgefühl, Ängstlichkeit/Wohl-
gefühl, nonverbale Kommunikation, Artikulation von Gefühlen
im Vergleich zu den Wahrnehmungen eines Mitmenschen, miteinander sprechen über Empfindungen

---

Szenisches Nachspielen am Beispiel:
Wilhelm Bauer, der Erfinder

• **Fach- und Lernbereiche**
Sachunterricht: heimatgeschichtliche Persönlichkeiten und Ereignisse
Konkret: Wilhelm Bauer, geboren 1822 in Dillingen/Donau,
Erfinder des Unterseebootes, verunglückt mit zwei Untergebe-
nen 1851 bei einem Tauchgang zur Erprobung seiner Erfindung,
geglückte Rettung (vgl. K. Herold 1993)

• **Spielerisch-szenisches Verfahren**
Spielen der Körperhaltung, Befehlssätze, Reihenfolge beim
Bootseinstieg;
körperliche Nähe, Geräusche innen/außen, Angst, Kälte, Atem-
not, Befreiung und Freude, Anerkennung durch Ordensver-
leihung ▶

• **Erwarteter Lerneffekt**
Einfühlung, Erkennen nonverbaler Mitteilung durch Mimik, Gestik, Körper, Stimme; Status und Dominanzverhältnisse der Personen, Situation im Bootsraum, Nachempfindung der Gefühle; politisches Lernen generalisierbar: soziale Folgen der technischen Erfindung mit Kriegswaffenfunktion

Die Freiwillige Feuerwehr in der Gemeinde

• **Fach- und Lernbereiche**
Sachunterricht: Gemeinschaft

• **Spielerisch-szenisches Verfahren**
Spielen der Alarmierungs- und Kommandokette, des Aufbruchs des Feuerwehrmitglieds (z. B. Verlassen des Familienkreises bei Geburtstagsfeier), der Aufstellung beim Löschangriff in (teilweiser) Einsatzmontur

• **Erwarteter Lerneffekt**
Bedeutung normierter Sprachregelung, Kooperation, Koordination, Konzentration für den Einsatzerfolg, Erspüren des Gerätegewichts, Einfühlung in familiäre Belastungssituation

Literaturbegegnung am Beispiel:
W. Fährmann, Der überaus starke Willibald

• **Fach- und Lernbereiche**
Deutsch: Literaturbegegnung, Kinderbuch
Konkret: Eine Mäuseschar wird durch die totalitäre Machtergreifung einer Clique um einen Führer (Maus Willibald) mittels Angst durch den Aufbau eines fiktiven Feindbildes (Katze) zum Gehorsam gezwungen und unterdrückt, bis sich Widerstand auf der Basis von Aufklärung durch Lesekompetenz und Literaturkenntnis formiert. (vgl. W. Fährmann 1983)   ▶

- **Spielerisch-szenisches Verfahren**
  Spielen propagandistischer Wirkungen, kollektiver Rituale, von Machtposen, Ansprache und Publikumsreaktion

- **Erwarteter Lerneffekt**
  Gruppendynamik, Nachempfindung von Machtbesitz, Unterdrücktsein und Isoliertheit, Mittel der Machtausübung (z. B. Rhetorik) und sublime Formen von Gewalt, kollektive Irrationalität, Demokratieverständnis, Emanzipation

---

Szenen aus Kunstwerken am Beispiel Paul Klee, Der Goldfisch

- **Fach- und Lernbereiche**
  Kunsterziehung: Betrachten
  Konkret: Um einen großen, im Zentrum des Bildes positionierten golden glänzenden Fisch vor dunklem Hintergrund sind, von ihm abgewendet, mehrere kleine Fische gruppiert

- **Spielerisch-szenisches Verfahren**
  Nachstellen der sozialen Gruppierung durch Kinder in einem Standbild; dargestellte Körperhaltungen interpretieren lassen, auch im Hinblick auf die sozialen Beziehungen zu den anderen; Veränderungen an den Positionen zur Darstellung veränderter sozialer Beziehung

- **Erwarteter Lerneffekt**
  Kreativität und Fantasie, Wahrnehmung der sozialen Botschaften durch Körperhaltung und Blickrichtung, soziale Position in der Gruppe und im Raum

Kreation einer Zirkusvorstellung

• **Fach- und Lernbereiche**
Medienerziehung
Sport: verschiedene Bewegungs- und Spielformen, solistisch
und im Team
Deutsch: Umgang mit Sprache
Kunst: visuelle Kommunikation, darstellendes Spiel
Musik: Musik hören, Musik erfinden

• **Spielerisch-szenisches Verfahren**
Inszenierung einer bewusst „theatralischen" Zirkusvorstellung,
in der auch banale Aktionen als zirzensische Sensationen pro-
klamiert, akustisch und optisch (musikalisch, gestisch, pantomimisch) garniert und hochstilisiert werden (ohne in Klamauk ab-
zudriften) mit der Absicht, das Publikum zu emotionalisieren;
Videoaufzeichnung

• **Erwarteter Lerneffekt**
Kommunikationsstile wie in diversen Medien-Shows, „Entlar-
vung" medialer Massen-Manipulations-Mechanismen, Kooperation, Koordination, redaktionelle Ensembleleistung

Gespielte Parlamentssitzung

• **Fach- und Lernbereiche**
Politische Bildung
Konkret: Delegiertenversammlung, Ausschusssitzung mit verschiedenen Interessengruppen und Hintergrundgestalten, die
Einfluss nehmen, bis hin zur Abstimmung/Wahl; kann auch mit
einer anderen Klasse, in der Rolle des „Wahlvolks", das gewonnen werden soll, gespielt werden ▶

- **Spielerisch-szenisches Verfahren**
Rollen und Spiel-Elemente: Politiker/Politikerinnen, Journalisten/Journalistinnen (Fernsehen, Rundfunk, Presse) unterschiedlicher Couleur, Wahlversprechen, Strategiebildung, überraschende Ereignisse/Entwicklungen, die „real" eintreten: wöchentlich wird eine „Ereigniskarte" gezogen, die ein mehr oder weniger dramatisches Ereignis markiert, das die Personen betrifft, z. B. Unfall des Spitzenkandidaten, Stärkung einer Gruppe durch Spende, Berater, Lobbyisten, gesellschaftliche Probleme (Bedrohungssituation durch Terror, Arbeitsplätze, Touristen, ansteckende unbekannte Krankheit, Klimaveränderung, schlechte Luft, schlechte Straßen, überlastete Bahn-/Telefonverbindungen, wenig Spiel-Sportplätze, Überschwemmungsgefahr, Feuerwehrausstattung, große Schulklassen, als Wahlkampfthemen und „-stoff"); Berichterstattung, Interviews
→ Projekt zum Thema über längeren Zeitraum denkbar

- **Erwarteter Lerneffekt**
Politischer Prozess, Meinungsbildung, Einflussfaktoren, Entscheidungsfähigkeit, Emanzipation

Anmerkung

[1] An dieser Stelle sei darauf hingewiesen, dass auf eine explizite fachterminologische Unterscheidung etwa zwischen Schultheater und szenischem Lernen verzichtet wird. Der Beitrag soll den hohen methodischen Wert szenischer Ansätze für das soziale Lernen zeigen. Die Kritik der Schultheaterfachleute muss in Kauf genommen werden, wenn sie sich gegen eine methodisch-didaktische Instrumentalisierung der Kunstform Theater oder eine zu großzügige Auslegung des Theaterbegriffs im Rahmen dieses komprimierten Beitrags wenden.

Literatur

Fährmann, W. (1983): Der überaus starke Willibald. Würzburg.

Goleman, D. (1996): Emotionale Intelligenz. München, Wien.

Gudjons, H. (1997): Spielbuch Interaktionserziehung. Bad Heilbrunn.

Herold, K. (1993): Der Kieler Brandtaucher. Bonn.

Kahlert, J. (2005): Sozialwissenschaftlicher Lernbereich im Sachunterricht. In: Einsiedler, W. u. a. (Hrsg.): Handbuch Grundschulpädagogik und Grundschuldidaktik, 588–596. Bad Heilbrunn.

Mühldorfer, A. (Hrsg.) (1991): Erziehung und Schule – ein Theater. Regensburg.

Scheller, I. (1998): Szenisches Spiel. Berlin.

Angelika Speck-Hamdan

Interkulturelles Lernen – Erzählen als ästhetischer Beitrag zur interkulturellen Bildung

13

Interkulturelles Lernen ist heute unbestritten ein Teil der schulischen und außerschulischen Bildungsarbeit. Durch Internationalisierung und Globalisierung ist es in allen Bereichen wichtig geworden. Viele begegnen sehr viel häufiger als früher Menschen mit einem anderen kulturellen Hintergrund; solche Begegnungen sind in einer sprichwörtlich immer kleineren Welt zur Normalität geworden. Einfach sind sie jedoch nicht in jedem Fall; viele tun sich schwer damit, weil es zwar normal, aber noch nicht selbstverständlich oder gar zur Gewohnheit geworden ist; man könnte sagen, oft fehlt in solchen Situationen noch das Drehbuch. Gibt man bei der Begrüßung die Hand? Wie ist es zu interpretieren, wenn die angebotene Hand nicht ergriffen wird? Schaut man seinem Gegenüber in die Augen? Soll man nach ungewohnten Verhaltensweisen fragen? Soll man sie übersehen?

Das sind noch relativ einfache Fragen, die man mit Hilfe von sog. Interkulturellen Trainings klären kann. Dabei wird in der Regel von einer simplen Voraussetzung ausgegangen: Ein Fremder / eine Fremde hat in einer Situation zu agieren, in der die anderen einen anderen, ihnen gemeinsamen Verhaltenskodex befolgen. Folglich sollte der / die Fremde – um kommunizieren zu können – diesen Kodex kennen und sich ihm auch anpassen, soweit ihm/ihr das möglich ist. Dieses Muster ist aus literarischen Reisegeschichten bekannt. Heute bietet manche Agentur für Fachkräfte, die im Ausland arbeiten sollen, Kurse an mit Inhalten wie: „Welche Fettnäpfchen sollten Sie in … unbedingt vermeiden?" oder „Wie verhalte ich mich beim Geschäftsessen in …?"

Die Realität in den Migrationsgesellschaften ist jedoch komplexer. Mit den zugewanderten Menschen hat sich auch das Gefüge der als selbstverständlich erachteten Regeln und Gewohnheiten verändert. Es gibt

Veränderte Selbstverständlichkeiten

221

deren viel mehr und viel mehr verschiedene. Manches existiert nebeneinander – oft in kleinen „Subgesellschaften" – manches aber auch
„durcheinander". Ich wähle bewusst dieses Wort, um zu verdeutlichen,
dass sich im Lauf der Zeit auch Vermischungen ergeben, die keine or-
dentlich voneinander getrennten oder trennbaren Strukturierungen
zulassen. Die Menschen gehen mit den Orientierungen, die sie kennen
lernen und für die sie sich entscheiden, durchaus kreativ um. Ein sehr
simples Beispiel dafür sind die Essgewohnheiten. Der durchschnitt-
liche Speiseplan eines Haushalts in Deutschland heute unterscheidet
sich von dem der Nachkriegszeit vor allem dadurch, dass er vielfältiger
geworden ist, angereichert durch vieles, was in den fünfziger und sech-
ziger Jahren fremd war und heute selbstverständlich ist. Dies hat nicht
nur mit der Migration, sondern mit enger kooperierenden Märkten zu
tun. Viele dieser alltäglichen Veränderungen – erinnert sei an Urlaubs-
gewohnheiten, Anglizismen in der Sprache, Fernsehwelten – sind
durch marktwirtschaftliche und technische Neuerungen beschleunigt
und verstärkt worden. Sie führen zum einen zu größerer Vielfalt und
gewissermaßen zu einer Verwischung der klaren kulturellen Strukturen. Zum anderen aber bedrohen sie die Vielfalt: Globalisierung hat
auch Einheitlichkeit à la Coca-Cola und McDonalds zur Folge – eine
Entwicklung, die durchaus auch beunruhigend ist. Diese beiden Ten-
denzen – Vereinheitlichung bzw. Aufhebung von Grenzen und erweiterte Vielfalt bzw. Betonung der Eigenheiten – existieren gleichzeitig.
Der Umgang damit ist nicht einfach. Die Menschen empfinden es einerseits als befreiend, andererseits als beängstigend; und entsprechend
vielseitig sind die Reaktionen.

Neue Ansprüche an Flexibilität und Autonomie im Handeln

Es genügt also nicht, sich passende Drehbücher zurechtzulegen, sie je
nach Situation hervorzuholen, danach zu handeln und dann wieder
zur gewohnten Ordnung zurückzukehren. Denn die Situationen, in die
Menschen in einer globalisierten Welt kommen, sind komplexer und
anspruchsvoller. Sie stellen bisher Gewohntes in Frage und fordern zu
bewussten Handlungsentscheidungen auf, wo bisher eingeschliffene
Muster ausreichten. Sie verändern dabei die Menschen und ihre Gewohnheiten. Sie verlangen nach mehrfachen Deutungen und setzen
voraus, dass Menschen in verschiedenen kulturellen Deutungsmustern
denken können, dass sie flexibel damit umgehen und autonom handeln können.

Erweiterung der Handlungs-möglichkeiten

Wenn wir das interkulturelle Lernen zur pädagogischen Pflicht machen
– und so weit sind heute alle Richtlinien, Rahmenpläne, Lehrpläne – so
ist dies die Antwort auf die Herausforderung kultureller Vielfalt in unserer Gesellschaft. Das Ziel ist eine Erweiterung der Handlungsmög-

lichkeiten für jeden Einzelnen in einer mehrkulturellen Welt. Die Wege, die dafür vorgeschlagen werden, unterscheiden sich allerdings. Zum großen Teil liegen ihnen Konzepte zu Grunde, die die Komplexität der Situation zu wenig reflektieren. So entsteht nicht selten aus der guten Absicht, Fremdkulturelles zu erklären, eine Verfestigung von stereotypisierten Vorstellungen. Darauf soll an dieser Stelle nicht näher eingegangen werden. Vielmehr soll der Fokus auf eine kulturelle Praxis gerichtet werden, die reichhaltige Ansatzpunkte für das interkulturelle Lernen im Sinne einer Erweiterung der eigenen Handlungsmöglichkeiten bietet: das Erzählen.

Warum eignet sich das Erzählen als Ausgangspunkt für das interkulturelle Lernen?

Erzählen ist kulturelle Praxis überall auf der Welt. Es ist Teil ästhetischer Bildung, die überall praktiziert wird. Menschen erzählen einander alltägliche Erlebnisse, Begebenheiten, überlieferte Geschichten wie Märchen, Fabeln oder Legenden. Sie erzählen in unterschiedlichen Formen:

Überall auf der Welt wird erzählt

- Die älteste und einfachste Form ist die des mündlichen Erzählens (die allerdings auch sehr kunstvoll praktiziert werden kann),
- in literalen Kulturen wird das Erzählen auch schriftlich fixiert (wir kennen eigene Literaturgattungen dafür), allerdings unterscheidet sich die Situation des Lesens sehr stark von der des Zuhörens,
- demgegenüber eine relativ neue Form des Erzählens ist der Film, der nicht nur die Sprache, sondern auch bewegte Bilder nutzt.

Alle drei Formen sind kulturübergreifend bekannt und werden kulturübergreifend praktiziert.

Erzählen hat eine kommunikative Struktur: Ein Erzähler braucht Zuhörer, denen er eine Geschichte erzählen kann. Durch seine Sprache, um bei der traditionellen Form des Erzählens zu bleiben, lässt er in den Zuhörern die Geschichte entstehen. In ihrer Fantasie können sie das Gehörte miterleben. Je geschickter der Erzähler, umso mehr fühlen sie sich in das Geschehen hineingezogen. Er versteht es, die Gefühle und Gedanken der Zuhörer widerzuspiegeln. Er stellt sich auf sie ein, sie sich auf ihn. Diese Situation ist immer die gleiche, ob in Europa oder anderswo. Alle Menschen kennen diese Kommunikationssituation, sie ist alltäglich, hier und überall.

Die kommunikative Struktur des Erzählens verbindet

Die erzieherische Funktion des Erzählens

In der Erziehung wurde die Erzählung von jeher und auch überall genutzt, um ausgewählte und als wichtig erachtete Inhalte zu transportieren. Ich will nur zwei herausragende Inhalte beispielhaft aufgreifen:

- die Frage der moralischen Werte: Was ist gut? Was ist böse? Wie sollen sich Menschen in typischen Konfliktsituationen verhalten? Eine wichtige Rolle spielen in dieser Hinsicht die religiösen Erzählungen, wie sie in den „Heiligen Schriften" aufbewahrt sind, aber auch die Märchen, deren Grundmotive über die Kulturen hinweg – erstaunlicherweise – gleich sind. Lehrer und Lehrerinnen arbeiten heute auch gern mit Dilemmageschichten, um das Nachdenken der Kinder über ethisch-moralische Fragen anzuregen.
- die Frage nach der Geschichte und der Identität: Wie ist entstanden, was wir vorfinden? Wie ist alles geworden? Welches sind unsere Wurzeln? Dabei geht es nicht nur um die großen Erzählungen mit mythischem Charakter, sondern auch um die kleinen Erzählungen in Anekdoten, ob allgemeiner oder privater Art. Geschichten dieser Art sind sozusagen das kollektive Gedächtnis einer Gruppe, egal wie groß diese Gruppe sein mag. Ihre Mitglieder versichern sich durch die Weitergabe der Erzählungen nicht nur ihrer eigenen Geschichte, sondern auch ihrer kollektiven Identität. Eine solche Idee steckt auch in der Kanon-Idee im Bildungsbereich, ja sie steckt in der gesamten Idee einer allgemeinen Bildung. Indem die „Erzählungen" in der Schule festgelegt sind, entsteht kollektive Identität und schließlich Kontinuität für das „Weiterspinnen" der Erzählungen (um in diesem Bild zu bleiben).

Unterricht als Erzählsituation

Unterricht ist über viele Jahrhunderte vor allem eine Erzählsituation. Die Lehrkraft als Erzähler, als Erzähler vieler verschiedener Geschichten, biblischer Geschichten, historischer Geschichten, Rechengeschichten, Lesegeschichten u. a. m. Die Kinder als Zuhörende, Miterlebende – für unsere moderne Auffassung von Unterricht etwas einseitig, aber möglicherweise auch etwas unterschätzt. Ihr besonderer Wert liegt nicht nur darin, dass man in der Regel auch zappelige und unkonzentrierte Kinder zur Ruhe bringt; über das Erzählen lässt sich vor allem Gemeinsamkeit stiften, die uns heute angesichts der heterogenen Lebensbedingungen der Kinder vielfach verloren gegangen ist. Der Erfahrungshintergrund der Kinder ist vielfach so unterschiedlich (nicht nur in kultureller Hinsicht), dass Gemeinsamkeit erst in der Schule hergestellt werden muss. Eine Möglichkeit ist das Erzählen. Über das Erzählen wird ein gemeinsamer Rahmen für vielfältige Lernprozesse geschaffen. Fibelbegleitfiguren fungieren etwa in dieser Weise. Über die Erlebnisse der Figuren, die je nach Erzähltalent der Lehrerin oder des Lehrers über die manchmal etwas dürren Andeutungen im Fibeltext mündlich ausgeschmückt werden können, entsteht ein zumindest fiktiver gemeinsamer Erlebnishintergrund, der zu den eigenen realen Erfahrungen in Beziehung gesetzt werden kann und Möglichkeiten zur Kommunikation erschließt. Warum handelt eine Person in der angegebenen Weise? Was geschieht, wenn sie sich in dieser oder jener Weise verhält? Wie fühlt sie sich? Was wird sie als Nächstes tun? Wie werden andere reagieren? Darüber können sich Kinder auf Grund ihrer eigenen Erfahrung austauschen. Basis für ihr Gespräch ist die gemeinsam gehörte (bzw. gelesene) Geschichte, die in jedem eigene Bilder und eigene Fragen hat entstehen lassen. Im Gespräch werden sie gegenseitig ausgetauscht.

Und damit ist die Frage beantwortet, warum sich das Erzählen gerade für das interkulturelle Lernen eignet: Es schafft Gemeinsamkeit, es führt zusammen. Dabei ist es in seiner Form universal: jeder/jede kennt es. Jeder kann einsteigen, ohne die Regeln neu erklärt zu bekommen.

Was ist interkulturelles Lernen?

An dieser Stelle muss die zweite Frage gestellt werden: Was ist das interkulturelle Lernen? Die Rede war bisher von dem Gemeinsamen, das in der kulturellen Praxis des Erzählens liegt. Interkulturalität legt aber schon dem Begriff nach Auseinanderliegendes nah, zwischen dem in irgendeiner Form vermittelt werden soll („inter"). Dieses Auseinanderliegende und zu Verbindende sind – dem Wortlaut nach – Kulturen, die verschieden sind. Interkulturelles Lernen ist dementsprechend das Vermittelnde zwischen verschiedenen Kulturen. Bevor ich darauf näher eingehe, möchte ich einige Anmerkungen zum oft unreflektierten Gebrauch des Kulturbegriffs in diesem Zusammenhang machen.

Über die Angemessenheit des Kulturbegriffs im Rahmen des interkulturellen Lernens ist in der Fachöffentlichkeit häufig und heftig diskutiert worden.[1] Probleme macht dabei vor allem die Unschärfe und Vieldeutigkeit des Kulturbegriffs (vgl. Klemm 1985, Gogolin 1998, Auernheimer 1999, Diehm/Radtke 1999, 59 ff.). Sie gab von Anfang an Anlass, ihn für den Bereich des Interkulturellen doch noch näher zu spezifizieren. Einig waren sich die Forscherinnen und Forscher darin, dass am ehesten ein erweiterter Kulturbegriff angemessen ist,

Erweiterter Kulturbegriff

• der die Vielgestaltigkeit und Veränderbarkeit von Kulturen betont,
• sich auf den gesamten Lebensraum von Menschen bezieht und

• von einer prinzipiellen Gleichwertigkeit der Kulturen ausgeht (vgl. Götze/Pommerin 1986, 123 f.).

Dieser Kulturbegriff hat weniger mit dem konventionellen Begriff der Kultur zu tun, der eine bestimmte Form von Kultiviertheit zum Maßstab hat, als vielmehr mit dem der Ethnologie und der Kulturanthropologie, der vom Plural ausgeht und verschiedene Kulturen als unterschiedliche Lebensformen beschreibt (vgl. Roth 1998, 166). Noch abstrakter kann Kultur auch als „Netz von Konversationen, die eine Lebensweise definieren" (vgl. Maturana 1990, 151) beschrieben werden.

Psychologisch lässt sich das Bedürfnis des Menschen nach Kultur und „überschaubaren Kulturbindungen" mit den Grundbedürfnissen nach Verstehen und Kontrolle, nach Geborgenheit und Identität begründen (vgl. dazu Trommsdorff 2000, 407 f.). Die Bedeutung der Kultur besteht – neben der Vermittlung von Zugehörigkeit – vor allem darin, Orientierungen für das Handeln bereitzustellen. In (monokulturellen) Situationen bedarf es keiner Überlegung oder Erklärung. Man weiß, ohne darüber nachzudenken, welches Verhalten in welcher Situation angemessen ist; man handelt sozusagen selbstverständlich. In Situationen hingegen, in denen Menschen zusammentreffen, die in unterschiedlichen kulturellen Umgebungen sozialisiert wurden, entsteht häufiger Informations-, Erklärungs- oder Interpretationsbedarf. Das macht die interkulturelle Kommunikation spannend, bisweilen auch anstrengend; vor allem aber muss derjenige, der sich in sie hineinbegibt, mit dem Gefühl der „Befremdung" rechnen. Damit umzugehen, ist Teil des interkulturellen Lernens.

Etikett „Kulturkonflikt" Treffen unterschiedliche Erwartungen an Verhalten und Handeln unvermutet aufeinander, kann es zum oft zitierten „Kulturkonflikt" kommen. Gemeint ist damit ein Widerspruch zwischen zwei gleichzeitig wirksamen Orientierungen. Solche Konflikte entstehen nicht nur auf der Ebene kultureller Gewohnheiten. Sie sind kennzeichnende Herausforderungen einer pluralen Welt. Neben kulturellen Zugehörigkeiten spielen soziokulturelle Bedingungen ebenso eine Rolle wie individuelle Identitätsansprüche. Oft dient ein Kulturkonflikt als Erklärungsmuster für konflikthafte, schwierige Situationen, das sich bei näherem Hinsehen als zu einfach erweist. *Auernheimer* (1988) spricht im Zusammenhang mit Orientierungsproblemen ausländischer Jugendlicher bewusst vom „sogenannten Kulturkonflikt", der bequemerweise mangelnde bildungspolitische Anstrengungen rechtfertige, indem sozialstrukturelle Benachteiligungen von Migrantinnen und Migranten ausgeblendet würden. Ernsthaft muss auch danach gefragt werden, ob das

Etikett „Kulturkonflikt" letztlich nicht das Ziel eines gedeihlichen Zusammenlebens untergräbt. Es reduziert sowohl das Problem der Identitätsarbeit als auch das der sozialen Aushandlung auf eine einzige Voraussetzung: die kulturelle Zugehörigkeit. Es lenkt den Blick auf Gegensätze und suggeriert deren Unüberwindbarkeit. Interkulturelle Kompetenz aber beinhaltet auch die Fähigkeit, mit unterschiedlichen, möglicherweise konfligierenden Erwartungen produktiv umzugehen, sie der Situation angemessen und der eigenen Identität entsprechend auszutarieren.

Zweifel an der Erklärungskraft des Kulturbegriffs kommen aber auch deshalb auf, weil er oft in Koppelung mit einer Nation bzw. einer nationalen Kultur gedacht wird. Dabei wird übersehen, dass es hier mehrfache Möglichkeiten der Überschneidung gibt und dass gerade der hier gewählte erweiterte Kulturbegriff sich auch auf kleinere Bezugsgruppen beziehen kann. Die Vorstellung einer homogenen nationalen Kultur trifft nicht mehr die Realität einer Gesellschaft, in der plurale Wertvorstellungen zum Bestand gehören.

Der Elfte Kinder- und Jugendbericht der Bundesregierung (2002) beleuchtet dezidiert das kreative Umgehen der Kinder und Jugendlichen mit unterschiedlichen „kulturellen Praxen", mit ethnisch-kulturellen Erfahrungen, die „nicht als prinzipiell homogen und konsistent begriffen, sondern statt dessen als komplexe Struktur von vielfach nebeneinander bestehenden, teilweise einander überlagernden, in einer steten Veränderung begriffenen ,bedeutungsvollen' Zeichensystemen und Institutionen verstanden werden" (181) müssen. So haben an den verschiedenen Jugend(sub)kulturen Migranten ebenso Anteil wie Nicht-Migranten. Gerade in der jugendlichen Szene wird das kulturelle Grenzgängertum, das sich in einer Vermischung von Sprachen und anderen Ausdrucksmitteln zeigt, zur eigenen Form stilisiert. Dabei wird in unterschiedlichen Facetten mit dem internationalen, über die Medien verbreiteten Trend und lokalen, regionalen Trends „gespielt". Kinder und Jugendliche sind in der mehr- und mischkulturellen Gegenwart – so scheint es – schon besser angekommen als manche Erwachsene. Psychologisch korreliert diese Beobachtung mit der These von der „Patchwork-Identität" (Keupp 1988), die genau jenen kreativen Prozess der Selbstorganisation beschreibt, in dem die Vielfalt möglicher Lebensbezüge zu einem kohärenten Selbst verarbeitet wird.

Kreatives Umgehen mit kulturellen Praxen

Angesichts dieser Unübersichtlichkeit mag es in der Tat obsolet sein, kulturelle Unterschiede zum Ausgangspunkt pädagogischer Überlegungen zu machen. Es stellt sich die Frage, ob dieser Bezugspunkt,

Multiple Kulturzugehörigkeiten

der auch in der Bezeichnung „interkulturell" implizit enthalten ist, angemessen ist. Sollte man, „um das Miteinander beschreibbarer" zu machen, nicht von „multiplen Kulturen" und „multiplen Kulturzugehörigkeiten" (Luchtenberg 1999, 33) sprechen? Das käme dem Eigenempfinden vieler Menschen näher, die sich oft im Zuge von Migration im familiären Hintergrund nicht nur einer einzigen Kultur zugehörig fühlen. Es spiegelt aber auch die Mühsal einer treffenden Beschreibung. Denn es handelt sich ja nicht um in sich gespaltene Menschen, sondern um Menschen, denen die Balance zwischen ihren verschiedenen kulturellen Bezugsorientierungen gelungen ist. Sie befinden sich gewissermaßen auch zwischen den Kulturen (vgl. Gemende/Schröer/Sting 1999, 13), allerdings nicht im Sinne eines Auseinandergerissenseins, sondern im Zuge eines dynamischen Aushandlungsprozesses, in dem sich Kulturen ständig erneuern.

Interkulturelles Lernen als Aufgabe für alle

Was heißt dann aber noch interkulturelles Lernen? Ist es das Üben dieses Balance-Zustands? Worauf bezieht es sich? Auf das soziale Miteinander? Auf die Integration des eigenen Selbst? Das sind in der Tat Fragen, auf die es keine einfachen Antworten gibt. Nur so viel an dieser Stelle: Interkulturelles Lernen ist nicht der Sonderfall für Migrantinnen und Migranten, die sich in einer kulturell anders geprägten Umwelt zurechtfinden müssen. Es ist der Normalfall für alle Menschen, die in einer Welt der kulturellen Vielfalt leben – und das tun wir alle. Und so ist es Aufgabe der Bildung, diese Vielfalt als Tatsache anzuerkennen und sie auch in den Bildungsprozessen zur Geltung zu bringen, auf das soziale Miteinander und den Einzelnen bezogen.

Seine Chance liegt in der Schaffung einer gemeinsamen und miteinander geteilten Wirklichkeit, in der sich jeder/jede – egal welcher kulturellen Herkunft – angenommen und gebraucht fühlt. Beginnen lässt sich bei allem, was schon gemeinsam ist, z.B. beim Erzählen. Das Unterscheidende soll nicht unterdrückt oder ignoriert werden. Es ist die Basis für die Definition des eigenen, unverwechselbaren Selbst und deshalb unverzichtbar. Unterschiede sollen und müssen kommuniziert werden; sie machen nicht nur das Leben, sondern auch das Erzählen spannend.

Das interkulturelle Lernen hat immer beides zu thematisieren: das Gemeinsame und die Unterschiede. Die Trennlinien können allerdings recht unterschiedlich und von Situation zu Situation unterschiedlich verlaufen. Für das gegenseitige Verständnis ist es wichtig, dass möglichst viele Ansatzpunkte des Gemeinsamen genutzt werden, dass aber gleichzeitig genug Gelegenheit bleibt, das Eigene zu entwickeln und darüber zu kommunizieren. Auch dazu kann die Praxis des Erzählens hilfreich sein.

Die Entdeckung, dass einige Märchen in mehreren Ländern erzählt werden, ist ein guter Ansatzpunkt für eine solche Spurensuche. Auch wenn die Protagonisten andere Namen haben und ihre Erlebnisse in Einzelheiten voneinander abweichen, so sind sie doch über die kulturellen Grenzen hinweg erkennbar und bieten Anlass zu Vergleichen. Dabei wird das Charakteristische als Kern hervorgehoben; es ist gemeinsam und verbindet. Dabei wird aber auch die Varianz thematisiert; sie erweitert die bisherige Perspektive und ergänzt das Wissen.

„Erzählen zwischen den Kulturen" – Die Münchner Erzähltage als Beitrag zur interkulturellen Verständigung

Ausgehend von der vertrauten Praxis des Erzählens eine Brücke zwischen den Kulturen zu bauen, war die Grundidee der „Münchner Erzähltage", die im Mai 2003 mit großem Erfolg veranstaltet wurden. Eine ganze Stadt – Erwachsene und Kinder – ließ sich auf das Abenteuer des Erzählens an unterschiedlichen Orten ein: Es wurde im Kaufhaus, im Literaturhaus, in Schulen, in Kindergärten, in Hochschulen, in großen und in kleinen Sälen etc. erzählt, auf Deutsch, auf Französisch, auf Arabisch. Über das Hören von Geschichten verschiedenster Art wurde Gemeinsamkeit gestiftet, im Nacherleben und im Nachempfinden. Die Geschichten selbst hatten einen unterschiedlichen kulturellen Ursprung und thematisierten doch die immer gleichen Themen des Lebens hier und überall: z.B. Liebe und Verrat, Ankommen und Weggehen, das Erwachsenwerden und das Bestehen verschiedenster Prüfungen.

Die Sprache des Erzählens im Sinne einer ästhetischen Sprache, wie beispielsweise der Malerei oder Musik, umfasst mehr als die Worte, aus denen sie gebildet wird. Während die Worte einer bestimmten Einzelsprache (deutsch, englisch, italienisch, kurdisch …) zugeordnet werden können, ist die ästhetische Sprache des Erzählens universell. Sie zu verstehen, ist Teil jeder Bildung, hier und überall. Deshalb auch eignet sie sich als Brücke zwischen den Kulturen. Dass dabei unterschiedliche Deutungen der universellen menschlichen Probleme kommuniziert werden können, ist als Chance für die interkulturelle Verständigung zu

Die Sprache des Erzählens

begreifen. Im Fall der „Münchner Erzähltage" dürfte dies gelungen sein, wurden doch die Erzählsituationen ebenso wie die Erzählinhalte sehr bewusst von unterschiedlichen kulturellen Kontexten aus gestaltet und genügend Raum zur Kommunikation gegeben.

Neues entdecken, Bekanntes ergänzen

Die Idee der Erzähltage lässt sich im notwendigerweise begrenzten Rahmen auch in der Schule verwirklichen, angefangen beim Märchenerzählabend für eine einzelne Klasse, auf dem Erzählexperten entweder von außen oder auch aus dem Kreis der Angehörigen (Großmütter und Großväter beispielsweise) eingeladen werden können, bis hin zu einer Erzählwoche für die ganze Schule, in der je nach Interesse in verschiedenen Projektgruppen Geschichten auf die unterschiedlichste Weise erzählt und gestaltet werden können. Eine Rahmung durch verschiedene kulturelle Kontexte beleuchtet dabei sowohl das Verbindende als auch das Unterschiedliche. Sie lädt ein, Bekanntes auf eine andere Art neu zu sehen und so die eigene Sichtweise zu reflektieren. Sie lädt aber auch dazu ein, in einem vertrauten Setting Neues zu entdecken und Bekanntes damit zu ergänzen. Ziel ist dabei neben den Kompetenzen des Sprechens und Zuhörens, wie sie auch die Bildungsstandards für die Grundschule fordern, der Aufbau interkultureller Kompetenz, die für das Leben in einer Welt der Vielfalt unverzichtbar ist.

Anmerkung

[1] Die Passagen über den Kulturbegriff lehnen sich an einen bereits publizierten Aufsatz der Verfasserin an (Speck-Hamdan 2003).

Literatur

Auernheimer, G. (1999): Notizen zum Kulturbegriff unter dem Aspekt interkultureller Bildung. In: Gemende, M., Schröer, W. & Sting, St. (Hrsg.): Zwischen den Kulturen. Pädagogische und sozialpädagogische Zugänge zur Interkulturalität. Weinheim und München, 27–36.

Auernheimer, G. (1988): Der sogenannte Kulturkonflikt. Orientierungsprobleme ausländischer Jugendlicher. Frankfurt/M., New York.

Bundesministerium für Familie, Senioren, Frauen und Jugend (Hrsg.) (2002): Elfter Kinder- und Jugendbericht. Bericht über die Lebenssituation junger Menschen und die Leistungen der Kinder- und Jugendhilfe in Deutschland. Berlin.

Diehm, I. & Radtke, F.-O. (1999): Erziehung und Migration. Eine Einführung. Stuttgart.

Gemende, M., Schröer, W. & Sting, St. (Hrsg.) (1999): Zwischen den Kulturen. Pädagogische und sozialpädagogische Zugänge zur Interkulturalität. Weinheim und München.

Götze, L. & Pommerin, G. (1986): Ein kulturtheoretisches Konzept für Interkulturelle Erziehung. In: Borelli, M. (Hrsg.): Interkulturelle Pädagogik. Baltmannsweiler, 110–126.

Gogolin, I. (1998): „Kultur" als Thema der Pädagogik: Das Beispiel interkulturelle Pädagogik. In: Stroß, A. M. & Thiel, F. (Hrsg.): Erziehungswissenschaft, Nachbardisziplinen und Öffentlichkeit. Themenfelder und Themenrezeption der allgemeinen Pädagogik in den achtziger und neunziger Jahren. Weinheim, 125–150.

Keupp, H. (1988): Auf dem Weg zur Patchwork-Identität? In: Verhaltenstherapie und psychosoziale Praxis, 20. Jg., Heft 4, 425–438.

Klemm, K. (1985): Interkulturelle Erziehung – Versuch einer Eingrenzung. In: Die Deutsche Schule, Jg. 77, Heft 3, 176–187.

Luchtenberg, S. (1999): Interkulturelle kommunikative Kompetenz. Kommunikationsfelder in Schule und Gesellschaft. Opladen/Wiesbaden.

Maturana, H. (1990): Ontologie des Konversierens. In: Kratky, K. W. & Wallner, F. (Hrsg.): Grundprinzipien der Selbstorganisation. Darmstadt, 141–155.

Roth, H.-J. (1998): Zum Wandel des Kulturbegriffs. In: Apeltauer, E., Glumpler, E. & Luchtenberg, S. (Hrsg.): Erziehung für Babylon. Interkulturelle Erziehung in Theorie und Praxis. Baltmannsweiler, 163–183.

Speck-Hamdan, A. (2003): Kulturelle Vielfalt als Herausforderung für die Grundschule – Zum Stand der interkulturellen Pädagogik. In: Speck-Hamdan, A. u. a. (Hrsg.): Jahrbuch Grundschule IV: Fragen der Praxis – Befunde der Forschung. Seelze, 12–46.

Trommsdorff, G. (2000): Internationale Kultur? Kulturpsychologische Aspekte der Globalisierung. In: Gogolin, I. & Nauck, B. (Hrsg.): Migration, gesellschaftliche Differenzierung und Bildung. Opladen, 387–414.

231

Bildnachweis

S. 39 nach: P. B. Porter. American Journal of Psychology 67, 550–551

S. 40: © Agi Sydney/Rentschler, I.

S. 41, 43, 45, 46: © Rentschler, I.

S. 50: © Cornell Capa Photos by Robert Capa 2001, Magnum photos/Agentur Focus

S. 62, 63: Inari Grönholm

S. 66, 67: Schülerarbeiten

S. 76, 79: Sterne, Ei, Figuren aus: Bausteine Mathematik 1, Schülerbuch, S. 52, 92, 95, Frankfurt a. M. 2004

S. 76, 77: Sonne, Zahlenfeld aus: Bausteine Mathematik 1, Arbeitsheft, S. 47, 95, Frankfurt a. M. 2005

S. 76: Victor Vasarely, Photon-MC, 70 x 70, 1989

S. 79: Bandornament aus: Bausteine Mathematik 2, Schülerbuch, S. 92

S. 79: Mandala, Verwandlung aus: Bausteine Mathematik 4, Schülerbuch, S. 94, 97, Frankfurt a. M. 2005

S. 86, 93: © Mechthild Dehn

S. 95: artothek, München

S. 97, 98, 99: Wilkoń und Wilkoń 1989, Bohem Press, Zürich

S. 115: The Very Hungry Caterpillar by Eric Carle

S. 154, 155, 156, 157, 158: Schülerarbeiten, Fotos: Constanze Kirchner

S. 164: bpk, Berlin

S. 166: Stadtmuseum, München

S. 167: Foto: Constanze Kirchner

S. 176 aus: Künzel. B. (Hrsg.): Kolibri – das Musikbuch 1/2. Materialien für Lehrerinnen und Lehrer. Hannover, S. 41

S. 177 aus: Haselbach, B. u. a. (Hrsg.): Musik und Tanz für Kinder. Unterrichtswerk zur Früherziehung. Kinderheft 2. Mainz, S. 20

S. 179 aus: Wittmoser, L.: Friedrich Smetana „Die Moldau", Altenmedingen 1991